Stundenblätter
Die Weimarer Republik
Neubearbeitung

Gerhart Maier / Hans Georg Müller

Stundenblätter
Die Weimarer Republik

Sekundarstufe II

Neubearbeitung

Beilagen:
30 Seiten Stundenblätter
+ 15 Arbeitsblätter zum Kopieren

Ernst Klett Verlag für Wissen und Bildung
Stuttgart · Dresden

Die Stundenblätter Geschichte/Gemeinschaftskunde
werden herausgegeben
von Gerhart Maier und Hans Georg Müller

Die Deutsche Bibliothek – CIP-Einheitsaufnahme

Maier, Gerhart:
Stundenblätter Die Weimarer Republik: Sekundarstufe II /
Gerhart Maier; Hans Georg Müller. – 3. Aufl. –
Stuttgart; Dresden: Klett, Verlag für Wissen und Bildung, 1995
(Stundenblätter Geschichte, Gemeinschaftskunde)
ISBN 3-12-927846-X

Gedruckt auf Papier, welches aus Altpapier hergestellt wurde.

3. Auflage 1995

Satz: W. Röck, Weinsberg; G. Müller, Heilbronn
Druck: W. Röck, Weinsberg
Einbandgestaltung: Zembsch' Werkstatt, München
ISBN 3-12-927846-X

Inhalt

Vorwort zur Neubearbeitung

Die Stundenblätter „Weimarer Republik" sind seit ihrem ersten Erscheinen vor zehn Jahren von zahlreichen Benutzern als brauchbare Unterrichtshilfe bewertet worden.

Deshalb blieb bei der Überarbeitung die Konzeption der Unterrichtseinheit weitgehend erhalten. Wo es der Transparenz und dem Ertrag des Unterrichts dienlich war, erfolgten jedoch thematische Umstellungen und vorsichtige Kürzungen.

Der neueste Stand der Erforschung der Zwischenkriegszeit verlangte an vielen Stellen Veränderungen; die Autoren haben dem durch die Ersetzung zahlreicher Texte und Zitate durch solche aus neueren Publikationen Rechnung getragen. Außerdem bietet die Neubearbeitung an einigen Stellen Textauszüge „zur Information des Lehrers" an. Das Literaturverzeichnis wurde auf den neuesten Stand gebracht.

Als besonders hilfreich wird man die Bereitstellung von Kopiervorlagen empfinden, die in den bisherigen Auflagen der Stundenblätter „Weimarer Republik" gefehlt haben.

Bei der inhaltlichen und methodischen Überarbeitung konnten die Autoren auf zahlreiche Anregungen, welche sie aus dem Kreis der Fachkollegen erreicht haben, zurückgreifen.

Auch die Neubearbeitung ist von dem Prinzip bestimmt, daß das detaillierte Angebot für die Gestaltung des Unterrichts nicht zu einer Gängelung in der Unterrichtspraxis führen, sondern Anregungen vermitteln soll, welche vom Lehrer – je nach der Kompetenz seiner Schüler und nach der vorgefundenen Unterrichtssituation – zu variieren sind. Deshalb enthält auch die Neubearbeitung zahlreiche Kürzungshinweise sowie Anregungen für Erweiterungen, Alternativen und Exkurse.

Didaktischer Kommentar zum Thema

Zum Stellenwert des Themas im Geschichtsunterricht

Die Notwendigkeit einer intensiven Behandlung der Weimarer Republik auch in der Reformierten Oberstufe des Gymnasiums ist in der didaktischen Literatur und in den Lehrplänen der Bundesrepublik Deutschland mit Recht unbestritten. Denn aus einer Strukturanalyse der politischen, sozialen und wirtschaftlichen Gegebenheiten in der ersten deutschen Demokratie ergeben sich unverzichtbare Voraussetzungen für das Verständnis sowohl der nationalsozialistischen Machtergreifung als auch des demokratischen Neuansatzes nach 1945. Darüber hinaus legitimiert sich die Weimarer Republik auch deshalb als Unterrichtsgegenstand, weil aus ihrer Geschichte grundsätzliche Einblicke in die Strukturen und Gefährdungen moderner Massendemokratien im Industriezeitalter möglich sind – und zwar in einer exemplarischen Verdichtung. „Die Auflösung der Weimarer Demokratie, der Sieg des autoritären und totalen Staates über die Idee der politischen Freiheit im Herzen Europas, (stellt) die vielleicht erschütterndste und als Warnung lehrreichste Erfahrung in der politischen Geschichte dar, die der wissenschaftlichen Beobachtung heute zugänglich ist" (Herzfeld, Hans; in: Bracher, K. D. 1978). Die gründliche wissenschaftliche Analyse der meisten Ereignisse aus der Zeit von 1919 bis 1933, die umfangreichen Quellenpublikationen und die weitgespannte Memoirenliteratur haben inzwischen auch dem Geschichtsunterricht die Chance eröffnet, dieses Thema sachgerecht und mit den erforderlichen Konkretisierungen aufzuarbeiten. Eine stattliche Zahl von Unterrichtsmodellen und speziell der Weimarer Republik gewidmeten Quellenzusammenstellungen für die Schule zeigt, daß die Geschichtsdidaktik die Aufgabe, gerade dieser Phase der deutschen Geschichte erhöhte Aufmerksamkeit zu schenken, erkannt hat. Erfreulich ist, daß mehr und mehr auch die Wissenschaft ihre Mittlerfunktion darin sieht, in leicht lesbaren Darstellungen und Quellenauswahlen Lehrer und Schüler bei der Unterrichtsarbeit zu unterstützen. Dabei gelangen neben handlichen und knappen Analysen auch kontroverse Positionen in den Zugriffsbereich der Schule; multiperspektivische Ansätze und multikausale Erklärungsversuche können deshalb auch im Unterricht berücksichtigt werden.

Die Effizienz des für dieses Heft der Stundenblätter gewählten Themas liegt einerseits in der relativen Nähe und Ähnlichkeit der Weimarer Geschichte zur Gegenwart; ohne Schwierigkeit erkennen die Schüler Parallelen im damaligen und heutigen Bedingungsgefüge von Gesellschaft und Politik. Zielsetzungen und Maßnahmen unterscheiden sich nicht im Grundsätzlichen. Zum anderen sind die charakteristischen Unterschiede für den Unterricht ungemein fruchtbar, weil im Vergleich der geschichtliche Wandel evident wird und sich die Frage nach den Gründen für die Prozeßhaftigkeit gesellschaftlicher und politischer Zustände unmittelbar aufdrängt. Parallelen und Wandel ergeben sich unter anderem in folgenden Bereichen:

- Die institutionelle Ausstattung der Weimarer Republik und der Bundesrepublik Deutschland erscheint auf den ersten

Blick sehr ähnlich: Ganze Passagen des Grundgesetzes entstammen der Weimarer Reichsverfassung. Bei genauerer Betrachtung lassen sich beim Verfassungsvergleich auf Schritt und Tritt die „Lehren aus Weimar“ ausmachen, die – auch wenn es bisweilen minimale Veränderungen zu sein scheinen – die Voraussetzungen für eine kontinuierlichere Entwicklung in der Bundesrepublik Deutschland geschaffen haben. „Die verfassungspolitisch bedeutsamen Abweichungen des Grundgesetzes von der Weimarer Verfassung sind weitgehend Anpassungen an das Modell des englischen Parlamentarismus, den man im Jahre 1919 in mehr als einer Beziehung gründlich mißverstanden hat. Das vielleicht Erstaunlichste an der neudeutschen ‚Kanzlerdemokratie‘ ist das Verwundern, das die Entdeckung ihrer Existenz hervorgerufen hat“ (Fraenkel, Ernst, in: Der Weg in die Diktatur 1918–1933, München 1962).

- Die Programme und die Aktivitäten der Parteien in der Weimarer Republik und heute weisen zahlreiche Ähnlichkeiten und Übereinstimmungen auf. Die Restaurierung des Parteiengefüges nach 1945 ist nicht zu übersehen, teilweise besteht mindestens in den Anfangsjahren der Bundesrepublik Deutschland sogar eine personelle Identität mit Weimar. Dagegen haben die besonderen Bedingungen nach 1945 aber die Struktur der Parteienlandschaft stark verändert: Die Bereitschaft zum Konsens ist größer geworden; zur parlamentarischen Demokratie gibt es – im Unterschied zu Weimar – keine Alternative, und extreme Gruppierungen hatten bisher keinen Einfluß auf politische Entscheidungen.
- Tradition und Neuanfang mußten 1918/19 und seit 1945 miteinander verbunden werden: Weder das Ende des Ersten Weltkrieges und die Beseitigung der Monarchie noch das Ende der nationalsozialistischen Herrschaft führten zu der häufig zitierten „Stunde Null“. In beiden Fällen mußte eine Vergangenheit „bewältigt“ werden. Aber die antidemokratischen Traditionen überschatteten die Weimarer Geschichte vom Anfang bis zum Ende, und der Versuch in der Revolutionszeit, mit der Vergangenheit gründlich zu brechen, schlug in sein Gegenteil um.
- „Mit dem Ende der Monarchie stürzte nicht nur eine Staats- und Regierungsform, für viele stürzte auch der geistig-politische Inhalt, der als Rückhalt und Grundlage der Einheit des Gemeinwesens erlebt worden war ... Was man ... für fest und dauerhaft gehalten hatte, fiel nun wie eine nur äußere Fassade zusammen ... Die geistige Boden- und Orientierungslosigkeit, die weithin um sich gegriffen hatte, wurde nun offenbar“ (Böckenförde, Ernst-Wolfgang, in: Bracher, K. D. u. a. [Hg.] 1987, S. 25). Während man aber in der Weimarer Republik der „guten alten Zeit“ nachtrauerte und von dieser verschuldete negative Nachwirkungen dem neuen Staatswesen anlastete, erfolgte nach 1945, wo der Einschnitt unvergleichlich tiefer, die militärische Niederlage offenkundig und der Zusammenbruch des NS-Systems vollständig waren, eine politische und geistige Distanzierung von den vorausgehenden Jahren vermeintlicher deutscher Größe. Hinzu kam, daß man beim Wiederbeginn gegenüber Weimar einen historischen Vorsprung hattte: Man konnte aus den Fehlern der ersten Demokratie in Deutschland lernen.
- Auch der Vergleich der außenpolitischen Situation 1918/19 und 1945/46 zeigt Übereinstimmungen und Unterschiede: Am Ende beider Weltkriege war Deutschland zur bedingungslosen Kapitulation gezwungen und konnte sich den Forderungen der Siegermächte nicht widersetzen. Aber „vor dem Hintergrund der Situation 1945 nahm sich der Versailler Vertrag ...

relativ ‚gemäßigt' aus, ließ er doch das Deutsche Reich als nationalen Einheitsstaat ... weiterbestehen" (Kolb, E. 1988, S. 184), während das geteilte Deutschland in den Jahren nach dem Zweiten Weltkrieg zum „Objekt der Politik der Siegermächte" geworden war.

Diese Beispiele für Ähnlichkeiten und charakteristische Unterschiede zwischen der Weimarer Republik und heute zeigen die Dringlichkeit einer vertieften Auseinandersetzung mit der ersten deutschen Demokratie, dieser wichtigen Epoche der deutschen Geschichte, ohne deren Kenntnis das Verständnis für unsere heutige politische und gesellschaftliche Situation und die Identitätsfindung der Deutschen von vornherein verstellt bleiben.

Gerade weil es strukturelle Überschneidungen zwischen Weimar und Bonn gibt, besteht die Gefahr unzulässiger Verkürzungen; zahlreiche Publikationen verschiedenster Richtungen instrumentalisieren die Geschichte der Weimarer Republik, indem sie Erscheinungen in Politik und Gesellschaft von heute mit negativen Erfahrungen der Weimarer Zeit zusammenschließen und daraus Argumente für die ideologisch-politische Auseinandersetzung ableiten. Nur durch eine sachliche unterrichtliche Aufarbeitung der Zustände zwischen 1918 und 1933 – wobei der spezifische Charakter dieser Zeit im Mittelpunkt stehen muß – wird eine differenzierte Geschichtsbetrachtung möglich, die gegen Mythen und einseitige Doktrinen zu immunisieren vermag.

Didaktische Vorentscheidung

Zweifellos kann man bei der Behandlung der Weimarer Republik im Geschichtsunterricht deren Eigenständigkeit ganz in den Vordergrund stellen. Auch wenn die Chancen für eine geordnete Entwicklung in demokratischen Bahnen gering waren, – zwangsläufig war das Scheitern nicht. „Weimar geht nicht in Anfang und Ende auf. Die 14 Jahre seiner Existenz stellen auch eine Epoche eigener Art dar" (Peukert, D. J. K., 1987, S. 10). Trotzdem wird hier ein anderer Weg beschritten: Im Vordergrund dieses Unterrichtsmodells steht die Frage nach den Ursachen für das Scheitern der Weimarer Republik; die Auswahl der einzelnen Gegenstände erfolgt nach ihrem belastenden Potential für die demokratische Entwicklung in Deutschland von 1918 bis 1933. Damit erhält das Unterrichtsvorhaben bei aller Vielfalt der herangezogenen Gesichtspunkte und Ereignisse vom Ansatz her eine sonst kaum zu gewährleistende Geschlossenheit und Transparenz für die Schüler. Man beschäftigt sich mit diesem wichtigen Zeitraum der deutschen Geschichte unter einer vom Ende her formulierten Leitfrage, die eine wichtige Funktion bei der Auswahl und bei der Strukturierung des Stoffes zu übernehmen vermag. „Denn das Schicksal und die Erfahrungen der Weimarer Republik bestimmen ganz wesentlich Gesicht, Struktur und Tendenzen der deutschen Nachkriegszeit ... es gibt kaum eine Maßnahme, kaum eine Diskussion, kaum ein Werturteil im Bereich der gegenwärtigen Politik, die nicht auf das ‚Beispiel' der Weimarer Republik hin bezogen und an ihren ‚Lehren' gemessen werden ... Die Auflösung der Weimarer Republik durch den Nationalsozialismus ist ein Erfahrungskomplex, der auch abseits der Frage nach der Verantwortung und der Schuld in unserem gegenwärtigen politischen Leben fortwirkt und einer sorgfältigen Diagnose bedarf" (Bracher, K. D. 1978, S. XX).

Das beschriebene didaktische Potential der Weimarer Republik liegt gerade darin, daß man – wie bei keiner anderen Epoche der deutschen Geschichte – heutige politische und gesellschaftliche Gegebenheiten zum Vergleich heranziehen und kontrastieren

kann. Vergleich und Kontrastierung werden aber erst dadurch zwingend, daß die erste deutsche Demokratie erfolglos blieb und schließlich scheiterte.
Die Beschäftigung mit der Weimarer Republik hat deshalb politische, nicht antiquarische Zielsetzungen; die Weimarer Republik dient als „große Negativfolie" zum Verständnis des erfolgreichen zweiten Versuchs, in Deutschland eine Demokratie zu errichten. (Vgl. Schulze, H. 1982, S. 413) Durch diese Vorentscheidung wird der Weimarer Republik der Charakter eines Transitoriums zwischen dem Kaiserreich und der NS-Diktatur zugeschrieben, eine Einschätzung, die – besonders auf dem Gebiet der Kultur – keineswegs unbestritten ist. Für den Geschichtsunterricht sind jedoch derartige Konstruktionen unentbehrlich, weil er didaktisch begründete Fragehaltungen braucht, welche den Unterrichtsablauf strukturieren und die Zahl der möglichen Unterrichtsgegenstände reduzieren.
Eine ausführliche Behandlung der NS-Ideologie und der Entstehung der NS-Bewegung während der Weimarer Republik hätte die Geschlossenheit der Unterrichtseinheit gestört. Deshalb wird empfohlen, diese Themen im Anschluß an die Darstellung der Weimarer Demokratie aufzugreifen. (Vgl. dazu: Größl, Wolf-Rüdiger/Harald Hermann: Stundenblätter. Das Dritte Reich, Stuttgart 1988, S. 15–52.) Der Nationalsozialismus wird freilich im vorliegenden Vorschlag nicht völlig ausgespart: Er findet Berücksichtigung bei der Erörterung des Rechtsextremismus (7. bis 10. Stunde) und in der Fallanalyse „Reichspräsidentenwahl 1932" (14. Stunde).

Zur Reduktion des Stoffes und zur Strukturierung der Unterrichtseinheit

Obgleich es gerade bei diesem Thema wünschenswert wäre, möglichst viele und verschiedene Kapitel in den Unterricht einzubringen und damit der Komplexität und Interdependenz der einzelnen Politikbereiche während der Weimarer Republik gerecht zu werden, ist der Lehrer dem Zwang zu einschneidenden Kürzungen unterworfen, weil die in den Grundkursen zur Verfügung stehende Unterrichtszeit enge Grenzen für die Behandlung der Weimarer Republik zieht. So konnten sich die Verfasser dieser Stundenblätter nicht zur Rezeption eines eigenen Abschnittes „Wirtschaft und Gesellschaft in der Weimarer Republik" entschließen, weil sie der Überzeugung sind, daß in den Grundkursen für eine einigermaßen korrekte Analyse dieses Themas den Schülern die Fachkompetenz fehlt bzw. eine zu umfangreiche informierende Vorbereitungsphase erforderlich wäre und weil die Lehrpläne in der Bundesrepublik Deutschland nach wie vor der politischen Geschichte der Zeit von 1918 bis 1933 die Priorität einräumen. Trotzdem bleiben Wirtschaft und Gesellschaftsstruktur nicht völlig ausgespart: Auch wenn keine besondere Strukturanalyse vorgeschlagen wird, ergeben sich doch – wenigstens in Teilbereichen – mannigfaltige Möglichkeiten zur Berücksichtigung, z. B. in der 12. Stunde, wo die Behandlung der Inflation im Vordergrund steht oder anläßlich der 7. bis 10. Stunde, wo neben politischen Belastungen auch gesellschaftliche Gruppierungen in die Untersuchung einbezogen werden.
Auch die wertvollen Untersuchungen, die in den letzten Jahren zu lokalen Ereignissen und regionalen Besonderheiten der Weimarer Republik publiziert worden sind, mußten unberücksichtigt bleiben. Eine Themati-

sierung auch nur einiger regionalen Ausprägungen (z. B. der Wahlergebnisse oder der Parteiensoziologie) hätten den Rahmen eines auf wenige Stunden angesetzten Unterrichtsmodells gesprengt. Es bleibt dem Lehrer überlassen, lokalgeschichtliche Einzelheiten in den Unterricht einzubringen, wenn die örtlichen Gegebenheiten (Stadtarchiv, Museen, Denkmäler) dazu die Voraussetzung bieten.

Der vorliegende Vorschlag versucht, zwei Ansätze des Geschichtsunterrichts zu verbinden – nämlich den längsschnittartig-orientierenden mit dem strukturell-analytischen. Dies bedeutet, daß den Schülern neben einem Überblick über die Geschichte der Weimarer Republik gleichzeitig schwerpunktmäßige Einblicke in einzelne Strukturelemente (z. B. die Verfassung, die Parteien, die Reichswehr) vermittelt werden. Die Auswahl der Strukturelemente und ihre Aufbereitung an konkreten Fällen will zwar möglichst viele und abwechslungsreiche Felder abdecken, bleibt aber doch insofern anfechtbar, als es sich bei dieser Auswahl um willkürliche Setzungen handelt. Es ist daher durchaus möglich, einzelne Stundenthemen durch andere, selbstgewählte, zu ersetzen oder – wenn die Zeit dies zuläßt – weitere Schwerpunkte in strukturanalytischer Absicht zu bilden. Es war bei diesem vielschichtigen Thema nicht zu umgehen, daß die längsschnittlich-orientierenden Überblikke bisweilen auf die Arbeit an Zeittafeln beschränkt werden mußten. Diese Zeittafeln haben darüber hinaus die wichtige Funktion, einzelne Ereignisse, die im Verlauf der Unterrichtseinheit weiter ausgefaltet werden, in den Gesamtzusammenhang einzuordnen; neben der den ganzen Unterricht begleitenden Zeittafel (vgl. Materialienanhang zur 1. Stunde), die den Schülern möglichst schon vor der Eröffnung der Unterrichtseinheit ausgehändigt und ständig greifbar sein sollte, findet man zu einzelnen Themen (z. B. Novemberrevolution, Locarno-Konferenz) Vorschläge für spezielle, knapp kommentierte Zeittafeln, welche die Schüler dabei unterstützen können, die Entstehung, den Verlauf und die Folgen einzelner Vorgänge rasch zu überblicken. Selbstverständlich ist es unumgänglich, daß der Lehrer darüber hinaus immer wieder die Zusammenhänge herstellt und längsschnittartige Überblicke anbietet.

Um die Unterrichtsformen zu variieren, wurde die gesamte Unterrichtseinheit in vier Teile und eine Einführungsstunde zerlegt. Der erste Unterrichtsteil (Stunde 2 bis 6) hat die Funktion, im Lehrervortrag und durch Quellenauswertung wichtige Informationen zu vermitteln (Entstehung der Weimarer Republik, Friedensvertrag, Verfassung und Parteiensystem). Für den zweiten Stundenblock (Stunde 7 bis 10) wird eine ausgedehnte Gruppenarbeit mit der erforderlichen Integration der Ergebnisse, welche die einzelnen Schülergruppen zusammengestellt haben, vorgeschlagen; dabei sollen an ausgewählten Beispielen die Belastungen der Weimarer Demokratie aufgefunden und diskutiert werden (vgl. dazu die besonderen Hinweise „Vorbereitung der Gruppenarbeit“ in den didaktischen Vorbemerkungen zur 7. bis 10. Stunde).

Im dritten Abschnitt des Unterrichtsmodells sollen sich die Schüler in „Fallanalysen“ mit ausgewählten Ereignissen (Kapp-Putsch, Inflation, Locarno, Präsidentschaftswahlen 1932) auseinandersetzen. Diese Themen sind so zugeschnitten, daß wichtige Grundbedingungen der Weimarer Geschichte (z. B. Verfassungsbestimmungen, außenpolitische Belastungen, weiterwirkende antidemokratische Traditionen), welche den Schülern aus den vorangegangenen Kapiteln bereits vertraut sind, als Interpretationshilfen für den jeweils ausgesuchten „Fall“ herangezogen werden müssen und nun auf ihre konkreten Auswirkungen hin untersucht werden. Diese Stunden ersetzen also im exemplarischen Zugriff, der dem Anliegen der

Schematische Übersicht über die Gliederung der Unterrichtseinheit

Einführung:	1. STUNDE Gründe für das Scheitern der Weimarer Republik			
Informationsphase:	2. und 3. STUNDE Die Novemberrevolution	4. STUNDE Der Versailler Friedensvertrag	5. STUNDE Die Weimarer Verfassung	6. STUNDE Die Parteien in der Weimarer Republik
Gruppenarbeit (strukturanalytisch):	7. bis 10. STUNDE Belastende Faktoren für die Weimarer Republik: Reichswehr – Rechtsextremismus – DNVP – KPD			
Fallanalysen (ereignisgeschichtlich):	11. STUNDE Kapp-Putsch (1920)	12. STUNDE Inflation (1923)	13. STUNDE Locarno-Pakt (1925)	14. STUNDE Reichspräsidentenwahlen (1932)
Auswertungsphase:	15. und 16. STUNDE Wirtschaftskrise und Auflösung der Weimarer Republik			

Reformierten Oberstufe entspricht, eine extensive Behandlung vieler Einzelereignisse aus der Zeit der Weimarer Republik. Freilich sind auch bei diesen historischen Fallanalysen einschneidende Stoffreduktionen unumgänglich; es wurde versucht, jeweils soviel an Inhalten anzubieten, daß die Schüler wenigstens die unmittelbare Vorgeschichte, das Bedingungsgeflecht und die Folgen des Falles in den Grundzügen verstehen können. Der Umfang aller vier Themen, die für Fallanalysen ausgewählt worden sind, ist dennoch so groß, daß man wohl eine Doppelstunde für die Behandlung jeder die-

ser Analysen einplanen muß. Gegebenenfalls wird man sich aus zeitlichen Gründen dazu entschließen, auf die eine oder andere Fallanalyse ganz zu verzichten oder auch hier einen arbeitsteiligen Gruppenunterricht zu wählen, bei dem vier Schülergruppen jeweils nur eine Fallanalyse bearbeiten und ihre Ergebnisse den anderen Mitgliedern des Kurses mitteilen. (Vgl. auch Schmid, Heinz Dieter: Fragen an die Geschichte, 1. Lehrerbegleitband, Frankfurt 1975, S. 11.)
Insgesamt dienen die Strukturanalysen und die Fallanalysen der Verdichtung des fast unübersehbaren Stoffes und bieten die unentbehrlichen Orientierungshilfen für die Auswahl und für das Arrangement der Materialien.
Der letzte Abschnitt der Unterrichtseinheit (15. und 16. Stunde) ist der „Auflösung der Weimarer Republik“ vorbehalten. Im Rückgriff auf die bisher gewonnenen Einsichten werden hier in einem orientierenden Verfahren die Jahre 1930 bis 1932 thematisiert. Der zusammenfassende und abschließende Charakter dieser beiden Stunden wird den Schülern vor allem deshalb verständlich, weil die Behandlung der Weimarer Republik von vornherein von ihrem Ende her konzipiert war und weil zahlreiche Informationen aus früheren Stunden jetzt in ihrer Funktion und in ihrem Stellenwert für die Erkenntnis der Umstände, welche schließlich das Ende der Weimarer Republik herbeiführten, erkannt werden.

Zur Materialauswahl und zu den Tafelbildern

Die Stundenblätter enthalten auf Kopiervorlagen oder im Anschluß an die Verlaufsskizzen Vorschläge für die Materialien, die zu den einzelnen Stunden bereitzustellen sind. Die meisten der Unterrichtsziele lassen sich auch anhand anderer Textstellen, Statistiken, Quellenauszüge und Bilder realisieren – in vielen Fällen werden das Lehrbuch und eine Quellensammlung genügen. Die im Wortlaut wiedergegebenen oder zusammenfassend beschriebenen Texte sollen die Richtung angeben, in welcher die Materialbeschaffung erfolgen muß. Um einem Materialüberhang vorzubeugen, sind an vielen Stellen Materialauswertungen, die durchaus ergiebig erscheinen, als Erweiterungen oder Exkurse ausgewiesen. Hier wird der Lehrer je nach der Erwartungshaltung und den Interessen seiner Lerngruppe und nach der zur Verfügung stehenden Unterrichtszeit entscheiden müssen, ob diese Zusatzmaterialien im Unterricht herangezogen werden sollen. Aber auch bei den meisten übrigen Textvorschlägen wird ein Maximum angeboten, um dem Lehrer Kürzungen oder kursorische Auswahlverfahren möglich zu machen und so die Anregungen an die jeweilige Unterrichtssituation anzupassen.
Die vorgeschlagenen Tafelbilder sollten ebenfalls lediglich als Anregung verstanden werden. Von einer pauschalen Übernahme wird abgeraten; sie dienen vielmehr der raschen Orientierung für den Lehrer und als Grundmuster, auf denen ähnliche Tafelbilder aufgebaut werden können. Die scheinbare Ausführlichkeit der Tafelbilder kommt dadurch zustande, daß häufig ganze Sätze und Wendungen der größeren Übersichtlichkeit wegen aufgenommen wurden, diese sind häufig durch Abkürzungen oder einzelne Begriffe ersetzbar.

Lernziele

Der nachstehende Lernzielkatalog soll die Absichten der Unterrichtseinheit weiter verdeutlichen. Eine vollständige Aufzählung der möglichen Lernziele zur Weimarer Republik ist nicht beabsichtigt. Der Lernzielkatalog wird in den spezifischen Lernzielen, welche den einzelnen Stunden vorangestellt worden sind, weiter konkretisiert. Auf die Nennung instrumenteller Lernziele wurde verzichtet.

A. Die Schüler erkennen,

a) daß mannigfaltige Ursachen zum Scheitern der Weimarer Republik geführt haben,
b) daß während der Weimarer Republik ein Konsens über die demokratischen und sozialen Grundwerte und Grundlagen des Staates nicht zustande kam,
c) daß eine Vielzahl antidemokratischer Traditionen aus der Kaiserzeit in der Weimarer Republik weiterwirkten,
d) daß zwischen der wirtschaftlichen und der politischen Entwicklung der Weimarer Demokratie wirksame Interdependenzen bestehen,
e) daß Strukturfehler und andere Belastungen im kontrastiven Vergleich mit den Gegebenheiten der Bundesrepublik Deutschland zum Verständnis der eigenen gesellschaftlichen und politischen Situation beitragen können,
f) daß die Inflation einen gewaltigen Umbruch der gesellschaftlichen Schichtung zur Folge hatte,
g) daß einzelne Bestimmungen des Friedensvertrages von Versailles und Aktivitäten des Auslandes die Konsolidierung der Weimarer Republik erschwerten,
h) daß die Revision der deutschen Ostgrenze ein wesentliches außenpolitisches Ziel während der Weimarer Republik darstellte,
i) daß wesentliche Elemente eines Rätesystems „Fundamentaldemokratisierung“, Selbstverwaltung, imperatives Mandat und Rotationsprinzip sind,
k) daß in der Zeit von 1929 bis 1933 (Auflösung der Weimarer Republik) die Institutionen ihre verfassungsmäßige und die demokratischen Parteien ihre integrierende Funktion endgültig verloren.

B. Die Schüler erarbeiten

a) aus Zeittafeln einen Überblick über die Phasen der Weimarer Republik und spezifische Merkmale dieser Phasen,
b) in Strukturanalysen einzelne Problemfelder und in exemplarischen Fallanalysen ausgewählte Ereignisse der Weimarer Republik,
c) aus Quellen, Texten, Bildern und Statistiken die belastenden Faktoren und Ereignisse für die Weimarer Republik,
d) aus wissenschaftlichen Texten die Bedeutung von Strukturelementen und Ereignissen für den Bestand bzw. die Auflösung der Weimarer Republik,
e) aus wissenschaftlichen Texten eine multikausale Deutung des Scheiterns der Weimarer Republik,
f) aus Skizzen die wesentlichen Elemente der Weimarer Reichsverfassung (Verfassungs- und Wahlrechtsvergleich) und charakteristische Unterschiede zur Reichsverfassung von 1871 und zum Grundgesetz der Bundesrepublik Deutschland,
g) aus Statistiken und Texten die Auswirkungen des Verhältniswahlrechtes auf das Parteiensystem der Weimarer Republik,
h) aus Quellenauszügen die Programme und Zielsetzungen von Parteien und Gruppierungen,
i) aus Quellenauszügen und Karten die wichtigsten Belastungen durch den Versailler Vertrag,
k) aus Wahlstatistiken den Prestigeverlust der demokratischen Parteien und die zunehmende Radikalisierung des politischen Lebens. „Der Stimmenschwund der Liberalen war das entscheidende Ereignis des Weimarer Parlamentarismus, weil er die republikanische Mitte von innen heraus lähmte“ (Peukert, D. J. K. 1987, S. 207f.).

C. Die Schüler beurteilen

a) wissenschaftliche Stellungnahmen zu Strukturelementen und einzelnen Ereignissen der Weimarer Republik,
b) Begründungen aus der wissenschaftlichen Literatur für das Scheitern der Weimarer Republik,
c) die Bedeutung der einzelnen belastenden Faktoren für die Krisen und das Ende der Weimarer Republik,
d) die Rolle der SPD in der Novemberrevolution und in der Auseinandersetzung um die Nationalversammlung 1919,
e) anhand von ausgewählten Kriterien den demokratischen Gehalt und die Funktionsfähigkeit der Weimarer Reichsverfassung,
f) die Stellung der Reichswehr im politischen und gesellschaftlichen System der Weimarer Republik,
g) die Chancen und Risiken der Direktwahl des Reichspräsidenten,
h) die Auswirkungen der Weltwirtschaftskrise auf die politische Stabilität der Weimarer Republik,
i) die demokratiefeindlichen Verlautbarungen extremistischer Gruppierungen hinsichtlich ihrer Auswirkung auf die „politische Kultur“ der Weimarer Demokratie,
k) zeitgenössische Kritik und zeitgenössische Klischees über die Politik und die demokratische Ordnung der Weimarer Republik und ihre Exponenten.

Literaturverzeichnis

Die nachstehenden Angaben beschränken sich auf einige für die fachwissenschaftliche Vertiefung und für die Unterrichtsvorbereitung besonders ergiebige Werke. Weiterführende Hinweise können den ausführlicheren Literaturverzeichnissen der angeführten Titel entnommen werden.

Fachwissenschaftliche Literatur

Bracher, Karl Dietrich: Die Entstehung der Weimarer Republik, Hannover 1963

ders.: Die Auflösung der Weimarer Republik, Königstein/Ts. 1978

ders. u. a. (Hg.): Die Weimarer Republik, Düsseldorf 1987

Dederke, Karlheinz: Reich und Republik. Deutschland 1917–1933, Stuttgart 1981

Drabkin, J. S.: Die Novemberrevolution 1918 in Deutschland, Berlin-O 1968

Duve, Freimut und Wolfgang Kopitzsch: Weimar ist kein Argument, Reinbek 1976

Erdmann, Karl Dietrich: Die Weimarer Republik, München 1985

ders./Hagen Schulze (Hg.): Weimar. Selbstpreisgabe einer Demokratie, Düsseldorf 1980

Eschenburg, Theodor: Die Republik von Weimar. Beiträge zur Geschichte einer improvisierten Demokratie, München 1984

Eyck, Erich: Geschichte der Weimarer Republik. 2 Bände, Erlenbach/Zürich 1972/73

Falter, Jürgen u.a.: Wahlen und Abstimmungen in der Weimarer Republik, München 1986

Flemming, Jens u. a. (Hg.): Die Republik von Weimar. 2 Bände, Königstein/Ts. 1979

Gay, Peter: Die Republik der Außenseiter. Geist und Kultur in der Weimarer Zeit 1918–1933, Frankfurt 1987

Gessner, Dieter: Das Ende der Weimarer Republik. Fragen, Methoden und Ergebnisse interdisziplinärer Forschung, Darmstadt 1978

Graml, Hermann: Europa zwischen den Weltkriegen, München 1969

Heiber, Helmut: Die Republik von Weimar, München 1982

Henning, Friedrich-Wilhelm: Das industrialisierte Deutschland 1914 bis 1972, Paderborn 1974

Hentschel, Volker: Weimars letzte Monate. Hitler und der Untergang der Republik, Düsseldorf 1978

Hermand, Jost/Frank Trommler: Die Kultur der Weimarer Republik, Frankfurt 1988

Holtfrerich, Carl-Ludwig: Die deutsche Inflation 1914–1923, Berlin 1980

Hürten, Heinz: Zwischen Republik und Kapp-Putsch. Militär und Innenpolitik 1918–1920, Düsseldorf 1977

Kindleberger, Charles P.: Die Weltwirtschaftskrise, München 1979

Koebner, Thomas (Hg.): Weimars Ende. Prognosen und Diagnosen in der deutschen Literatur und politischen Publizistik 1930–1933, Frankfurt 1982

Kolb, Eberhard (Hg.): Vom Kaiserreich zur Weimarer Republik, Köln 1972

ders.: Die Weimarer Republik, München 1988

Krüger, Peter: Deutschland und die Reparationen 1918/19, Stuttgart 1973

ders.: Die Außenpolitik von Weimar, Darmstadt 1985

Kühnl, Reinhard: Die Weimarer Republik, Reinbek 1985

Maser, Werner: Friedrich Ebert, der erste deutsche Reichspräsident, München 1987

Milatz, Alfred: Wähler und Wahlen in der Weimarer Republik, Bonn 1968
Möller, Horst: Die unvollendete Demokratie, München 1985
Mommsen, Hans u.a. (Hg.): Industrielles System und politische Entwicklung in der Weimarer Republik. 2 Bände, Kronberg/Ts. 1977
Parker, R. A. C.: Das Zwanzigste Jahrhundert I. 1918–1945, Frankfurt 1967
Peukert, Detlev J. K.: Die Weimarer Republik, Frankfurt 1987
Preller, Ludwig: Sozialpolitik in der Weimarer Republik, Königstein/Ts. 1978
Rittberger, Volker (Hg.): 1933. Wie die Republik der Diktatur erlag, Stuttgart 1983
Ruge, Wolfgang: Weimar – Republik auf Zeit, Köln 1979
Rosenberg, Arthur: Geschichte der Weimarer Republik, Frankfurt 1968
Schieder, Theodor (Hg.): Handbuch der Europäischen Geschichte. Band 7, Stuttgart 1979
Schulz, Gerhard: Revolutionen und Friedensschlüsse, München 1969
ders. (Hg.): Die Große Krise der dreißiger Jahre. Vom Niedergang der Weltwirtschaft zum Zweiten Weltkrieg, Göttingen 1985
ders. (Hg.): Weimarer Republik, Freiburg/Würzburg 1987
Schulze, Hagen: Weimar. Deutschland 1917–1933, Berlin/Gütersloh 1982
Schwabe, Klaus (Hg.): Die Ruhrkrise 1923. Wendepunkt der internationalen Beziehungen nach dem Ersten Weltkrieg, Paderborn 1985
Sontheimer, Kurt: Antidemokratisches Denken in der Weimarer Republik, München 1983
Stürmer, Michael (Hg.): Die Weimarer Republik, Königstein/Ts. 1980
Tormin, Walter (Hg.): Die Weimarer Republik, Hannover 1978
ders.: Geschichte der deutschen Parteien seit 1848, Stuttgart 1967
Treue, Wolfgang/Jürgen Schmädeke (Hg.): Deutschland 1933. Machtzerfall der Demokratie und nationalsozialistische „Machtergreifung“, Berlin 1984
Weber, Hermann: Hauptfeind Sozialdemokratie. Strategie und Taktik der KPD 1929–1933, Düsseldorf 1982
Winkler, Heinrich A.: Die Sozialdemokratie und die Revolution von 1918/19, Berlin–Bonn 1979
ders.: Demokratie und Stabilisierung, Berlin–Bonn 1984
ders.: Der Schein der Normalität. Arbeiter und Arbeiterbewegung in der Weimarer Republik 1924 bis 1930, Berlin–Bonn 1985
Ziebura, Gilbert: Weltwirtschaft und Weltpolitik 1922/24–1931, Frankfurt 1984

Quellensammlungen und weitere Hilfsmittel für die Unterrichtsvorbereitung

Der Vertrag von Versailles. Mit Beiträgen von Sebastian Haffner u.a., Frankfurt 1988
Geiss, Imanuel: Geschichte griffbereit. Band 4: Begriffe, Reinbek 1983
Informationen zur politischen Bildung: Die Weimarer Republik, Folge 109–110 (Neudruck 1968)
Junker, Detlef (Hg.): Deutsche Parlamentsdebatten, Band 2: 1919–1933, Frankfurt 1971 (Fischer-Tb.)
Kotowski, Georg: 1914–1933. Historisches Lesebuch, Band 3, Frankfurt 1968 (Fischer-Tb.)
Krieger, Herbert (Hg.): Die Neueste Zeit 1850–1945, Frankfurt 1980[4] (= Handbuch des Geschichtsunterrichts, Band V)
Lautemann, Wolfgang und Manfred Schlenke (Hg.): Geschichte in Quellen, Band V, München 1981

Maurer, Ilse u. a. (Hg.): Politik und Wirtschaft in der Krise. Quellen zur Ära Brüning, München 1980
Meissner, Hans-Otto: Junge Jahre im Reichspräsidentenpalais. Erinnerungen an Ebert und Hindenburg, Esslingen 1988
Michaelis, Herbert und Ernst Schraepler (Hg.): Ursachen und Folgen, 8 Bände, Berlin o. J.
Michalka, Wolfgang und Gottfried Niedhart: Die ungeliebte Republik, München 1980 (= dtv dokumente)
Nitschke, Rainer/Walter Kröber: Grundbuch zur bürgerlichen Gesellschaft 2, Darmstadt und Neuwied 1979
Otto, Karl A.: Die Revolution in Deutschland 1918/19, München 1979
Petzina, Dietmar/Werner Abelshauser/Anselm Faust: Sozialgeschichtliches Arbeitsbuch III. Materialien zur Statistik des Deutschen Reiches 1914–1945, München 1978 (= Statistische Arbeitsbücher zur neueren Geschichte)
Quellen zur Geschichte des Parlamentarismus und der politischen Parteien. 2. Reihe, Düsseldorf 1977
Reinhardt, Stephan: Lesebuch Weimarer Republik, Berlin 1982
Ritter, Gerhard A. und Susanne Miller: Die deutsche Revolution 1918–1919, Frankfurt 1968 (Fischer-Tb.)
Rönnefarth, Helmuth K. und Heinrich Euler: Konferenzen und Verträge, 4. Band: Neueste Zeit 1919–1959, Würzburg 1959[2] (= Vertrags-Ploetz)
Schanbacher, Eberhard: Weimar und Bonn. Eine vergleichende Unterrichtseinheit, Freiburg–Würzburg 1987
Treue, Wilhelm (Hg.): Deutschland in der Weltwirtschaftskrise in Augenzeugenberichten, München 1976
Wallnitz, Alice (Hg.): Panorama 1918, München 1968 (Bilddokumente)
Winkler, Hans-Joachim: Die Weimarer Demokratie, Berlin 1963

Literatur- und Forschungsberichte

Hillgruber, Andreas: Innen- und Außenpolitik Deutschlands 1918–1945; in: GWU 1988/12, S. 753–775
Kolb, Eberhard: Die Weimarer Republik, München 1988, S. 143–216
Möller, Horst: Die Weimarer Republik in der zeitgeschichtlichen Perspektive der Bundesrepublik Deutschland; in: Aus Politik und Zeitgeschichte B22/87, S. 3–15
Muth, Heinrich: Innenpolitik 1918–1933; in: GWU 1971/9, S. 562–576, 1971/12, S. 623–640, 1976/12, S. 774–789, 1984/5, S. 329–340
Salewski, Michael: Europäische Geschichte zwischen den Weltkriegen; in: GWU 1986/12, S. 771–792
Wulf, Peter: Quellen und Darstellungen zur deutschen Innenpolitik 1918–1933; in: GWU 1987/7, S. 438–448

Quellensammlungen für den Unterricht

Brecht, Josef u. a.: Deutschland im Spannungsfeld der Weltpolitik vom Ende des Ersten bis zum Ende des Zweiten Weltkriegs, München 1979 (= Arbeitsmaterialien für den Geschichtsunterricht der Kollegstufe)
Dederke, Karlheinz: Deutschland zwischen West und Ost 1919–1932, Stuttgart (= Quellen- und Arbeitshefte zur Geschichte und Politik, Klett)
Diemer, Gebhard: Europa zwischen den Weltkriegen. Friedenssicherung und Revisionspolitik, Freiburg (= Ploetz-Arbeitsmaterialien)
Elben, Wolfgang: Die Weimarer Republik, Frankfurt (Diesterweg)
Greiffenhagen, Martin: Konservatismus,

Stuttgart (= Quellen- und Arbeitshefte zur Geschichte und Politik, Klett)
Helbig, Ludwig: Die Weimarer Republik, Frankfurt (Diesterweg)
Heumann, Hans: Demokratie und Diktatur 1919–1945, Frankfurt (= Quellentexte zur Zeitgeschichte)
Hildebrandt, Horst (Hg.): Die deutschen Verfassungen des 19. und 20. Jahrhunderts, Paderborn (Schöningh)
Hoffmann, Joachim: Die großen Krisen 1917–1933, Frankfurt (= Bilder aus der Weltgeschichte, Heft 14, Diesterweg)
Margedant, Udo u. a.: Die Weimarer Republik (= Themen und Probleme der Geschichte, Cornelsen)
Meyer, Hermann und Wilhelm Langbeck: Grundzüge der Geschichte. Quellenband II, Frankfurt (Diesterweg)
Ripper, Werner: Weltgeschichte im Aufriß, Band 3, Teil 1, Frankfurt (Diesterweg)
Sösemann, Bernd: Demokratie im Widerstreit. Die Weimarer Republik im Urteil ihrer Zeitgenossen, Stuttgart (= Quellen- und Arbeitshefte zur Geschichte und Politik, Klett)
Wagner, Gisela: Die Weimarer Republik, Stuttgart (= Politische Weltkunde II. Themen zur Geschichte, Geographie und Politik, Klett)
Wasser, Hartmut: Weimar und Bonn: Zwei deutsche Republiken, Stuttgart (= Quellen- und Arbeitshefte zur Geschichte und Politik, Klett)
Weltgeschichte 1919–1939, Frankfurt (= Geschichtliche Quellenhefte, Heft 11a, Diesterweg)

Beschreibung der Einzelstunden

1. Stunde
Probleme und Belastungen der Weimarer Republik

Didaktische Vorbemerkungen

Die erste Stunde soll die Problemfrage: „Warum scheiterte die Weimarer Republik" bzw.: „Wäre eine andere Entwicklung möglich gewesen – wenn ja, unter welchen Voraussetzungen?" vorstellen, ohne diese gleich zu beantworten. „Der Ausgangspunkt (ist) nicht der Stoff, sondern eine Frage, und die wesentliche Aufgabe des Unterrichts besteht in dem Versuch, eine Antwort auf eben diese Frage zu finden, eine Antwort, die oft weder vorher feststeht noch einhellig sein muß. Selbstverständlich ist bei einem solchen Vorhaben eine Fülle von Informationen nötig, aber Auswahl und Umfang werden stets bestimmt von der Themenfrage und der Suche nach einer Lösung." (Ernst Hugenbeck: Zur Problematisierung des Stoffes im Geschichtsunterricht; in GWU 1975, 11, S. 676–686, Zitat: S. 677.)

Es ist sinnvoll, bereits hier das gesamte Ensemble möglicher Gründe für das Scheitern der Weimarer Republik – im Überblick – vorzustellen und zu strukturieren. Indem diese Gründe hinsichtlich ihres Anteils am Untergang der Weimarer Republik untersucht werden, kommt es zu einer Mitsteuerung des Unterrichts durch die Schüler. Der Lehrer wird aus dieser Diskussion mögliche Präferenzen der Lerngruppe entnehmen können. Man wird sich dabei weitgehend von dem Vorwissen und der Kompetenz der Schüler leiten lassen; deshalb wird ein alternativer Zugriff angeboten:

- Entweder man läßt die Schüler bereits vorhandene Kenntnisse vom Untergang des ersten demokratischen Staates in Deutschland einbringen und ergänzt diese gegebenenfalls
- oder man geht von Texten aus, in welchen jeweils andere Ursachen für das Scheitern betont werden, und erarbeitet so die Vielfalt der möglichen Bewertungen des Scheiterns (s. Vorschlag für ein Arbeitsblatt S. 26f.).

Während einer 1983 veranstalteten Historikerkonferenz im Berliner Reichstagsgebäude zum Thema „Deutschlands Weg in die Diktatur" wurden zehn Interpretationsstränge für das Scheitern der Weimarer Republik aufgezeigt:

1. Die ökonomische Deutung, die in der Wirtschaftskrise und der Massenarbeitslosigkeit den Boden für Hitlers Erfolg sieht;
2. die verheerende Erfahrung mit der Inflation von 1923 und die Angst vor einer Wiederholung dieser Katastrophe;
3. die Schwäche der Verfassung;
4. die außenpolitischen Belastungen als Folge des Versailler Vertrages;
5. die autoritäre Tradition des deutschen Staatsdenkens und der ideologische Antiliberalismus sowie der rassistische Antisemitismus;
6. die Nicht-Akzeptanz der Republik, so wie sie aus der Revolution von 1918/19 hervorgegangen war;
7. die Spaltung des linken Flügels der Parteienlandschaft;
8. die Bürgerkriegsstimmung zwischen Links- und Rechtsradikalen;
9. die neue Rolle der Propaganda in der Massendemokratie;

10. die Rolle der intrigierenden und entscheidenden Personen in der Krise von 1930 bis 1933.

(Vgl. Süddeutsche Zeitung vom 17. 1. 1983)

Die Bündelung dieser Belastungen für die Weimarer Demokratie steht im Mittelpunkt dieser Einführungsstunde.

Die Zuspitzung auf die spezifisch deutschen Verhältnisse darf dabei nicht zu weit getrieben werden; der Zusammenbruch von (schwachen) Demokratien ist ein europäisches Phänomen der Zwischenkriegszeit. Auch „von den vier westlichen labilen Demokratien (Spanien, Portugal, Griechenland und Italien) vermochte keine zwischen den beiden Weltkriegen die demokratische Konstruktion zu behaupten, weil diese für das Funktionieren des Staates nicht ausreichte. Schwere und anhaltende Funktionsstörungen waren in allen vier Staaten der Anlaß zur Errichtung einer Diktatur" (Eschenburg, Theodor u. a.: Der Weg in die Diktatur 1918–1933, München 1962, S. 27). Wenn zwei Problemfelder (extremistische Opposition und Versailler Vertrag) in dieser ersten Stunde etwas breiter ausgelegt werden (Unterrichtsschritte 3 und 4), so geschieht dies in der Absicht, die Bandbreite der möglichen Gründe für das Scheitern an einem innenpolitischen Phänomen und an einer von außen aufgezwungenen Belastung exemplarisch zu demonstrieren. Es ist möglich, bereits hier weitere Belastungen – in der gebotenen Verkürzung – zusätzlich zu thematisieren, wenn die zur Verfügung stehende Unterrichtszeit dies zuläßt; dafür bietet sich an:

- die wirtschaftlichen Hypotheken des verlorenen Krieges,
- die fehlende Erfahrung bei der Handhabung einer ausgeprägt demokratischen Verfassung,
- die personellen Unzulänglichkeiten einzelner Politiker,
- die Auswirkungen der Weltwirtschaftskrise,
- die mangelhafte Einbindung der Reichswehr in den Staat und die Gesellschaft,
- die Rolle der Parlamentsparteien zwischen verfassungskonformer Repräsentanz der Nation und tatsächlicher Vertretung von Partikularinteressen (dazu Alfred Grosser: „Das vorherrschende Merkmal des Weimarer Systems ist in Wirklichkeit... der Umstand, daß der Staat von Kräften beherrscht war, denen die Verfassung keinen Platz eingeräumt hatte, nämlich den politischen Parteien"; in: Deutschlandbilanz, Hamburg–Stuttgart–München 1970, S. 21).

Besonderes Gewicht ist der Aktualisierung dieses Kapitels im Rahmen des Geschichtsunterrichts zuzumessen: Nach wie vor gibt es warnende Hinweise auf das unerfreuliche Schicksal der Weimarer Republik, das unter bestimmten Umständen auch der Bundesrepublik Deutschland drohen könne. Auch wenn der Vergleichbarkeit der beiden Staatsgebilde und ihres jeweiligen Bedingungsfeldes Grenzen gesetzt sind, sollte man dennoch auf die sich hier anbietende Frage nach den möglichen „Lehren aus Weimar" keineswegs verzichten, denn das Grundgesetz ist „das Ergebnis eines unmittelbaren Reflexes des Parlamentarischen Rates auf die Weimarer Verfassung und das Regierungssystem der ersten deutschen Republik" (Gessner, D. 1978, S. 7).

Es sei nachdrücklich betont, daß es sich bei dieser ersten Stunde noch nicht um eine Struktur- oder Fallanalyse handeln kann, sondern daß es lediglich um das Aufzeigen wichtiger Herausforderungen und Belastungen der Weimarer Demokratie geht.

Lernziele

Die Schüler erkennen

- daß eine Vielzahl von Strukturmängeln und Belastungen zum Untergang der Weimarer Republik geführt hat;

- daß eine monokausale Erklärung für das Scheitern der Weimarer Republik nicht zulässig ist;
- daß die hochaktuelle Frage nach den situativen und strukturellen, die Demokratie gefährdenden Gemeinsamkeiten zwischen der Weimarer Republik und der Bundesrepublik Deutschland zwar aufgeworfen werden sollte, aber nicht abschließend beantwortbar ist.

Die Schüler erarbeiten
- Gründe für das Scheitern der Weimarer Republik (gegebenenfalls aus der fachwissenschaftlichen Literatur; Zitate auf dem Arbeitsblatt im Materialienanhang zur 1. Stunde);
- Kategorien zur Bündelung dieser Gründe;
- aus Plakaten oder Zitaten die Belastungen, welche für die Existenz der Weimarer Republik im Vorhandensein starker antidemokratischer Lager auf der Rechten und auf der Linken.

Die Schüler beurteilen
- die differente Wichtigkeit der Ursachen für das Scheitern der Weimarer Republik;
- – ansatzweise – die Bedeutung einer Beschäftigung mit der Weimarer Republik für das Verständnis der unter anderen Bedingungen und mit anderen politischen Strukturen entstandenen Bundesrepublik Deutschland.

Verlaufsskizze

Unterrichtsschritt 1:
Einführung in die Unterrichtseinheit

Nach einer kurzen Vorstellung der neuen Unterrichtseinheit und der übergeordneten Lernziele (Lehrplan!) wird den Schülern das Prinzip, das die Behandlung der Weimarer Republik bestimmen soll, vermittelt – nämlich der Zugriff von ihrem Scheitern her und die Analyse der Bedingungen für dieses Scheitern. Dies kann entweder durch entsprechende Ausführungen des Lehrers oder über die offene Frage: „Warum beschäftigen wir uns mit der Weimarer-Republik?“ erfolgen.

Erweiterung
In diskussionsfreudigen Klassen bietet sich die unkommentierte Bekanntgabe eines Klischees an, z.B.: „Die Geschichte der Weimarer Republik zeigt, daß die Deutschen unfähig zur Demokratie sind“ (Nebentafel). Das Klischee dient als Impuls für ein einleitendes Unterrichtsgespräch, in dessen Verlauf sichtbar werden soll, daß monokausale Erklärungen nicht ausreichen, um das Ende der Weimarer Republik hinlänglich zu deuten.

Die Problemfrage lautet: „Warum ist der erste demokratische Staat in Deutschland gescheitert?“ (Tafel)

Unterrichtsschritt 2:
Gründe für das Scheitern

Die Schüler werden gebeten – gegebenenfalls in einer kurzen Selbsttätigkeitsphase –, Gründe für das Scheitern der Weimarer Republik ungeordnet zu benennen. Bei dieser Erarbeitung von differenten Gründen können die im Vorschlag für ein Arbeitsblatt (s. S. 26f.) mitgeteilten Zitate aus der Sekundärliteratur herangezogen werden. Wichtig ist, daß ein möglichst breites Spektrum von Belastungen, Krisenpotentialen und negativen Rahmenbedingungen der Weimarer Republik zusammengetragen und an der Nebentafel festgehalten wird. Die nachfolgende Bündelung im eigentlichen Tafelbild unter bestimmten Kategorien, die man von den Schülern selbst finden lassen kann, dient dazu, die Vielfalt möglicher Gründe für das Ende der Weimarer Republik ins Bewußtsein zu heben und Frageansätze für die ganze Unterrichtseinheit zu strukturieren.
Als mögliche Kategorien bieten sich an:
- wirtschaftliche Belastungen,

- außenpolitische Belastungen,
- institutionelle Belastungen,
- gesellschaftliches Konfliktpotential,
- das Versagen führender Persönlichkeiten,
- ideologische Vorbelastungen

Erweiterung

Wenn der Informationsstand der Klasse es zuläßt, kann man bereits hier eine Hierarchisierung unter der Fragestellung: „Gibt es vorrangige Gründe für das Scheitern? Welche Gründe müssen weiter nach oben, welche eher nach unten gerückt werden?" vornehmen lassen. Freilich ist es dabei notwendig, auf die Vorläufigkeit dieser Bewertung und auf die Tatsache, daß solche Gewichtungen von der jeweiligen Einstellung abhängig sind, hinzuweisen. Erfahrungsgemäß motivieren derartige Bewertungen von Argumenten zur Diskussion; sie eröffnen überdies grundsätzliche Einblicke in die Subjektivität historischer Urteile.

An dieser Stelle muß über den Fortgang der Stunde entschieden werden: Entweder man vertieft die Diskussion über die Gründe für das Scheitern anhand von spezifischen Materialien (s. die folgenden Unterrichtsschritte) oder man stellt in einem Lehrervortrag die Phasen der Weimarer Republik vor (vgl. dazu die Zeittafel); für diesen einführenden Überblick eignen sich auch die folgenden Filme (alle FWU):
- Die Weimarer Republik von 1918–1925 (18 min.) FT 669
- Die Weimarer Republik von 1925–1930 (14 min.) FT 670
- Die Weimarer Republik von 1930–1933 (15 min.) FT 671.

Diese Variante wird hier nicht weiter verfolgt.

Unterrichtsschritt 3:
Antirepublikanische und antiparlamentarische Parolen

Unvermittelt werden die Schüler mit gegen die Grundlagen der Republik gerichteten Aussagen extremistischer Gruppierungen konfrontiert. Dabei sollten Abbildungen von Plakaten (Dias; ersatzweise Fotokopien oder Bilder im Lehrbuch) herangezogen werden. Das Angebot geeigneten Materials aus der Zeit von 1918 bis 1933 ist vielfältig. Entscheidend ist, daß bei den gewählten Bildern der massive Antiparlamentarismus der Republikgegner augenfällig wird. Die Intentionen bei der Auswertung können dadurch unterstützt werden, daß man – kontrastierend – entsprechende Darstellungen aus den Wahlkämpfen der Bundesrepublik Deutschland heranzieht und daraus den hier zu konstatierenden, viel weitergehenden Konsens in den Grundüberzeugungen ableitet (Bildbände mit geeigneten Abbildungen [Auswahl]: Fragen an die Geschichte 4; Kunstamt Kreuzberg [Hg.]: Weimarer Republik, Berlin 1977; Anschläge, Politische Plakate in Deutschland 1900–1970, hg. v. Friedrich Arnold, Frankfurt, Wien, Zürich 1973; vgl. auch Bildmaterial in den Lehrbüchern).

Aus der Dia-Reihe „Parolen, Plakate, Propaganda" (W. Jünger-Verlag, Darmstadt), die auch bei vielen Bildstellen verfügbar ist, können die im folgenden kurz beschriebenen Bilder eingesetzt werden:
- Dia Nr. 14: Plakat der Spartakusgruppe zur Wahl der Nationalversammlung (1919)
  Dieses Textplakat „Du sollst nicht wählen . . ." wird vor allem deshalb für diese Einführung empfohlen, weil hier die totale Opposition zum Weimarer parlamentarischen „System" unmittelbar abgelesen werden kann:" Alle Macht den Räten – Nieder mit dem Parlament – übt Wahlboykott".
- Dia Nr. 33: Plakat der KPD (1932)
  Ein riesenhafter, in roter Farbe dargestellter Arbeiter schickt sich auf diesem Bild an, eine Runde von Männern zu zerschmettern, die durch entsprechende Attribute als Militärs, Kapitalisten oder Faschisten gekennzeichnet sind. Ein Textband „Schluß mit diesem System" verrät, daß es der KPD nicht um eine parlamentarische Ablösung der bürgerlichen Parteien, sondern um den radikalen Umsturz geht.

- Dia Nr. 32: Einladungsplakat der NSDAP zu Kundgebungen in München (1930)
  Dieses Bild ergänzt die bei den Linksextremisten sichtbar gewordene Frontstellung durch entsprechende Formulierungen von rechts. Es handelt sich um ein Textplakat mit den entlarvenden Formulierungen: „Volksgenossen! Wir hauen sie zusammen! Helft zuschlagen! Das Parlament kracht in seinen Fugen! Wir rütteln an ihm, bis es zusammenbricht! ... Zerschlagt das System mit uns!"

Alternative

Kurze und prägnante Zitate republikfeindlicher Provenienz können gegebenenfalls an die Stelle der Bilder treten (vgl. dazu Michalka, Wolfgang und Gottfried Niedhart [Hg.]: Die ungeliebte Republik, München 1980; Sösemann, Bernd: Demokratie im Widerstreit. Die Weimarer Republik im Urteil ihrer Zeitgenossen, Stuttgart 1980; Kotowski, Georg: Historisches Lesebuch, Band 3, Frankfurt 1968).

Die Interpretation dieser Plakate, bei welcher die Wahlergebnisse der verantwortlichen Gruppierungen heranzuziehen sind, um deren relativ große Bedeutung – insbesondere in der späten Weimarer Republik – zu dokumentieren (vgl. Dederke, K. 1981, S. 274), steht unter den Leitfragen:

- Welche Gemeinsamkeiten und welche Unterschiede in Aussage und Form lassen sich feststellen?
- Wodurch unterscheidet sich diese Art der politischen Auseinandersetzung von den Wahlkämpfen in der Bundesrepublik Deutschland?
- Was bedeutet die Zunahme dieser Parteien bei den Parlamentswahlen, wenn das Verbot verfassungsfeindlicher Parteien in der Weimarer Republik nicht vorgesehen war?
- Welche Funktion haben diese Plakate und die Parteien, die dahinterstehen, für die Gefährdung der Weimarer Demokratie?
- Welche Rückschlüsse läßt folgende Bemerkung des Historikers Friedrich Meinecke zu, der zu den Anwälten der neuen Republik gehörte: „Ich bin Herzensmonarchist und werde Vernunftrepublikaner? (nach: Ritter, Gerhard A./Susanne Miller [Hg.]: Die deutsche Revolution 1918–1919, Frankfurt 1968, S. 320).

Bei der Besprechung dieses Zitats sollte man das Problem der politischen Kultur in der Weimarer Demokratie aufgreifen: „‚Weimar' als politischer Idee fehlte weitgehend die Freiwilligkeit, und so erschien die Republik als eine nur bedingte, relative. Ihr kam kein absoluter Wert zu ... Sie galt als Notinstitut, der Rätedemokratie gegenüber als das geringere Übel; das politische Bewußtsein machte nicht in ‚Weimar' fest, sondern im Berlin des kaiserlichen Deutschland ... Der Weimarer Staat brachte es niemals zur Ausformung politischer Symbole, die den Menschen als Orientierungspunkte hätten dienen können, bekannte sich nicht etwa zur Paulskirche von 1848, sondern zu Bismarcks Reichsgründung von 1871" (Salewski, Michael; in: Aus Politik und Zeitgeschichte B2/80, S. 19).

Unterrichtsschritt 4:
Außenpolitische Belastungen (Versailler Vertrag)

Den Schülern wird ein Katalog einschneidender Bestimmungen des Versailler Vertrags – in Kurzfassung – vorgelegt (z. B. die Artikel 27–30, 42, 114, 160, 231–233 und 327).

Sie werden gebeten, diese Bestimmungen nach geeigneten Kategorien zu ordnen (wirtschaftliche, territoriale, politische, militärische Bestimmungen) und Vermutungen über deren Auswirkungen auf die Entwicklung der Weimarer Republik zu formulieren. Selbstverständlich wird auch bei diesem Unterrichtsschritt nicht die ausführliche Analyse, sondern lediglich eine erste Ein-

sicht in die Vielfalt der Hypotheken, welche hinsichtlich des Außenverhältnisses auf der Weimarer Republik lasteten, angestrebt. Der Schwerpunkt ist daher auf das Reparationsproblem zu legen. Die Ergebnisse sind unter „Außenpolitische Belastungen“ in das Tafelbild aufzunehmen und dort vom Lehrer zu ergänzen.
(Vgl. die schwerpunktmäßige Behandlung des Versailler Vertrages in der 4. Stunde.)

Exkurs

Falls die zur Verfügung stehende Zeit dies zuläßt, können hier weitere Problemfelder untersucht werden (s. die didaktischen Vorbemerkungen zu dieser Stunde).

Unterrichtsschritt 5:
Bonn oder Weimar?

Die Frage, ob und inwieweit die Bundesrepublik Deutschland situative und institutionelle Gemeinsamkeiten mit der Weimarer Republik aufweist, kann an dieser Stelle freilich noch nicht abschließend beantwortet werden; wichtig ist jedoch, daß man mit dieser Frage die Aktualität des Gegenstandes dieser Unterrichtseinheit aufzuweisen versucht. Ein Impuls für diese Diskussion kann von der Kontrastierung von Zitaten über den Charakter der Bundesrepublik Deutschland ausgehen (Nebentafel).

Beispiele:

1. „Staat und Gesellschaft auch der konservativen Demokratie, als die sich die zweite deutsche Republik zunächst präsentierte, (waren) etwas völlig Neues nicht nur gegenüber der untergegangenen Hitlerdiktatur, sondern auch gegenüber der Weimarer Republik . . .“ (Richard Löwenthal, in: Löwenthal, Richard und Hans-Peter Schwarz [Hg.]: Die zweite Republik, Stuttgart 1974, S. 10).
2. „Bonn ist nicht Weimar. Das kann nicht oft genug gesagt und betont werden. Bonn ist nicht Weimar, weil die Bundesrepublik nicht unter den verhängnisvollen Zeichen Demokratie-Elend und internationale Demütigung geboren wurde, weil sie für 99% ihrer Bürger legitim ist und auch weil eben seit Beginn die Männer und Frauen, die den neuen Staat schufen und festigten, darauf bedacht waren, Weimarer Verhältnissen vorzubeugen.“ (Alfred Grosser, in: Duve, F. und Kopitzsch, W. 1976, S. 7)
3. „Die Frage: ‚Ist Bonn nicht doch Weimar?‘ wird in den letzten Jahren mit einem zugleich unsicheren wie beschwörenden Unterton gestellt . . . Die anhaltende Massenarbeitslosigkeit läßt für viele eine Wiederholung der Jahre 1929ff. befürchten“ (Lüdke, Alf, in: Sozialwissenschaftliche Informationen 1984/1, S. 3).

Tafelbild:

s. Stundenblatt 1. Stunde

Hausaufgabe:

Überblick über die Weimarer Republik anhand der Zeittafel. Versuch, die Geschichte der Weimarer Republik in einzelne Phasen zu untergliedern.

Vorschlag für ein Arbeitsblatt (1. Stunde; Unterrichtsschritt 2)

Das Scheitern der Weimarer Republik
– Hätte der Untergang der Weimarer Republik vermieden werden können? –

Thesen aus der fachwissenschaftlichen Literatur: *Belastung im Bereich:*

1. R. A. C. Parker schreibt: „Der einleuchtendste Grund (für das Ende der Weimarer Republik) liegt in den wirtschaftlichen Schwankungen in der Zeit von 1918 bis 1933 und ihren sozialen sowie politischen Auswirkungen. Zweifellos stieg und fiel die Opposition gegen die Demokratie mit der Entwicklung des Wohlstandes. In diesen Jahren brachen zwei wirtschaftliche Katastrophen über Deutschland herein: die galoppierende Inflation von 1923 und die Depression von 1930 bis 1933" (Das Zwanzigste Jahrhundert I, Frankfurt 1967, S. 216). ______________ ______________
2. Felix Messerschmid argumentiert folgendermaßen: Die Weimarer Verfassung wies dem Staat die Aufgabe zu, „den politisch-ethischen Postulaten Freiheit, Gleichheit und Gerechtigkeit (zu) dienen", man verzichtete aber darauf, den Staat „um der Verwirklichung dieser Ziele willen institutionell wirksam zu schützen ... glaubte man doch, dieser Schutz sei beim souveränen Staatsvolk bestens aufgehoben" (in: Jasper, Gotthard [Hg.]: Die abwehrbereite Demokratie, München 1971, S. 72). ______________ ______________
3. Beim Fortbestehen des Mehrheitswahlrechtes wären nach der Auffassung von Gerhard Schulz die Nationalsozialisten innerhalb des Reichstages eine Splitterpartei geblieben; „das ungebrochene Verhältniswahlrecht aber erschütterte das System", weil es in der Krise den radikalen Extremisten größte Chancen einräumte (Deutschland seit dem Ersten Weltkrieg 1918–1945, Göttingen 1976, S. 115). ______________ ______________
4. Horst Möller meint dagegen, daß die „latent seit 1918/19 fortbestehende Krise" vor allem wegen der Tatsache, daß „die Mehrheit der Bevölkerung die Weimarer Verfassungsordnung nicht akzeptiert" habe, nicht mit demokratischen Mitteln gelöst werden konnte (Weimar. Die unvollendete Demokratie, München 1985, S. 204). ______________ ______________
5. Ähnlich argumentiert Michael Salewski, der auf die „permanente innere Zerrissenheit der Gesellschaft Weimars" und das „Unvermögen der Weimarer Regierungen, dem Radikalismus von rechts und links ausreichend zu wehren" als entscheidende Belastung der Weimarer Republik hinweist (Das Weimarer Revisionssyndrom, in: Aus Politik und Zeitgeschichte B 2/1980, S. 15). ______________ ______________
6. Bei vielen Historikern findet sich der Hinweis auf den Versailler Vertrag und die Unerbittlichkeit der ehemaligen Feinde bei den Reparationsforderungen und deren Eintreibung, wenn von den Gründen für das Scheitern der Republik gesprochen wird. ______________ ______________
7. Hagen Schulze ist der Auffassung, daß die scheinbaren Strukturfehler der Weimarer Verfassungsordnung sich nicht zwangsläufig negativ auswirken mußten. Er fährt fort: „... in ihrer historischen Auswirkung schädliche Faktoren, etwa die Stellung des Reichspräsidenten oder der Ausnahmeartikel 48, (konnten) ebenso der Stabilität und Fortdauer der Republik dienen. Manches von dem, was am Untergang Weimars den Strukturen und Sachzwängen zugeschrieben zu werden pflegt, war in Wahrheit eine Frage der Personen, ihrer Fähigkeiten und ihres Willens" (in: Vierteljahreshefte für Zeitgeschichte 1978, 3, S. 430 f.). ______________ ______________
8. In neueren Forschungsberichten wird auf die „Fragmentierung des Parteiensystems" hingewiesen. Nach dieser Auffassung haben die Parteien in- ______________

folge der Verabsolutierung spezieller Interessen ihre Kompromißfähigkeit und die Möglichkeit zur Bündelung des Wählerwillens innerhalb des demokratischen Systems verloren, weil sich egoistische Teilgruppen „im Zeichen eines Anti-System-Protests" – radikalisieren ließen (Sozialwissenschaftliche Informationen 1984/1, S. 6f.)

9. Hans Fenske identifiziert die Koalitionsprobleme zwischen den großen Parteien als die eigentliche Ursache für das Scheitern und begründet dies mit dem zunehmenden Antimarxismus in den bürgerlichen Parteien, der „nicht auf die Konservativen beschränkt blieb, sondern den nationalen Liberalismus miterfaßte" (Wahlrecht und Parteiensystem, Frankfurt 1972, S. 345).

Zur Information für den Lehrer

Hagen Schulze: Woran ist Weimar gescheitert?

Woran ist also Weimar gescheitert? Die Antwort ist nicht mit letzter wissenschaftlicher Präzision zu geben, aber einiges läßt sich doch ausmachen: die wichtigsten Gründe liegen auf dem Feld der Mentalitäten, der Einstellungen und des Denkens.

In der Mitte des Ursachenbündels finden sich eine Bevölkerungsmehrheit, die das politische System von Weimar auf die Dauer nicht zu akzeptieren bereit war, sowie Parteien und Verbände, die sich den Anforderungen des Parlamentarismus nicht gewachsen zeigten. Die Ursachen für diese Defekte dürften überwiegend in langfristigen, aus den besonderen Bedingungen der preußisch-deutschen Geschichte zu erklärenden Zusammenhängen zu suchen sein, verstärkt durch die Entstehungsbedingungen des Weimarer Staatswesens und seiner außenpolitischen Belastungen. Die Übertragung dieser ungünstigen Gruppenmentalitäten auf das Weimarer Regierungssystem wurde durch den Wahlrechtsmodus erheblich begünstigt; andere Merkmale der formalen Verfassungsordnung, wie ihr mangelnder normativer Charakter oder der Föderalismus, wirkten nur in zweiter Linie destabilisierend, während das starke präsidiale Moment daneben auch stabilisierende Komponenten enthielt, die allerdings letzten Endes nicht zum Zuge kamen.

Die antirepublikanischen Tendenzen in Armee, Bürokratie und Justiz waren grundsätzlich beherrschbar, eine Frage des Machtbewußtseins von Parteien und Regierung.

Die gesellschaftlichen und wirtschaftlichen Rahmenbedingungen waren hauptsächlich langfristig wirksam, indem sie auf die Mentalitäten von Bevölkerung und einzelnen Gruppen einwirkten; aktuelle ökonomische Krisen verstärkten die destabilisierenden Momente, verursachten sie aber nicht.

Lapidar läßt sich also schließen: Bevölkerung, Gruppen, Parteien und einzelne Verantwortliche haben das Experiment Weimar scheitern lassen, weil sie falsch dachten und deshalb falsch handelten. Auch auf dem Umweg über die Strukturanalyse gelangt man so zu dem Schluß, daß Weimar nicht schicksalhaft oder bedingt durch anonyme Sachzwänge scheitern mußte – die Chance der Gruppen wie der einzelnen, sich für Weimar zu entscheiden und dem Gesetz der parlamentarischen Demokratie zu gehorchen, nach dem sie angetreten war, hat immer bestanden.

(Weimar. Deutschland 1917–1933, Berlin 1982, S. 425)

Zeittafel: Die Phasen der Weimarer Republik

I. Phase: Revolution und Gründung der Republik 1918–1919, Friedensschluß 1919

1918:	30. Okt. bis 3. Nov.:	Matrosenaufstand in Kiel; Bildung von Arbeiter- und Soldatenräten	
	9. Nov.:	Ausrufung der Republik	
	10. Nov.:	Rat der Volksbeauftragten, Bündnis Ebert (SPD) – Groener (OHL)	
1919:	Januar:	„Rote Woche" in Berlin/Spartakusaufstand, Niederschlagung durch Regierungstruppen	
	19. Jan.:	Wahlen zur Nationalversammlung; „Weimarer Koalition" (SPD-Z-DDP)	
	11. Febr.:	Wahl Friedrich Eberts zum Reichspräsidenten	
	11. Aug.:	Weimarer Verfassung	28. Juni: Unterzeichnung des Versailler Friedensvertrags
	November:	Hindenburgs „Dolchstoßlegende": „Novemberverbrecher"	

II. Phase: Krisenjahre des Anfangs 1920–1923

1920:	13.–16. März:	Kapp-Putsch: Reichswehr neutral Generalstreik	
	März/April:	Kämpfe in Mitteldeutschland und im Ruhrgebiet gegen kommunistische Umsturzversuche	
	Juni:	Reichstagswahlen gegen die „Weimarer Koalition"	
1921:	11. Mai:	Annahme des Ultimatums über die Reparationsverpflichtungen; Kritik der Rechten: „Erfüllungspolitiker"	27. April: Festsetzung der deutschen Reparationsverpflichtungen
1922:	24. Juni:	Ermordung des Außenministers Rathenau durch Rechtsradikale	16. April: Rapallo-Vertrag zwischen Deutschland und der Sowjetunion: Verzicht auf Reparationen, wirtsch. Zusammenarbeit
1923:	Januar:	Beginn des „Ruhrkampfes": „Passiver Widerstand"	11. Januar: Besetzung des Ruhrgebiets durch Frankreich und Belgien wegen Rückständen bei Reparationszahlungen: „Produktive Pfänder"
	August:	Abbruch des „Passiven Widerstandes" durch die Regierung Stresemann	
	Oktober:	Separatistenbewegung im Rheinland; Einsatz der Reichswehr in Sachsen und Thüringen gegen Volksfrontregierungen	
	9. Nov.:	Erfolgloser Hitler-Putsch in München	
	November:	Höhepunkt der Inflation; Währungsreform (Rentenmark)	

III. Phase: Jahre der Scheinstabilität („Goldene Zwanziger") 1924–1929

1924:	Mai:	Reichstagswahlen: weitere Verluste der „Weimarer Koalition" Konjunkturaufschwung, Auslandskredite	9. April: Dawes-Plan (Reparationszahlungen nach der Leistungsfähigkeit Deutschlands; US-Kredite)
	Dezember:	Reichstagswahlen: Stimmenzuwachs der bürgerlichen Parteien und der SPD; Rückgang der Radikalen	

1925:	26. April:	Wahl Paul von Hindenburgs (als Kandidat der Rechten) zum Reichspräsidenten	Juli: Räumung des Ruhrgebiets 5.–16. Okt.: Vertrag von Locarno (deutsch-französischer Ausgleich; Stresemann-Briand)
1926:			24. April: Berliner Vertrag zwischen Deutschland und der Sowjetunion (Freundschafts- und Neutralitätsvertrag) 8. Sept.: Aufnahme Deutschlands in den Völkerbund
1928:	Mai:	Große Koalition, Reichskanzler Hermann Müller (SPD), letzte parlamentarische Regierung	
1929:	Dezember:	Erfolgloses Volksbegehren der „nationalen Einheitsfront" (DNVP und NSDAP) gegen den Young-Plan	7. Juni: Unterzeichnung des Young-Plans (Festlegung der Reparationszahlungen auf 59 Jahre)

IV. Phase: Wirtschaftskrise und Auflösung der Demokratie 1929–1933

1929:			25. Okt.: Zusammenbruch der New Yorker Börse; Beginn der Weltwirtschaftskrise
1930:	März:	Rücktritt der Regierung H. Müller wegen Streits um Erhöhung der Arbeitslosenversicherung; Präsidialkabinett Heinrich Brüning, Notverordnungen, deflationistische Wirtschaftspolitik	
	Sept.:	Reichstagswahlen: starke Zunahme der NSDAP (12 auf 107 Abgeordnete)	
1931:		Akute Wirtschaftskrise, Massenarbeitslosigkeit	
	11. Oktober:	„Harzburger Front" (NSDAP – DNVP – Stahlhelm)	
1932:	März:	6,1 Millionen Arbeitslose	
	10. April:	Wiederwahl Hindenburgs (als Kandidat von SPD, Z, DDP, DVP) zum Reichspräsidenten	
	1. Juli:	Präsidialkabinett Franz von Papen: „Politik der Vorleistungen" (gegenüber Hitler)	8. Juli: Konferenz von Lausanne (Ende der Reparationszahlungen)
	20. Juli:	Staatsstreich Papens gegen die preußische Regierung (SPD)	
	31. Juli:	Reichstagswahlen: Mehrheit der radikalen Parteien (NSDAP und KPD)	
	2. Dez.:	Präsidialkabinett General von Schleicher: „Politik der Spaltung" (der NSDAP)	
1933:	30. Januar:	Hindenburg ernennt Hitler zum Reichskanzler	

2. und 3. Stunde
Die Novemberrevolution und die Entscheidung für die Nationalversammlung

Hinweise zur Durchführung der 2. und 3. Stunde

1. Die Tatsache, daß wenigstens zwei Stunden für die Behandlung der Novemberrevolution bei diesem Unterrichtsmodell eingeplant sind, braucht nicht eigens begründet zu werden; denn: „In fast jeder Hinsicht zeichneten sich in jenen bewegten Wochen zwischen dem 9. November 1918 und dem 6. Februar – dem Tag des Zusammentrittes der verfassungsgebenden Deutschen Nationalversammlung – die Strukturen, Probleme und Krisen ab, die das Schicksal der Weimarer Republik bestimmen sollten" (Ritter, Gerhard A. und Susanne Miller: Die deutsche Revolution 1918–1919, Frankfurt 1968, S. 18).
2. Das Thema dieser beiden Stunden kann als inhaltliche Einheit angesehen werden, die Verteilung des Stoffes und die Realisierung der Lernziele hängen vom Arbeitstempo und den Interessen der Schüler ab. Als möglicher Einschnitt wird die Entscheidung des deutschen Rätekongresses (16.–20. Dezember 1918) vorgeschlagen, mit welchem endgültig die Weichen für die Nationalversammlung und gegen die Revolutionierung Deutschlands gestellt worden sind.
3. Um den Überblick über die verschiedenen Ereignisse zu gewährleisten, liegt den Schülern eine Zeittafel vor, auf welcher die Zäsur zwischen der 2. und 3. Stunde keine Berücksichtigung findet (s. Materialienanhang zur 2. Stunde). Diese Zeittafel kann bereits nach der Einführungsstunde ausgegeben werden mit der Aufforderung an die Schüler, sich einen ersten Überblick in häuslicher Vorbereitung zu verschaffen und bereits die Ereignisse zu markieren, welche für die weitere Entwicklung in Deutschland eine besondere Bedeutung hatten.

2. Stunde

Didaktische Vorbemerkungen

Die eigene Urteilsfindung durch die Schüler sollte nicht dadurch verstellt werden, daß man die weitreichende Weichenstellung durch die SPD-Führung (Bündnis mit der Obersten Heeresleitung, Aufruf zur Beendigung der Revolution, Verzicht auf Reformen bis zur Wahl der Nationalversammlung) von vornherein positiv bewertet oder als Schritt in die falsche Richtung qualifiziert. Diese Offenheit, die auch die wissenschaftliche Diskussion widerspiegelt, wird die ganze Stunde über durchgehalten, denn auch das im Materialienteil vorgeschlagene „Urteil eines Wissenschaftlers" stellt beide Wege („sozialistische Republik" oder „Wiederherstellung einer staatlichen Ordnung im Zusammenspiel mit den . . . Stützen des alten Regimes") gleichrangig nebeneinander. Neuere Forschungen haben – im Gefolge von Arthur Rosenberg – betont, daß die Alternative nicht „parlamentarische Republik im Bund mit konservativen Kräften wie dem alten Offizierskorps" oder „proletarische Diktatur" (so noch Karl-Dietrich Erdmann; in: VjHfZG 1955, 3, S. 7) gelautet habe, sondern ob man grundlegende Veränderungen im Rahmen der parlamentarischen Demokratie in Zusammenarbeit von SPD und Räten oder die Restaurierung der traditionellen Machtstrukturen in einer parlamentarischen Republik anzustreben bereit war.
Auf die Risiken eines weitergehenden revolutionären Umsturzes in den ersten Nachkriegsmonaten haben Heinrich A. Winkler

und Hagen Schulze mit großem Nachdruck hingewiesen:

- „In Deutschland gab es am 9. November 1918 nicht nur auf Reichsebene seit einem halben Jahrhundert das allgemeine und gleiche Wahlrecht für Männer, sondern seit knapp zwei Wochen auch ein parlamentarisches Regierungssystem. Am Vorabend des politischen Umsturzes war also der Grad der Demokratisierung für eine ‚westliche' Revolution bereits zu hoch" (Winkler, H. A. 1984, S. 26).
- „In Berlin (trifft) ein Strom von Telegrammen aus den verbliebenen deutschen Auslandsmissionen ein, die allesamt zu berichten wissen, nur eine demokratisch gewählte, mithin nicht-kommunistische deutsche Reichsregierung werde einen erträglichen Frieden bekommen ... Das ist ein stark wirkendes innenpolitisches Argument für die Einberufung einer verfassungsgebenden Nationalversammlung und gegen jede Form von Räteverfassung" (Schulze, H. 1982, S. 21).

Das besondere Anliegen dieser Stunde besteht darin, die Entscheidungssituation herauszuarbeiten und die agierenden Gruppierungen namhaft zu machen. Dabei darf – im Gegensatz zu der Praxis vieler Lehrbücher – das bürgerliche Potential, das durchaus ein eigenes Gewicht in die Waagschale zu legen vermochte, nicht vernachlässigt werden. Hier ist zwischen der Oberschicht, also den bürgerlichen Eliten des Alten Regimes, und dem Mittelstand zu differenzieren; Günter Hollenberg hat auf die Bedeutung der „nichtproletarischen ‚mittelständischen' Massen" hingewiesen, von welchen der Sieg der SPD-Linie entscheidend abhing. „Die in Deutschland traditionell den ‚bürgerlichen Schichten' zugerechneten, damals überwiegend noch durch eine besitzindividualistische bzw. qualifikations-individualistische, statusorientierte Mentalität gekennzeichneten Mittelschichten entschieden also wesentlich über das Schicksal der durch die Staatsumwälzung eingeleiteten Demokratiegründung" (VjHfZG 1979, 3, S. 393). Allerdings zwingt die begrenzte Unterrichtszeit hier zu einem didaktisch nicht unumstrittenen Vorgehen: Die politischen Kräftepotentiale der Revolutionszeit werden in einem Foliensatz vom Lehrer vorgestellt, und dabei werden ihre Zusammensetzung und ihre Ziele im Vortrag erläutert; lediglich für die Frage nach den Bündniskonstellationen („Basiskompromisse": Winkler, H. A. 1979, S. 7) wird in diesem Unterrichtsschritt ein Unterrichtsgespräch reserviert.

Ebenfalls aus zeitökonomischen Gründen muß man wohl auf eine vertiefte Darstellung der letzten Kriegsereignisse, welche die militärische Katastrophe und den Soldatenaufstand auslösten, sowie auf die Behandlung einzelner konkreter Ereignisse in den revolutionären Novembertagen verzichten. Diesbezügliche Informationen sind – soweit sie für das Verständnis der hier in den Mittelpunkt gerückten Ereignisse (z. B. Ausrufung der Republik, Ebert-Groener-Bündnis) unentbehrlich erscheinen – der Zeittafel zu entnehmen.

Auch der Hinweis auf die Oktoberreformen von 1918 muß im Lehrervortrag und anhand der Zeittafel erfolgen; sie sind insofern unentbehrlich, weil sie für das Verhalten der SPD-Führung ein brauchbares Erklärungsmuster anbieten: „Nachdem sich das Kaiserreich ... offensichtlich parlamentarisiert hatte und die Sozialdemokraten sogar an der Regierung beteiligt worden waren, war für Ebert und seine politischen Freunde der letzte theoretisch denkbare Grund einer gewaltsamen Änderung der Machtverhältnisse entfallen. Als die ungewollte Revolution dann doch ausbrach, galt es, sie so schnell wie möglich abzuschließen, damit die neue republikanische Staatsmacht sich demokratisch legitimieren und die Sozialisierung auf parlamentarischem Wege verwirklicht werden konnte" (Winkler, H. A. 1979, S. 55). Daß dabei die Bolschewistenfurcht und der

Antikommunismus nicht nur in den bürgerlichen Parteien, sondern auch in der Mehrheitssozialdemokratie sich zur treibenden Kraft für das Vorgehen gegen den Spartakus-Bund und die KPD entwickelten, ist als Faktum unbestritten; wieweit diese Ängste in den Nachkriegsmonaten berechtigt waren, kann und braucht man in diesem Zusammenhang nicht weiter zu analysieren.
Die Tafelskizze mit der doppelten Legitimation von oben und unten – bei gleichzeitiger Isolierung des revolutionsbereiten Spartakusbundes – verdeutlicht ein wichtiges Strukturelement der Weimarer Republik: Der wichtigste Repräsentant der SPD, „Friedrich Ebert, hat die Macht aus zwei Händen übernommen: von Prinz Max von Baden, der seinerseits von Wilhelm II. zum Reichskanzler gemacht worden war, und dann von den Arbeiter- und Soldatenräten. Die zweifache Quelle seiner Macht zeigt deutlich die Wirklichkeit und die Grenzen des Einschnittes von 1918“ (Grosser, A.).

Lernziele

Die Schüler erkennen,
- daß im November 1918 unterschiedliche Zielvorstellungen für die gesellschaftliche, ökonomische und politische Ordnung in Deutschland miteinander rivalisierten;
- daß im November 1918 – theoretisch – mehrere Koalitionen möglich waren und daß diesen Koalitionen entscheidende Bedeutung für die weitere Geschichte der Weimarer Republik zukam;
- daß die Abneigung der SPD-Führung gegen Revolution, Rätesystem und Bolschewismus das Zusammengehen mit dem bürgerlichen Lager und Vertretern des alten Regimes nahelegte;
- daß die Arbeiter- und Soldatenräte eine Organisationsform des spontanen Massenprotestes darstellten;
- wesentliche Elemente eines Rätesystems.

Die Schüler erarbeiten
- aus Quellenauszügen (Scheidemann/Liebknecht) zwei unterschiedliche Auffassungen vom Charakter und von den Zielen der Novemberrevolution;
- aus einem Quellenauszug (General Groener) den Inhalt und die Motive des Bündnisses zwischen SPD-Regierung und OHL;
- aus einem Text (Heiber) relevante Positionen der Fachwissenschaft zum Verhalten der SPD während der Novemberkrise.

Die Schüler beurteilen
- inwiefern die doppelte Legitimation der Regierung Ebert symptomatisch ist für die Ziele und Funktionen der SPD-Regierung im Verlauf der Revolution;
- ansatzweise – die SPD-Politik im November 1918 auf dem Hintergrund möglicher Alternativen und der Situation Deutschlands am Ende des Ersten Weltkrieges.

Verlaufsskizze

Unterrichtsschritt 1: Die Ausrufung der Republik

Im Mittelpunkt dieses Abschnitts steht der Vergleich der Proklamationen von Philipp Scheidemann und Karl Liebknecht vom 9. November 1918. Die Lektüre und Auswertung der Quellenauszüge wird durch einen kurzen Lehrervortrag eingeleitet, in welchem wenigstens folgende Aspekte zu berücksichtigen sind (vgl. dazu die Zeittafeln):
- Die Endgültigkeit der militärischen Niederlage,
- die Erschöpfung der deutschen Bevölkerung,
- der Matrosenaufstand in Kiel,
- die Bildung von Arbeiter- und Soldatenräten in zahlreichen Städten Deutschlands,
- die Abdankung des Kaisers,

- die Übergabe der Regierung an Friedrich Ebert (Legitimation von oben),
- die kurzfristig führende Stellung der SPD in der deutschen Politik,
- die doppelte Ausrufung der Republik.

Die Schüler werden aufgefordert, die Unterschiede zwischen den beiden Texten zu markieren und die jeweilige Bedeutung abzuschätzen. Im Auswertungsgespräch formulieren sie zunächst einen Gesamteindruck.

Möglicher Impuls:
- Warum wird am 9. November 1918 die Republik zweimal ausgerufen?
- Welche Proklamation ist die weitergehende?
- Welches sind die grundsätzlichen Unterschiede?

Dann erfolgt unter möglichst weitgehender Beteiligung der Klasse die eigentliche Gegenüberstellung (s. Tafelbild: Stundenblatt zur 2. Stunde). Eine abschließende Diskussion beschäftigt sich mit den potentiellen Auswirkungen beim Versuch, die Scheidemannsche bzw. die von Liebknecht geforderte Republik zu verwirklichen (Verzicht auf weitergehende gesellschaftsverändernde Maßnahmen – Bürgerkrieg und revolutionäre Umgestaltung Deutschlands) (s. Arbeitsblatt 1).

Alternative Textkombination: Die oben beschriebenen Einsichten lassen sich auch erreichen durch die Gegenüberstellung des Aufrufs der Reichsregierung vom 9. November 1918, in welchem die Information über die Abdankung des Kaisers mit der Aufforderung zur tätigen Mitarbeit am Wiederaufbau Deutschlands verbunden wird (Elben, S. 13f.; Weltgeschichte im Aufriß 3/1, S. 218; Geschichte in Quellen V, S. 15) und des Kampfprogramms der Spartakus-Gruppe vom 10. November 1918, das die sofortige Einrichtung einer sozialistischen Räterepublik fordert (Ursachen und Folgen III, S. 7f.).

Unterrichtsschritt 2:
Gruppierungen während der Novemberrevolution

Die Vorstellung der relevanten Gruppen während der krisenhaften Auseinandersetzung um die zukünftige Gestalt Deutschlands kann am schnellsten über einen Foliensatz erfolgen (s. Vorschlag für eine Folie). Die erforderlichen Informationen gibt – aus Zeitgründen – der Lehrer. Im Unterrichtsgespräch werden mögliche Koalitionen und deren voraussichtliche Zielsetzungen erörtert und so zum Bündnis zwischen SPD-Führung und Oberster Heeresleitung (vgl. Unterrichtsschritt 4) übergeleitet. Es erscheint sinnvoll, hier die notwendigen Angaben zum Rätesystem einzubringen.

Kurze Zusammenfassung:
- Das Rätesystem zielt im Sinne einer „Fundamentaldemokratisierung" auf eine direkte Beteiligung und Interessenvertretung vor allem der bisher unterprivilegierten Schichten.
- In der Selbstartikulierung und -vertretung ihrer politischen, ökonomischen und gesellschaftlichen Ziele durch die Betroffenen sollen die Probleme gelöst werden.
- Örtliche Basisversammlungen oder deren Vollzugsräte entscheiden ihre unmittelbaren Belange selbst. Sie wählen überregionale Räte, welche Beschlüsse ihrer Wähler politisch umsetzen müssen (Imperatives Mandat); sie sind jederzeit abwählbar und durch andere Deputierte ersetzbar.
- Diese Konstruktion soll die Räte zu einem dauernden und engen Kontakt mit den (revolutionären) Massen befähigen.
- Nach dem Ablauf festgelegter Fristen sollen die Räte abgelöst werden (Rotationsprinzip).
- Die Basisvertreter sollen derselben sozialen Schicht angehören wie ihre „Wähler" und kein höheres Einkommen beziehen als diese („soziale Identität").
- Das Rätesystem versteht sich als grund-

sätzliche Alternative zur parlamentarischen Demokratie und lehnt Gewaltenteilung, Fraktionsbildung und Parteienpluralismus ab.
- Es ist bisher nicht gelungen, nachzuweisen, wie ein Rätesystem in einer hochindustrialisierten und komplexen Gesellschaft funktionieren kann. „Die Anhänger der Rätedemokratie übersehen leicht, daß auf Grund des hohen Organisationsgrades unserer Gesellschaft und der technischen Überlegenheit einer gut geführten Verwaltung die Bürokratisierung als eine der Gesellschaft inhärente Entwicklungstendenz betrachtet werden muß“ (Gottschalch, Wilfried: Parlamentarismus und Rätedemokratie, Berlin 1968, S. 33).

Alternative
Die selbständige Erarbeitung der charakteristischen Merkmale des Rätesystems ist, wenn die Zeit dafür zur Verfügung steht, dringend zu empfehlen. Als brauchbare Materialsammlungen bieten sich dafür an: Wasser, Hartmut: Demokratie als Prinzip staatlich-politischer Herrschaftsordnung, Stuttgart 1976, S. 85–89; Graf, Hans: Rätesystem und parlamentarische Demokratie, Bonn o. J. (Reihe „kontrovers“, herausgegeben von der Bundeszentrale für politische Bildung); Weltgeschichte im Aufriß 3/1, S. 232–236.

Unterrichtsschritt 3: Die Legitimation von unten

In einer Tafelskizze wird vom Lehrer die Funktion der Versammlung der Berliner Arbeiter- und Soldatenräte am 10. November 1918 erläutert (Tafelbild s. Stundenblatt).
„Durch das Aufeinandertreffen der beiden Bewegungen – quasi-legale Machtüberleitung ‚von oben‘, revolutionäre Machtbildung ‚von unten‘ – kam Ebert, der Führer der Mehrheitssozialisten, in eine Doppelstellung und -funktion hinein, die ihm für die weitere Entwicklung eine zentrale Position verschaffte. Er war noch ernannter Reichskanzler und damit von der alten Ordnung beglaubigter Macht- und Entscheidungsträger, gewissermaßen eine Brücke der Legalität, zugleich stützte er sich als Vorsitzender des Rats der Volksbeauftragten auf die revolutionäre Legitimität“ (Böckenförde, Ernst-Wolfgang; in: Bracher, K. D. u.a. [Hg.] 1987, S. 29).

Mögliche Auswertungsfragen:
- Was hat sich geändert?
- Gegen wen richtet sich diese Entscheidung?
- Warum nennt der Verfassungsrechtler Hugo Preuß am 14. November 1918 die Herrschaft des neu entstandenen Rates der Volksbeauftragten einen „umgedrehten Obrigkeitsstaat“? (Vgl. zum Ausschluß des Bürgertums während der Revolutionsphase: Preuß, Hugo: Volksstaat oder verkehrter Obrigkeitsstaat, in: Ritter, G. A. und Miller, S. 1968, S. 229f.)

Unterrichtsschritt 4: Das Ebert-Groener-Bündnis vom 10. November 1918

Die erforderlichen Informationen können auf verschiedenen Wegen vermittelt werden:
- Entweder man läßt das Zusammengehen der SPD-Führung mit der OHL anhand der Tagebuchaufzeichnungen des Generalquartiermeisters Groener analysieren und beurteilen (s. Arbeitsblatt 1)
- oder der Lehrer faßt die Vorgänge des 10. November (eventuell unter Einbeziehung der Wahl der Volksbeauftragten, s. Unterrichtsschritt 3 – Zeitersparnis!) zusammen:
  Die OHL erkannte, daß Ebert sich in Berlin zwar durchgesetzt hatte; aber die Gefahr eines Bürgerkrieges und eines bolschewistischen Umsturzes war – nach ihrer Meinung – noch nicht beseitigt. Es war der OHL zudem bekannt, daß ein Teil der Truppen mit dem Bolschewismus sympathisierte. Deshalb rief General Groener,

der Nachfolger Ludendorffs, – mit Billigung des Generalfeldmarschalls Paul von Hindenburg – auf der direkten Leitung zwischen dem Großen Hauptquartier in Spa und der Berliner Reichskanzlei Ebert an und stellte die OHL mit den Truppen der Reichsregierung unter der Bedingung zur Verfügung, daß die militärische Disziplin der Soldaten und die Autorität der Offiziere aufrechterhalten und Bolschewismus und Rätesystem in Deutschland verhindert werden. Ebert ließ sich auf diese – geheime – Abmachung ein und begab sich damit in eine gewisse Abhängigkeit von den Militärs. Für Groener gab die Erkenntnis den Ausschlag, daß „die alte Gesellschaftsordnung nur gerettet werden (konnte), wenn es gelang, Bundesgenossen bei jenen Kräften zu finden, die in den Augen der arbeitenden Bevölkerung nicht durch Verbindung mit dem alten System diskreditiert, sondern vertrauenswürdig waren. Deshalb schlossen sowohl die kaiserlichen Offiziere der Obersten Heeresleitung wie auch die große Industrie ein Bündnis mit dem rechten Flügel der Arbeiterbewegung. So konnten die revolutionären Energien gespalten und partiell kanalisiert werden... Zur Niederwerfung jenes Teils, der sich nicht kanalisieren ließ, mußten – angesichts der Handlungsunfähigkeit des alten Staatsapparates – neue Organe geschaffen werden, die mindestens formal durch die aus der Revolution entstandenen Autoritäten legitimiert waren. So wurden in dem Bündnis zwischen der kaiserlichen Armee und dem sozialdemokratisch geführten Rat der Volksbeauftragten ‚Freikorps' und ‚Bürgerwehren' gebildet, um die Arbeiter zu entwaffnen und die revolutionären Kräfte gewaltsam niederzuwerfen" (Kühnl, R. 1985, S. 20).

Für das Auswertungsgespräch bieten sich folgende Leitfragen an:

- Welche Motive hatte a) Groener, b) Ebert beim Abschluß dieser Vereinbarung?
- Welche Konsequenzen ergaben sich daraus möglicherweise für das Kräfteverhältnis in Deutschland? (Vgl. Folienvorschlag „Die politische Landschaft...")
- War Eberts Entscheidung richtig?
- Vergleichen Sie Eberts Äußerung auf der Reichskonferenz der Ministerpräsidenten der deutschen Staaten (25. 11. 1918): „Wir mußten, nachdem wir die politische Macht in die Hand genommen hatten dafür Sorge tragen, daß die Reichsmaschinerie nicht zusammenbricht... dazu brauchten wir die erfahrene Mitarbeit der Fachleute" (nach: Ritter, G. A. und Miller, S. 1968, S. 321).

Unterrichtsschritt 5:
Überprüfung der SPD-Politik im November 1918

Wegen der – notwendigerweise – verkürzten Darstellung der Vorgänge im November 1918 muß die nun durchzuführende Bewertung sich mit vorläufigen Ergebnissen begnügen. Um eine Überforderung der Schüler zu vermeiden, wird die Stellungnahme eines Historikers wiedergegeben, welche geeignet erscheint, der Diskussion das angestrebte Profil und Niveau zu geben. Als Arbeitsblatt „Das Urteil eines Wissenschaftlers über die Novemberrevolution" bietet sich ein Textauszug aus der wissenschaftlichen Literatur an, z.B. Hans Heiber: Die Republik von Weimar (München, dtv 1966, S. 20ff.) mit folgenden Fragen:

1. Stellen Sie aufgrund dieses Textes das Für und Wider des Ebert-Groener-Bündnisses zusammen.
2. Erklären Sie die Begriffe „Traditionen der preußischen Armee", „bürgerliche" und „sozialistische Republik".
3. Überprüfen Sie, ob dieses Bündnis der Ausrufung der Republik durch Philipp Scheidemann widerspricht.
4. Nehmen Sie Stellung zu Sebastian Haffners These, die Vereinbarung sei ein

„Kampfbündnis gegen die Revolution, von der sich Ebert wenige Stunden zuvor hatte auf den Schild heben lassen“, gewesen (zitiert nach: GWU 1969, 8, S. 464).

Diese Überprüfung kann bei Zeitmangel von den Schülern auch in einer häuslichen Nachbereitung der Stunde vorgenommen oder erst in die abschließende Beurteilung der Novemberrevolution nach der 3. Stunde (s. dort Unterrichtsschritt 5) eingebracht werden.

Exkurs

An dieser Stelle kann man ein Schülerreferat über Friedrich Ebert einplanen; geeignete Literatur zur Vorbereitung: Möller, H. (1987), S. 11–57; Witt, Peter-Christian: Friedrich Ebert, Bonn 1987, Landeszentrale für politische Bildung Baden-Württemberg (Hg.): Friedrich Ebert und die Einheit der Nation, Stuttgart 1988 (= Die deutsche Frage im Unterricht, Heft 15); Maser, Werner: Friedrich Ebert, München 1987.

Hausaufgabe:

Kurze schriftliche Zusammenfassung der Ereignisse in Deutschland bis zum 31. Januar 1919 nach dem Lehrbuch (Schwerpunkt: „Spartakus-Aufstand“). Vgl. auch die Zeittafel zur Novemberrevolution.

Vorschlag für einen Foliensatz (2. Stunde; Unterrichtsschritt 2)

Die „politische Landschaft“ in Deutschland im November 1918

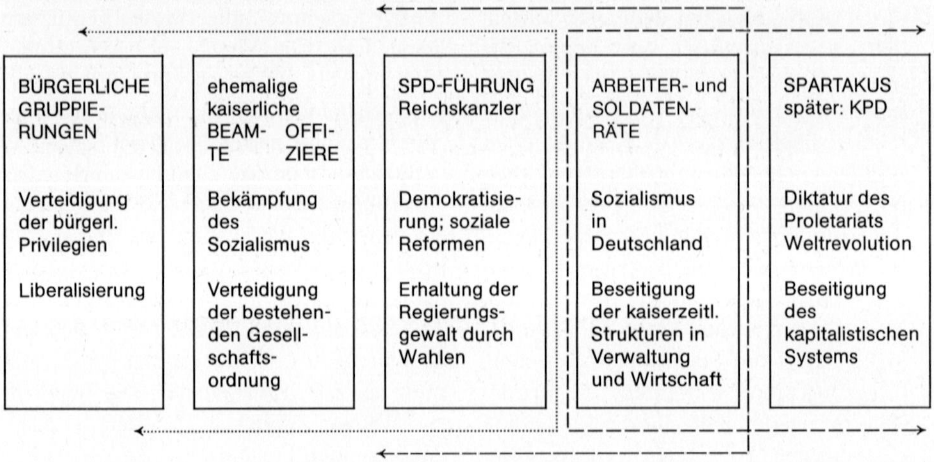

Hinweise zur Anfertigung und zum Einsatz des Foliensatzes:

Jede der fünf Säulen wird in einer anderen Farbe geschrieben und eingerahmt. Folie 1 zeigt nur die SPD und die Arbeiter- und Soldatenräte, Folie 2 Spartakus und KPD, Folie 3 schließlich die bürgerlichen Gruppierungen und die Beamten und Offiziere. Durch die 4. und 5. Folie wird die Absicht von SPD-Führung bzw. Spartakusbund aufgewiesen, die Arbeiter- und Soldatenräte jeweils zu sich herüberzuziehen (in unserer Skizze gestrichelt); Folie 6 demonstriert die Bündnismöglichkeit zwischen SPD-Führung und den vormals mittleren und rechten Gruppierungen (in der Skizze mit Punkten dargestellt). Der Einsatz erfolgt in der Reihenfolge der Foliennummern.

Zeittafel: Die Novemberrevolution 1918

1918:

28. 1.–4. 2.:	Munitionsarbeiterstreik in Berlin (400 000 Arbeiter im Ausstand)
3. 3.:	Friedensvertrag von Brest-Litowsk zwischen dem Deutschen Reich und der Sowjetunion
21. 3.–17. 7.:	deutsche Offensive an der Westfront (militärische Katastrophe)
18. 8.:	erfolgreiche Gegenoffensive der Entente
3. 10.:	Waffenstillstandsangebot der deutschen Regierung, Prinz Max von Baden wird Reichskanzler
24.–28. 10.:	**„Oktoberreformen“ (Verfassungsänderung): parlamentarische Verantwortung des Reichskanzlers; Parlamentarisierung der Regierung**
30. 10.:	Meuterei der deutschen Hochseeflotte in Wilhelmshaven
3. 11.:	Matrosenaufstand in Kiel
4. 11.:	Werftarbeiterstreik – Generalstreik; Bildung von Arbeiter- und Soldatenräten in zahlreichen deutschen Städten
8. 11.:	Proklamation der Bayerischen Räterepublik: „sozialistische Volksregierung“ unter Kurt Eisner (USPD)
9. 11.:	**Einsetzung Friedrich Eberts (SPD) als Reichskanzler durch Prinz Max von Baden: Revolution in Berlin** Ausrufung der Republik durch Philipp Scheidemann (SPD) und Karl Liebknecht (Spartakus)
10. 11.	**Bildung der neuen Regierung: „Rat der Volksbeauftragten“** (3 SPD und 3 USPD) legitimiert durch die „Vollversammlung der Berliner Arbeiter- und Soldatenräte“ (bürgerliche Staatssekretäre) **Bündnis** zwischen Reichskanzler Ebert (SPD) Groener (Oberste Heeresleitung)
11. 11.:	**Unterzeichnung des Waffenstillstandes** zwischen dem Deutschen Reich und der Entente durch zivile deutsche Vertreter: bedingungslose Kapitulation
15. 11.:	**Vereinbarung zur Zusammenarbeit zwischen der Gewerkschaftsführung und den Unternehmerverbänden:** Absage an eine revolutionäre Umgestaltung der Gesellschaft in Deutschland („Stinnes-Legien-Abkommen“)
6. 12.:	Erster blutiger Zusammenstoß zwischen Regierungstruppen und aufständischen Arbeitern in Berlin
16.–20. 12.:	**Reichsrätekongreß in Berlin** (ca. 300 SPD, 100 USPD [davon 10 Spartakus], 26 Mittelparteien und 75 Sonstige): Entscheidung über Rätesystem oder Parlamentarismus
29. 12.:	Ausscheiden der USPD aus der Regierung (Begründung: arbeiterfeindliches Vorgehen der SPD)
30. 12.:	Gründungsparteitag der KPD

1919:

5.–12. 1.:	**Januarkämpfe in Berlin („Spartakus-Aufstand“)**: Zerschlagung revolutionärer Aktionen durch Regierungstruppen (Freikorps); Ermordung von Karl Liebknecht und Rosa Luxemburg.
19. 1.:	**Wahlen zur Nationalversammlung** (boykottiert von der KPD) Ergebnisse:

Wahlbeteiligung	SPD	USPD	Zentr.	DVP	DDP	DNVP	Sonstige
83%	163	22	91	19	75	44	17 Abgeordnete

3. Stunde

Didaktische Vorbemerkungen

Als Verzahnung zwischen der 2. und 3. Stunde wird die Erstellung eines Fragenkatalogs zur Novemberrevolution vorgeschlagen, dieser sollte bei der Schlußbetrachtung (Unterrichtsschritt 4) wieder aufgegriffen und im Ansatz beantwortet werden. Voraussetzung dafür ist ein Überblick über den Revolutionsprozeß, der aus der Zeittafel und dem sukzessiv zu entwickelnden Tafelbild (s. Stundenblatt 3) gewonnen werden kann. Das Urteil der neueren Geschichtsschreibung, das bei der Schlußbetrachtung mit herangezogen wird, faßt Eberhard Kolb folgendermaßen zusammen: „Wenn man das Spektrum der innenpolitischen Gestaltungsmöglichkeiten überhaupt auf eine einfache Alternative eingrenzen will..., dann bestand in der realen Situation der Winter- und Frühjahrsmonate nicht jene von vielen Zeitgenossen behauptete und von der früheren Forschung angenommene Alternative: Rätediktatur oder parlamentarische Demokratie, Bolschewismus oder Bündnis der SPD mit Bürokratie und Offizierskorps. Nach der überwiegenden Auffassung der neueren Revolutionsforschung hatte die sozialdemokratische Revolutionsregierung vielmehr zu wählen zwischen einem Bündnis mit der konservativen Machtelite und damit der konservativen Republik – kurzfristig gesehen die risikolosere und bequemere Lösung, längerfristig gesehen aber eine höchst problematische Entscheidung – und einer Politik einschneidender Veränderungen der bestehenden Machtstrukturen des Wilhelminischen Obrigkeitsstaates zugunsten einer in den breiten Massen der eigenen Anhängerschaft zuverlässig verankerten demokratischen und sozialen Republik" (Kolb, E. 1972, S. 26).

Der Januar-Aufstand in Berlin wird nicht deshalb in einem eigenen Unterrichtsschritt thematisiert, weil an ihm etwa die Möglichkeit einer kommunistischen Machtergreifung im Jahre 1919 zu demonstrieren wäre – die wenig zielbewußte Planung und Vorbereitung sowie das Fehlen einer breiten Massenbasis machten eine solche Entwicklung unmöglich –, vielmehr geht es bei diesem Unterrichtsschritt darum, die Reaktion der SPD kennenzulernen, welche durch eine enge Anlehnung an das Militär (Freikorps) und durch die unerbittliche Härte der Maßnahmen gegen die Aufständischen gekennzeichnet war. Insofern werden während der „Roten Woche" tatsächlich wichtige Weichen gestellt: „Die MSPD-Spitze fürchtete ihre eigenen Anhänger und baute keine verläßlichen Streitkräfte auf; die OHL blieb im Amt, statt abgesetzt zu werden, und für die Freikorps wurde der Weg freigemacht" (Wehler, Hans-Ulrich: Das deutsche Kaiserreich 1871–1918, Göttingen 1973, S. 223). Hier – wie während der ganzen 3. Stunde – muß gezeigt werden, wie sehr die Angst vor dem Chaos, vor der Zerrüttung der Verwaltung und vor der revolutionären Auflösung einer die Kontinuität schonenden Weiterentwicklung das Denken und Handeln der SPD-Führung leitete. Dies gilt seit dem Ausbruch der Revolution und wird durchgehalten bis zur Nationalversammlung. „Nicht die sofortige und vollständige Entmachtung der alten Kräfte bestimmte demnach den November, sondern umgekehrt ein Arrangement mit ihnen, um den revolutionären Teil der Arbeiterschaft unter Kontrolle zu halten" (Lemberg, Erich: Die Novemberrevolution 1918; in: Hoffacker, Helmut [Hg.]: Materialien zum historisch-politischen Unterricht, Lehrerband, Stuttgart 1975, S. 28).

Eine ausführlichere unterrichtliche Auseinandersetzung mit dem Reichsrätekongreß in Berlin wird deshalb empfohlen, weil

- dieser Kongreß einen Einblick in die Intentionen der Revolutionäre aus ganz Deutschland zu geben vermag,

- die Entscheidung zwischen Rätesystem und Nationalversammlung hier in beispielhafter Verdichtung demonstriert werden kann und
- der Charakter der Revolution insofern sichtbar wird, als die überwältigende Mehrheit der Räte nur so viel Sozialismus glaubte durchsetzen zu dürfen, wie das Volk wollte (Max Cohen-Reuß, SPD).

„Die erstrebte Bestätigung der Wahlen durch diesen Rätekongreß... blieb nicht aus. Sie erfolgte... mit sehr deutlicher Mehrheit (344:98). Damit war der Weg... zur parlamentarischen Demokratie freigekämpft. Die organisierte Rätegewalt hatte sich als Räteherrschaft selbst beendet" (Böckenförde, Ernst-Wolfgang; in: Bracher, K. D. u.a. [Hg.] 1987, S. 33).

Um die zeitraubende Lektüre von zwei Redetexten zu verkürzen, wird ein Verfahren angewandt, das erfahrungsgemäß rasch zu den gewünschten Ergebnissen führt: Dem Auszug aus der Rede von Max Cohen-Reuß (SPD) wird eine Kurzfassung der Gegenrede von Hugo Däumig (USPD) konfrontiert (s. Arbeitsblatt 2), daß dabei die strukturierenden Gesichtspunkte für den Vergleich praktisch vorgegeben werden, muß man in Kauf nehmen.

Lernziele

Die Schüler erkennen
- die Funktion des Reichsrätekongresses (16.–20. Dezember 1918) bei der Entscheidung gegen das Rätesystem und für die Nationalversammlung;
- daß infolge der verhärteten Fronten zwischen MSPD und Spartakusbund die Entscheidung in Deutschland sich auf die Alternative Rätesystem oder weitgehende Verteidigung des Status quo verengte;
- daß aus den Wahlen zur Nationalversammlung eine bürgerliche Mehrheit hervorging;
- „daß die SPD eine Radikalisierung der Revolution verhindert hat (und) daß sich daraus die Spaltung der Arbeiterschaft während der Revolution und in der weiteren Geschichte der Weimarer Republik" vertiefte (Lemberg, E., a.a.O., S. 32).

Die Schüler erarbeiten
- aus einem Quellentext und einer Quellenzusammenfassung die Argumente für und gegen die Nationalversammlung;
- aus Quellentexten die unversöhnliche Konfrontation zwischen der SPD-Regierung und dem Spartakusbund (1919);
- vorläufig – mögliche Auswirkungen der Novemberrevolution auf die weitere Entwicklung der Weimarer Demokratie.

Die Schüler beurteilen
- die Stichhaltigkeit der Argumente zweier Politiker für bzw. gegen die Einführung des Rätesystems in Deutschland im Jahre 1918;
- inwiefern die Wahlen zur Nationalversammlung eine Bestätigung oder eine Niederlage für die Politik der MSPD gewesen sind;
- inwiefern die Novemberrevolution überhaupt als „Revolution" bezeichnet werden kann.

Verlaufsskizze

Unterrichtsschritt 1:
Die Situation in Deutschland

Nach der Bekanntgabe und Erläuterung des Stundenthemas werden die Schüler aufgefordert, Fragen zur weiteren Entwicklung in Deutschland zu formulieren; dabei sollten bereits vorhandene Einsichten in die Problematik der Novemberrevolution unter dem Aspekt der möglichen Lösungswege verwertet werden.
(Erwartete Beiträge der Schüler: Welche Fol-

gen hatte das Bündnis zwischen OHL und SPD-Führung? – Welche Alternative für die zukünftige Gestalt der politischen Ordnung wird ergriffen? – Welches Programm setzt sich durch? – War das überhaupt eine Revolution?)

Unterrichtsschritt 2:
Die Entscheidung vom 19. Dezember 1918 für die Nationalversammlung

Die massive Konfrontation zwischen den Anhängern des Rätesystems und den Befürwortern allgemeiner Wahlen zur deutschen Nationalversammlung wird aus dem bekannten Redepaar Hugo-Däumig (USPD)/ Max Cohen-Reuß (SPD) von den Schülern selbständig erarbeitet (s. Arbeitsblatt 2).
In einer kurzen Einführung skizziert der Lehrer die Funktion des Reichsrätekongresses: Vom 16. bis 20. Dezember 1918 tagte im ehemaligen preußischen Abgeordnetenhaus in Berlin eine Konferenz von Deputierten der Arbeiter- und Soldatenräte aus dem ganzen Deutschen Reich. Dieser Kongreß sollte die zukünftige Gestaltung Deutschlands festlegen. Es ging bei den Teilnehmern von Anfang an nicht mehr um den Versuch einer Verknüpfung von Rätesystem und Parlamentarismus, sondern um die harte Entscheidung zwischen revolutionärem Rätesystem und Diktatur des Proletariats auf der einen Seite und eine in freien Wahlen durch das gesamte Volk eingesetzte Nationalversammlung mit dem Auftrag, eine neue Verfassung auszuarbeiten und zu verabschieden, auf der anderen Seite. Die große Mehrheit der deutschen Arbeiterschaft und der Soldaten hatten sich für den gemäßigten Kurs entschieden. Der Spartakusführer Karl Liebknecht hatte nicht einmal die erforderliche Stimmenzahl für einen Sitz in dieser Versammlung erhalten.

Alternative

Der dramatisch ausgestaltete Bericht über die Eröffnung der Reichsrätekonferenz in Berlin wird aus „Die großen Krisen" (Bilder aus der Weltgeschichte Band 14, Frankfurt o. J., S. 15–17) vorgelesen und besprochen. Da dieser Text sich als Stundenauftakt besonders bewährt hat, wird man durch ihn nicht nur die Einführung in den 2., sondern auch den ganzen 1. Unterrichtsschritt ersetzen.

Das Ergebnis des in der Selbsttätigkeitsphase durchgeführten Textvergleichs wird in einem kontrastiven Tafelbild zusammengefaßt:

Rätesystem oder Nationalversammlung?

Alternative I: Nationalversammlung (Cohen-Reuß, SPD)

- Lage in D. läßt keine Experimente zu.
- Arbeiter- und Soldatenräte repräsentieren nur einen Teilwillen des Volkes.
- Nur so viel Sozialismus ist durchsetzbar, wie das Volk will.
- Diktatur (des Proletariats) macht Sozialisierung unmöglich.
- Russisches (bolschewistisches) Beispiel schreckt ab.
- Rätesystem wird von der Friedenskonferenz abgelehnt.

Alternative II: Rätesystem (Däumig, USPD)

- Rätesystem ist die Organisationsform der sozialen Revolution.
- Bürgerliche Demokratie muß abgelöst werden; Arbeiter sind das Volk.
- Wahlgesetz soll Arbeiter- und Soldatenräte bevorzugen.
- Nationalversammlung macht Sozialismus unmöglich.
- Russisches Beispiel muß nicht nachgeahmt werden.
- Revolution wird auch in anderen Staaten ausbrechen.

Unterrichtsschritt 3:
Die Januarereignisse in Berlin und die Wahlen zur Nationalversammlung

Da die Schüler sich in häuslicher Vorbereitung mit den wichtigsten Ereignissen (KPD-Gründung, „Rote Woche", Einsatz der Freikorps, Ermordung von Karl Liebknecht und Rosa Luxemburg) bereits vertraut gemacht haben, kann man sich bei diesem Themenkreis auf eine skizzenhafte Wiederholung an der Zeittafel beschränken.

Erweiterungen

1. Die Interpretation eines Werbeplakats zur Aufstellung von Regierungstruppen (Faksimile; s. Vorschlag für ein Arbeitsblatt; evtl. als Folie) führt erfahrungsgemäß zu einer hohen Motivation der Schüler und ist dazu geeignet, die Situation während des Spartakus-Aufstandes schlaglichtartig zu erhellen. Folgende Gesichtspunkte werden dabei herausgearbeitet:
   - Die Regierungstruppe erhält das Prädikat „sozialistisch" (!);
   - auch hier erscheint das bereits bekannte Ziel „Aufrechterhaltung von Ruhe und Ordnung", das für die Haltung Eberts während der Revolutionszeit charakteristisch ist;
   - die Angeworbenen sollen die SPD-Regierung unterstützen und gleichzeitig militärische Disziplin akzeptieren (vgl. Ebert-Groener-Bündnis);
   - der von den Mannschaften zu wählende Ausschuß läßt den Bezug zu basisdemokratischen Bestrebungen zu.
2. Ein Gedicht von Kurt Tucholsky kann in Klassen mit literarischem Interesse zu einer Bewertung des Mordes an Rosa Luxemburg und Karl Liebknecht herangezogen werden (s. Vorschlag für ein Arbeitsblatt).
3. Für eine vertiefte Auseinandersetzung mit dem Januaraufstand in Berlin und seinen Folgen wird ein Quellenpaar vorgeschlagen: Aufruf der Reichsregierung vom 8. Januar 1919 (Geschichte in Quellen V, S. 157) und Aufruf des Zentralvorstandes der USPD-Berlin und der KPD-Zentrale vom 9. Januar 1919 (Ritter, G. A. und Miller, S. [Hg.], a.a.O., S. 178). Die Auszüge aus diesen beiden Aufrufen werden arbeitsteilig gelesen und im Unterrichtsgespräch diskutiert.

Folgende Aufgaben werden empfohlen:
- Erarbeiten Sie die unterschiedlichen Ziele der SPD-Regierung und der Aufständischen.
- Ordnen Sie diese Texte in den historischen Zusammenhang ein (Zeittafel).
- Vergleichen Sie die Sprache der beiden Aufrufe.
- Nehmen Sie Stellung zum Vorgehen der Reichsregierung bzw. der revolutionären Gruppierungen.

Bei der Textbesprechung ist insbesondere die Unerbittlichkeit des Regierungsaufrufs hervorzuheben („jede persönliche Freiheit und Sicherheit ist [durch Spartakus] aufgehoben" – „Schreckensherrschaft" – „Unterdrückung und Anarchie" – „Gewalt kann nur mit Gewalt bekämpft werden" – „Die Stunde der Abrechnung naht") und mit der nicht weniger harten Sprache des Gegenaufrufes zu konfrontieren („vom Bruderblut besudelte Ebert – Scheidemann" – „Verräter des Proletariats" – „elende Handlanger der kapitalistischen Scharfmacher" – „Metzeleien unter den wehrlosen Urlaubern und Frontsoldaten" – „Auf zum letzten, entscheidenden Kampf" – „Gebraucht die Waffen gegen eure Todfeinde!").

Die Ergebnisse der Wahlen zur Nationalversammlung werden zusammen mit der Zeittafel präsentiert. Bei der Auswertung wird man sich auf folgende Feststellungen beschränken:
- Die Wahlen führten zu einer bürgerlichen Mehrheit;
- stärkste Partei mit über 37% der Stimmen wurde die SPD;
- die USPD blieb mit nur 7,6% der Stimmen weit hinter den Erwartungen zurück;
- von den bürgerlichen Parteien erhielt das Zentrum die meisten Stimmen;
- der KPD-Aufruf zum Boykott der Wahlen wurde nicht befolgt: Wahlbeteiligung 83% (1920 mit KPD-Beteiligung nur 78,4%);
- die Struktur des deutschen Parteiwesens erfuhr keine grundlegende Wandlung.

Für eine eingehendere Analyse sind genauere Zahlenangaben erforderlich (vgl. dazu Dederke, K. [1981], S. 280f.; Milatz, A. [1968]; Elben, S. 148; Politische Weltkunde II, S. 24).

Unterrichtsschritt 4:
Urteile über die Revolution

Als Impuls für die Urteilsbildung wird den Schülern ein Text (Detlev J. K. Peukert) vorgelegt, der eine problemorientierte Auseinandersetzung mit der Novemberrevolution ermöglicht (s. Arbeitsblatt 2). Es wird empfohlen, an dieser Stelle des Unterrichtes eine immanente Wiederholung des Revolutionsverlaufs durchzuführen und mit Nachdruck auf die grundsätzliche Bedeutung der Anfangsmonate für das weitere Schicksal der Weimarer Republik hinzuweisen. „Die Jahreszahlen 1918 und 1933 und die Ereignisse, für die sie stehen, bleiben . . . – in wie vermittelter Weise auch immer – miteinander verbunden“ (Kolb, Eberhard; in: Schulz, G. 1987, S. 31).

Alternativen

1. Falls die zur Verfügung stehende Unterrichtszeit die Lektüre des vorgeschlagenen Textes nicht zuläßt, kann der Einstieg in die Beurteilungsphase auch über die – wesentlich kürzere – Äußerung Walther Rathenaus zum Charakter der Novemberrevolution erfolgen:
„Es war keine Revolution. Bloß ein Zusammenbruch. Die Türen sprangen auf, die Aufseher liefen davon . . . Wäre es eine Revolution gewesen, dann hätten die Kräfte und Ideen, die sie erzeugte, fortgewirkt. Das Volk wollte nichts als Ruhe . . . Die Revolution war kein Produkt des Willens, sondern ein Ergebnis des Widerwillens.“ (August 1919) (Reinhardt, Stephan: Lesebuch Weimarer Republik, Berlin 1983, S. 65)
2. Wenn es dagegen die Unterrichtszeit zuläßt, können weitere Textauszüge aus der Sekundärliteratur eingesetzt und verglichen werden, z. B.
Böckenförde, Ernst-Wolfgang; in: Bracher, Karl Dietrich u. a. (Hg.), 1987, S. 29–33
Flemming, Jens u. a. (Hg.): Die Republik von Weimar. Band 1, Königstein/Düsseldorf 1979, S. 2–5
Heiber, Hans: Die Republik von Weimar, München 1977, S. 31f.; Kolb, Eberhard: Vom Kaiserreich zur Republik; in: Schulz, Gerhard (Hg.): Ploetz, Weimarer Republik, Freiburg/Würzburg 1987, S. 28–31
Schulz, Gerhard: Deutschland seit dem Ersten Weltkrieg 1918–1945, Göttingen 1976, S. 30–32
Streisand, Joachim: Deutsche Geschichte von den Anfängen bis zur Gegenwart, Köln 1972, S. 313
Winkler, Heinrich A.: Von der Revolution zur Stabilisierung, Berlin–Bonn 1983, S. 12–15 und S. 68–70.
(Vgl. auch: Nitzschke, Heinz: Umstrittene Probleme der neuesten Geschichte, Paderborn 1982, S. 152–161)

Folgende aufschließende und weiterführende Fragen an die Texte haben sich bewährt:

1. Welche der Äußerungen entspricht am ehesten Ihrer eigenen Auffassung von der Novemberrevolution? Versuchen Sie, Ihre Entscheidung zu begründen.
2. Welche Zitate sprechen der Entwicklung 1918/19 in Deutschland den Charakter einer Revolution zu, welche nicht?
3. Versuchen Sie, die unterschiedlichen Einstellungen der Verfasser zur Novemberrevolution zu bestimmen.
4. Warum wurde der 9. November 1918 (Ausrufung der Republik) nicht zum Staatsfeiertag in der Weimarer Republik?
5. Worin sehen Sie das „Revolutionäre“, worin das „Nicht-Revolutionäre“ in den Vorgängen vom November 1918 bis zum Januar 1919?
6. Bedeuten Verlauf und Ende der Novemberrevolution eher einen Vorteil oder eine Belastung für die weitere Geschichte der Weimarer Republik?
7. Welche Alternativen zum Verhalten der SPD-Führung sind denkbar?

Hausaufgabe:

Zusammenstellung der Bestimmungen des Versailler Vertrags unter geeigneten Oberbegriffen mit Hilfe des Lehrbuches.

Zur Information für den Lehrer

Heinrich A. Winkler: Zur Entstehung der Arbeiter- und Soldatenräte

Die Arbeiterräte, beziehungsweise Arbeiter- und Soldatenräte, kamen auf unterschiedliche Weise zustande. Eberhard Kolb hat vier typische Entstehungsweisen herausgearbeitet:
Erstens gab es vor allem in kleinen und mittleren Städten Räte, die in Versammlungen durch Zuruf oder Abstimmung, meist in offener Wahl gewählt wurden ...
Zweitens entstanden in den Großstädten Arbeiterräte als Ausschüsse, deren Zusammensetzung entweder von der jeweils stärkeren Arbeiterpartei bestimmt oder von Partei- und Gewerkschaftsgremien ausgehandelt und manchmal von einer Volksversammlung bestätigt wurde ...
Der dritte, ebenfalls großstädtische Typus war eine Versammlung von Betriebsdelegierten, die aus ihrer Mitte einen engeren geschäftsführenden Ausschuß wählte ...
Viertens gab es Räte, die aus geheimen Listenwahlen nach Wohnbezirken, ohne Rücksicht auf Berufs- oder Betriebszugehörigkeit, hervorgingen und bei denen das Stimmrecht allen zustand, deren Jahreseinkommen nicht über einer bestimmten Höhe – etwa 10000 RM – lag ..."
Die Mehrheit der örtlichen Arbeiter- und Soldatenräte neigte der SPD zu ... Die deutschen Arbeiter- und Soldatenräte vom November 1918 waren „institutionalisierte Notbehelfe", aber nicht Modelle einer künftigen „reineren" Demokratie ... Das von Däumig entworfene Modell des reinen Rätesystems beruhte auf einer Illusion. Es ging von der Annahme aus, in einer hochentwickelten arbeitsteiligen Gesellschaft könnten die Massen auf Dauer mobilisiert werden, um die Mandatsträger ständig zu überwachen. Da für eine solche Aufgabe die wenigsten Arbeitnehmer die erforderliche freie Zeit hatten, war abzusehen, daß das reine Rätesystem bald zur Herrschaft einer kleiner werdenden privilegierten Minderheit über die große Mehrheit werden würde ... Nichts schützte die Vorstellungen von direkter Demokratie davor, einer undemokratischen Wirklichkeit den Weg zu ebnen.

(Revolution und Stabilisierung, Bonn/Berlin 1984, S. 63–65 und S. 103).

Vorschlag für ein Arbeitsblatt (3. Stunde, Unterrichtsschritt 3, Erweiterungen)

Plakat (Januar 1919)

Werbung

für eine

sozialistische Regierungstruppe

Ziele der Regierungstruppe sind:

Aufrechterhaltung der Ruhe und Ordnung in Berlin.

Schutz des persönlichen Eigentums.

Unterstützung der Regierung Ebert-Scheidemann.

Bedingungen für den Eintritt sind:

1. Aeusserste Krafteinsetzung des Einzelnen zur Erreichung obiger Ziele.
2. Unterordnung unter die Vorgesetzten.

Die Angehörigen dieser Truppe stehen im militärischen Dienstverhältnis.

Gebührnisse:

Jeder Angehörige erhält vom Tage der Einstellung 12 Mk. pro Tag und freies Quartier sowie freie Ausrüstung.

Lösung des Dienstverhältnisses geschieht beiderseitig nach 14tägiger Kündigung; bei entehrenden Vergehen erfolgt sofortige Entlassung.

Ueber Bestrafung bei Dienstvergehen urteilt der von den Mannschaften gewählte Ausschuss.

Werbebüro: Berlin-Schöneberg
Insbrucker Strasse 58

(nach: Schulze, Hagen: Weimar, Berlin 1982, S. 172)

Aufgaben:

a) Welche Aufgaben werden der zu bildenden „Regierungstruppe“ gestellt?
b) An wen richtet sich dieses Plakat? Begründen Sie Ihre Auffassung.
c) Erarbeiten Sie die Widersprüche dieses Aufrufs.

Kurt Tucholsky zum Mord an Karl Liebknecht und Rosa Luxemburg

Zwei Erschlagene

Märtyrer ...? Nein. Aber Pöbelsbeute.
Sie wagtens. Wie selten ist das heute.
Sie packten zu, und sie setzten sich ein:
Sie wollten nicht nur Theoretiker sein.

Er: ein Wirrkopf von mittleren Maßen,
er suchte das Menschenheil in den Straßen,
Armer Kerl: es liegt nicht da.
Er tat das Seine, wie er es sah.
Er wollte die Unterdrückten heben,
er wollte für sie ein menschliches Leben.
Sie haben den Idealisten betrogen,
den Meergott verschlangen die eigenen Wogen.
Sie knackten die Kassen, der Aufruhr tollt –
Armer Kerl, hast du das gewollt?

Sie: der Mann von den zwei Beiden.
Ein Leben voll Hatz und Gefängnisleiden.
Hohn und Spott und schwarz-weiße Schikane
und dennoch treu der Fahne, der Fahne!
Und immer wieder: Haft und Gefängnis
und Spitzeljagd und Landratsbedrängnis.
Und immer wieder: Gefängnis und Haft –
Sie hatte die stärkste Manneskraft.

Die Parze des Rinnsteins zerschnitt die Fäden.
Da liegen die Beiden am Hotel Eden.
Bestellte Arbeit? Die Bourgeoisie?
So tatkräftig war die gute doch nie ...
Wehrlos wurden zwei Menschen erschlagen.

Und es kreischen die Geier die Totenklagen:
Gott sei Dank! Vorbei ist die Not!
„Man schlug", schreibt Einer, „die Galizierin tot!"
Wir atmen auf! Hurra Bourgeosie!
Jetzt spiele dein Spielchen ohne die!
Nicht ohne! Man kann die Körper zerschneiden.
Aber das Eine bleibt von den Beiden:

Wie man sich selber die Treue hält,
wie man gegen eine feindliche Welt
mit reinem Schilde streiten kann,
das vergißt den Beiden kein ehrlicher Mann!

Wir sind, weiß Gott, keine Spartaciden.
Ehre zwei Kämpfern!
Sie ruhen in Frieden!

(aus: K. Tucholsky, Gesammelte Werke, Band I/S. 361,

Aufgaben:

a) Erarbeiten Sie das Urteil Tucholskys über Rosa Luxemburg und Karl Liebknecht.
b) Erörtern Sie, welchen historischen Ort der Autor dem Spartakus-Aufstand zuweist.

4. Stunde
Der Versailler Friedensvertrag

Didaktische Vorbemerkungen

Unter den Belastungen der Weimarer Republik nimmt der Friedensvertrag von Versailles in dreifacher Hinsicht einen zentralen Platz ein:

- Da es den demokratischen Parteien, die sich unter Skrupeln und verbalen Vorbehalten schließlich doch zur Unterzeichnung des Dokumentes entschlossen hatten, nicht gelang, die tatsächliche Schuld an Kriegsniederlage und Kriegsfolgen dort festzumachen, wo sie eigentlich hingehörte, nämlich bei den Machtträgern des Kaiserreiches und bei der kaiserlichen Politik, entwickelte sich der Versailler Vertrag rasch zu einem überaus wirkungsvollen Kampfinstrument in der Hand der republik- und demokratiefeindlichen Rechten. Die bereits während des Krieges geübte Diffamierung aller Befürworter eines Verständigungsfriedens richtete sich jetzt gegen die Unterzeichner des Vertragswerkes und die hinter ihnen stehenden politischen Parteien: „Die Unterschriften ... unter dem Vertrag wurden ... als ‚Verrat an Deutschland' vorgeworfen. Die erste wichtige Handlung der jungen Republik ging in das Gedächtnis der Deutschen als ein würdeloser, peinlicher Akt der Unterwerfung ein" (Dederke, K. 1981, S. 42).
- Indem die Alliierten – voran Frankreich – die Einlösung der Vertragsbestimmungen unnachsichtig und bisweilen mit fragwürdigen Mitteln forderten, wurden ein Ausgleich mit Deutschland und die Normalisierung des Verhältnisses der europäischen Staaten untereinander verhindert und Deutschland in eine Außenseiterrolle gedrängt, die in die gewaltsame Durchschlagung des gordischen Knotens durch die Großmachtpolitik Hitlers einmündete.
- Alle wichtigen Gruppierungen der Weimarer Republik sahen in der Revision von Versailles eine vordringliche Aufgabe des neuen Staatswesens. „Von 1919 bis 1933 gab es einen großen politischen Grundkonsensus, der von nahezu allen Parteien – bis hin zu den radikalen –, von ausnahmslos allen Reichsregierungen und von der überwältigenden Mehrheit der deutschen Bevölkerung getragen wurde: daß der Versailler Vertrag ... bekämpft werden, daß er fallen und, wie der meistgebrauchte Ausdruck lautete, ‚revidiert' werden müsse. Die Forderung nach grundsätzlicher ... Revision erwies sich bis zum Ende der Republik überhaupt als der dauerhafteste Kitt dieses Staatswesens ... Die unausgesprochene und oft auch ausgesprochene Ablehnung nicht nur des Friedensvertrages selbst, sondern des gesamten politischen Prinzips, auf dem das Werk von Paris beruhte, wurde eine der Grundlagen der deutschen Politik ... Die Forderung nach außenpolitischer Revision hing ganz eng mit der Forderung nach innenpolitischer Systemveränderung zusammen" (Salewski, Ulrich: Das Weimarer Revisionssyndrom; in: Aus Politik und Zeitgeschichte, B2/80, S. 15–20).

Die tatsächlichen – ökonomischen – Belastungen (Verlust von Rohstofflagern und Reparationszahlungen), die vom Versailler Vertrag ausgingen, waren dagegen für die wirtschaftliche Entwicklung der Weimarer Republik von eher nachrangiger Bedeutung. Sie behinderten Deutschland nur unwesentlich beim wirtschaftlichen Wiederaufbau und bei der Erlangung einer führenden Stellung im Welthandel. „Das Deutsche Reich (war) nach wie vor wirtschaftlich, und damit potentiell auch politisch und militärisch der stärkste Machtfaktor auf dem Kontinent" (Link, Werner; in: Funkkolleg Jahrhundertwende, Studienbegleitbrief 7, Weinheim–Basel 1989, S. 71).

Ein Unterrichtsmodell, das die Ursachen für

das Scheitern der Demokratie in Deutschland in der Zwischenkriegszeit darstellen möchte, darf also auf die Beschäftigung mit dem Versailler Vertrag nicht verzichten. Da nur eine Unterrichtsstunde für dieses Thema eingeplant werden kann, sollten die einzelnen Bestimmungen lediglich in einem Überblick vermittelt werden; der eigentliche Schwerpunkt dieser Stunde liegt bei der Analyse der Wirkungen des Vertragswerkes. Dazu werden sowohl zeitgenössische Stellungnahmen in einem Ensemble von kurzen Zitaten als auch Beurteilungen aus der fachwissenschaftlichen Literatur angeboten.
Bei der Realisierung der Unterrichtsvorschläge ist zu beachten, daß Elemente des Versailler Vertrages und seine Wirkungen in den Fallanalysen (11.–14. Stunde) erneut aufgegriffen werden.

Lernziele

Die Schüler erkennen
- die wesentlichen Bestimmungen des Versailler Vertrags;
- die Rahmenbedingungen der Pariser Friedenskonferenz und der Annahme des Vertrags durch die deutsche Nationalversammlung;
- „(daß) die oft drohende einseitige Fixierung des außenpolitischen Willens auf den unbedingten Vorrang der Revision des Versailler Vertrags... dazu beitrug, daß viele Deutsche riskanten traditionellen Methoden in der Außenpolitik verhaftet blieben" (Krüger, P. 1985, S. 96).

Die Schüler erarbeiten
- eine systematische Übersicht über die Bestimmungen des Versailler Vertrags;
- aus Zitaten die Aufnahme der Vertragsbedingungen in Deutschland;
- die Bedeutung des Revisionsgedankens für die weitere Entwicklung der Weimarer Republik.

Die Schüler beurteilen
- die tatsächlichen Belastungen, die sich aus dem Versailler Vertrag für die Weimarer Republik ergaben;
- die Plausibilität zweier fachwissenschaftlicher Bewertungen des Vertragswerkes.

Unterrichtsschritt 1:
Die Bedeutung des Versailler Vertrags

Die Schüler werden aufgefordert, eine Karikatur (evtl. parallele Projektion auf einer Folie!) zu beschreiben – Hitler mit wilhelminischer Pickelhaube kriecht aus einer Schriftrolle, welche als Versailler Vertrag gekennzeichnet ist – und die Aussage dieser Karikatur zu beurteilen (s. Geschichte und Geschehen 10, Stuttgart 1988).

Arbeitsaufträge:
a. Beschreiben Sie die Karikatur und nennen Sie mögliche Absichten des Karikaturisten
b. Nehmen Sie zur Aussage der Karikatur kritisch Stellung.

Im Unterrichtsgespräch wird die Bedeutung des Vertrages erörtert und ein Problemaufriß für die Stunde erarbeitet.
Mögliche Impulse:
- Warum stellte der Versailler Vertrag für die Weimarer Demokratie eine schwere Hypothek dar?
- Hatten die Deutschen Anspruch auf einen milderen Frieden?
- Ist es gerechtfertigt, die Machtergreifung Hitlers als eine Folge des Versailler Vertrags zu charakterisieren?
- Nehmen Sie Stellung zu der These Hans Herzfelds, daß der Friedensvertrag „als Diktatfrieden zugleich zu hart und zu weich gewesen sei" (Die Weimarer Republik, Frankfurt 1966, S. 39).

Unterrichtsschritt 2:
Die Pariser Friedensverhandlungen

In einem kurzen Vortrag zeichnet der Lehrer die Entwicklungslinien nach, welche zum Versailler Vertrag führten.
Stichwortartige Zusammenfassung:

- Wilsons Proklamation eines gerechten Friedens ohne Annexionen und Kontributionen – auch für Deutschland (Wilsons 14 Punkte, Januar 1918);
- hartes Friedensdiktat der Deutschen gegenüber dem besiegten Rußland (Brest-Litowsk, 3. März 1918) – ausdrücklicher Bezugspunkt für die Pariser Friedensverhandlungen;
- Unterzeichnung des Waffenstillstandes (Compiègne, 11. November 1918);
- Beginn der Friedensverhandlungen in Paris (18. Januar 1919); keine Teilnahme des besiegten Deutschen Reiches;
- Durchsetzung weitgehender französischer Interessen gegen den Widerstand der USA (und Englands);
- Forderungsdruck und Erwartungshaltung der Bevölkerungen der Ententemächte (Folge der Kriegspropaganda);
- parallele Friedensschlüsse:
  - St. Germain: Österreich (Auflösung der Donaumonarchie; Gebietsabtretungen; Anschlußverbot),
  - Neuilly: Bulgarien,
  - Trianon: Ungarn,
  - Sèvres: Türkei;
- Kriegsschuldartikel (231) als Rechtfertigung für die Reparationen;
- Aufnahme der Völkerbundssatzung in den Vertrag;
- Übergabe der Friedensbedingungen an eine deutsche Delegation (7. Mai 1919) (Clemenceau: „Die Stunde der schweren Abrechnung ist gekommen“);
- Rücktritt des Kabinetts Scheidemann wegen Meinungsverschiedenheiten über die Annahme des Vertrags (20. Juni 1918) (Nachfolger Gustav Bauer [SPD]);
- ultimative Aufforderung zur Unterzeichnung des Vertragswerkes durch die Entente;
- Annahme des Versailler Vertrags durch die Deutsche Nationalversammlung am 23. Juni 1919 (Paul Löbe [SPD]: „mit schwerstem Herzen und nach reiflicher Prüfung aller Folgen“);
- Unterzeichnung des Vertrags in Versailles am 28. Juni 1919.

Unterrichtsschritt 3:
Die Bestimmungen des Versailler Vertrags

Die Schüler werden aufgefordert, die in der Hausaufgabe erarbeiteten Bestimmungen systematisch wiederzugeben; unter geeigneten Oberbegriffen stellt man diese Bestimmungen an der Tafel zusammen (Tafelbild s. Stundenblatt). (Vgl. auch 1. Stunde, Unterrichtsschritt 4.)
In einer kurzen Besprechung der Eintragungen im Tafelbild erörtern die Schüler die Bedeutung der einzelnen Vertragsforderungen und versuchen, diese zu gewichten:

- „Das Elsaß-Lothringen wieder an Frankreich fallen werde, war schon nach Punkt 8 der Wilsonschen 14 Punkte sicher . . .
- Viel schmerzlicher wurde empfunden, was mit dem Rheinland geschah . . .
- Die Entwaffnung des Reiches (erregte) die meisten Deutschen kaum . . .
- (Mit der Wegnahme der Kolonien) schien man sich recht leicht abzufinden.
- (Das) Kriegsschuldbekenntnis und die geforderte Auslieferung von Kriegsverbrechern, die in Deutschland als Kriegshelden gefeiert wurden, verstand man als moralische Ächtung des ganzen Volkes . . .
- (Man) empörte sich über die Mißachtung des Selbstbestimmungsrechts der . . . deutschen Bevölkerung Posens und Westpreußens . . . Die Grenze im Osten . . . galt fortan als ‚offene Wunde‘“ (Dederke, K. 1981, S. 39–41).

Unterrichtsschritt 4:
Aufnahme des Versailler Vertrags in Deutschland und „Revisionssyndrom“

Aus einem Zitatekatalog entnehmen die Schüler die harsche Kritik des besiegten Deutschen Reichs an den auferlegten Verpflichtungen (s. Arbeitsblatt 3). Als zusätzliche Arbeitsunterlage dient eine Karte „Deutschlands Verstümmelung“, welche im Schulunterricht der Weimarer Republik weit verbreitet war und den Eindruck vom unzumutbaren Diktatfrieden wirkungsvoll verstärkte.
Der Schwerpunkt dieses Unterrichtsschrittes liegt auf der Tatsache, daß die emotionale Übersteigerung der Kritik die politische Kultur in der Weimarer Demokratie nachhaltig vergiftete und SPD und Mittelparteien durch überzogene Äußerungen selbst Öl in das Feuer schütteten, dessen Wirkungen sich zuallererst und mit besonders negativen Folgen gegen diejenigen richteten, die vermeintlich die Hauptverantwortung für die Unterzeichnung des Vertrags und dessen Auswirkungen trugen.
Im Tafelbild wird die schwere innere Belastung, welche aus der Kumulierung der einzelnen Elemente des Revisionsdenkens entstand, verdeutlicht: „Das ganze Ausmaß nationaler Misere und Demütigung schien sich im Versailler Vertrag und im Kriegsschuldvorwurf zu manifestieren“ (Krüger, Peter; in: Schulz, G. [Hg.] 1987, S. 91).

Unterrichtsschritt 5:
Beurteilung des Versailler Vertrags durch die Fachwissenschaft

In einer Selbsttätigkeitsphase erarbeiten die Schüler anhand von zwei Textauszügen aus der Sekundärliteratur unterschiedliche Einschätzungen zur Bedeutung des Friedensvertrags. Das Auswertungsgespräch ist so zu organisieren, daß die Schüler die Bandbreite möglicher Bewertungen erkennen und sie den Paradigmawechsel von einer eher konservativen – etatistischen – Geschichtsauffassung hin zu einer stärkeren Betonung der innen- und gesellschaftspolitischen Betrachtungsweise nachvollziehen können.
Aus Zeitgründen kann dieser Unterrichtsschritt durch eine nachbereitende Hausaufgabe ersetzt werden.

Hausaufgabe:

Vorbereitung der Gruppenarbeit (s. 7.–10. Stunde)

5. Stunde
Die Weimarer Reichsverfassung

Didaktische Vorbemerkungen

Weil das Grundgesetz der Bundesrepublik Deutschland wesentliche Vorgaben der Verfassung von 1919 übernommen hat, aber diese gleichzeitig von ihren immanenten Gefährdungen möglichst befreite – „aus deren Fehlern lernte“ –, enthält diese Stunde ein wichtiges didaktisches Potential: Die eigene institutionelle Ordnung wird den Schülern auf dem Hintergrund von Weimar verständlicher. Leider ist es aus zeitökonomischen Gründen und wegen der Rahmenbedingungen, welche die Lehrpläne vorgeben, nicht möglich, in diesem Zusammenhang auch die ganz anders verlaufene Entwicklung in der DDR vergleichend heranzuziehen. Wenn aber das angesprochene didaktische Potential des Verfassungsvergleichs in seinem ganzen Umfang ausgeschöpft werden soll, dann müßte man neben die Kontinuität zwischen Weimar und Bonn (mit den spezifischen Abweichungen) die Diskontinuität zwischen Weimar und Ost-Berlin stellen, um in der ganzen Breite die Entwicklung in Deutsch-

land am Beispiel der deutschen Verfassungen evident zu dokumentieren.
Um zunächst die spezifischen Merkmale der Weimarer Verfassung in den Vordergrund zu rücken und um den verfassungsgeschichtlichen Ort der Weimarer Demokratie transparent zu machen, wird die Weimarer Verfassung im Kontrast zur Reichsverfassung von 1871 eingeführt. Weitere Verfassungen sollten herangezogen werden, wenn die Unterrichtszeit dies zuläßt. Auch bei der Betrachtung ausgewählter Elemente der Verfassung und der politischen Struktur von Weimar (z.B. Präambel, Wahlsystem und Staatsform) wird das Prinzip der komparativen Erarbeitung aufrechterhalten, indem beispielsweise das preußische Dreiklassenwahlrecht neben das absolute Verhältniswahlrecht von Weimar gestellt wird.
Daß die Abschaffung des Dreiklassenwahlrechtes zum preußischen Abgeordnetenhaus bereits während des Krieges angekündigt worden ist (Osterbotschaft Wilhelms II. vom 7. April 1917), soll bei diesem Vergleich vernachlässigt werden. Auf jeden Fall kann man über den Vergleich der völlig anders gearteten Wahlsysteme den jeweiligen gesellschaftlichen und politischen Hintergrund der beiden Verfassungen in exemplarischer Verdichtung nachzeichnen. „Nun standen nicht mehr nur Teile der Bismarckschen Verfassungskonstellation zur Disposition, sondern – so jedenfalls erschien es Befürwortern wie Gegnern – die gesamte politische, soziale und ökonomische Ordnung des Deutschen Reiches" (Flemming, Jens u.a. [Hg.]: Die Republik von Weimar. Band 1, Düsseldorf 1979, S. 2).
Zur Vorbereitung der abschließenden Beurteilung der Weimarer Verfassung (Unterrichtsschritt 5) wird man folgende Verfassungselemente besonders hervorheben:
- die Direktwahl des Reichspräsidenten,
- den Artikel 48 (Notverordnungsrecht),
- Volksbegehren und Volksentscheid,
- die Abhängigkeit der Regierung vom Vertrauen des Reichstages (einfaches Mißtrauensvotum gegenüber Reichskanzler und Reichsministern),
- das absolute Verhältniswahlrecht und die dadurch vorprogrammierte Zersplitterung des Reichstages,
- die zentralistische Tendenz (beschränkte Wirkungsmöglichkeiten des Reichsrates, finanzielle Abhängigkeit der Länder vom Reich),
- die relative Schwäche des parlamentarischen Elements; „in (den) Bestimmungen, die den Reichspräsidenten als eine Art ‚Ersatzkaiser' konzipierten, kam das Mißtrauen der Verfassungsväter gegen ein voll ausgebildetes parlamentarisches System und einer parteienstaatlichen Demokratie zum Ausdruck. Auch mit dem Einbau von plebiszitären Elementen in die Verfassung (Volksbegehren, Volksentscheid) wurde in erster Linie die Absicht verfolgt, einer einseitigen Parlamentsherrschaft Schranken zu setzen" (Kolb, Eberhard: Die Weimarer Republik, München 1988, S. 19).

Die Prüfsteine für den demokratischen Charakter der Weimarer Verfassung können von den Schülern selbständig zusammengestellt werden; sie sind bei der abschließenden Bewertung, bei der es allerdings vorrangig um die Praktikabilität der Verfassung geht, erneut heranzuziehen. Die Funktionsschwäche der Weimarer Verfassung, – darauf kommt es in diesem Zusammenhang besonders an – lag vor allem darin, daß dem deutschen Volk nach 1918 ein gemeinsames geistiges Fundament fehlte und der Wertrelativismus einen verbindlichen Konsens über einen Kernbereich der politischen Ordnung vereitelte. „Die Umstellung des Verfassungssystems auf die parlamentarische Demokratie erfolgte... gegen den Willen der alten Machteliten. Diese blieben aber politisch präsent, sie mußten nur eine Einschränkung ihres Einflusses hinnehmen" (Schieder, Wolfgang; in: Schulz, G. 1985). Da die überaus freiheitliche Verfassung einen möglichst weitgehenden Konsens aber gerade voraussetzte, erwuchsen ihr enorme Gefahren: Ihre wertneutrale Konzeption eröffnete den Feinden der Demokratie die Chance, die Verfassung mit Hilfe der Verfassung außer Kraft zu setzen. So besteht „die Notwendigkeit, sich bei der Analyse von Verfassungen nicht nur mit dem geschriebenen Text zu begnügen, sondern sie jeweils an der sozialen Realität zu messen" (Flemming, J. u.a. [Hg.] 1979, S. 1). Weil aber an dieser Stelle des Unterrichtes die erforderlichen Informationen noch nicht voll zur Verfügung stehen, wird der Blick auf die Verfassung – unter dem Aspekt ihrer Verankerung in einem tragfähigen Konsens der deutschen Bevölkerung – auch in späteren Unterrichtsstunden nötig sein (z.B. 7. bis 10. Stunde, 11. und 15. Stunde).

Zur Überprüfung der „Checks" und „Balances" in der Weimarer Verfassung wird eine Folie eingesetzt, durch die man die problematische Kumulierung von Funktionen im Ausnahmefall verdeutlichen kann. Hier sollen die Ungereimtheiten und die sich zum Teil widersprechenden Tendenzen in dieser Verfassung, welche den Kompromiß der einzelnen Verfassungsorgane nicht nur nicht nahelegten, sondern geradezu zu „Alleingängen" aufforderten, verdeutlicht werden (z.B. Ausweichen auf den Volksentscheid oder das Notverordnungsrecht des Reichspräsidenten, „Furcht vor dem ‚Parlaments-Absolutismus'" (Winkler, H. A. 1984, S. 231), Sturz des Reichskanzlers im Zusammenspiel der an den jeweiligen Rändern des Reichstagsspektrums angesiedelten Fraktionen). Es ist darauf hinzuwirken, daß die Schüler in der Lage sind, die möglichen Eintragungen für diese Folie selbst zu finden. Spezielle Bestimmungen der Verfassung und deren möglicherweise negativen Auswirkungen können, wenn die Kompetenz der Schüler zur selbständigen Erarbeitung nicht ausreicht, unschwer einer Sammlung von Thesen aus der wissenschaftlichen Literatur entnommen werden. (Vgl. die ausführliche Darstellung der Weimarer Verfassung bei Bracher, Karl Dietrich u.a. [Hg.]: 1987, S. 44–47)

Lernziele

Die Schüler erkennen
- die Grundzüge der Weimarer Verfassung;
- Gemeinsamkeiten und Unterschiede zwischen der Weimarer Verfassung und der Reichsverfassung von 1871 (gegebenenfalls Gemeinsamkeiten und Unterschiede weiterer deutscher Verfassungen);
- den historischen Ort der Weimarer Verfassung im Rahmen der deutschen Verfassungsgeschichte;
- im Ansatz –, daß Verfassungsnormen eines Minimalkonsensus bedürfen, wenn sie in der Praxis bestehen sollen.

Die Schüler erarbeiten
- unverzichtbare Elemente einer modernen demokratischen Verfassung;
- aus Organigrammen die spezifischen Merkmale der Weimarer Verfassung;
- aus der Präambel den Verfassungsgeber und den Verfassungszweck der Weimarer Verfassung und die durch diese begründete Staatsordnung;
- einen Kriterienkatalog zur Überprüfung der Praktikabilität und der Gefährdungen der Weimarer Verfassung.

Die Schüler beurteilen
- die Weimarer Verfassung im Hinblick auf ihre demokratische Struktur und auf die inhärenten Gefährdungen;
- das absolute Verhältniswahlrecht hinsichtlich seiner Auswirkungen auf die Zusammensetzung des Parlaments und auf die Regierungsbildung;
- die Stellungnahmen verschiedener Fachwissenschaftler zur Weimarer Verfassung.

Verlaufsskizze

Unterrichtsschritt 1:
Forderungen an eine demokratische Verfassung

Man fordert die Schüler auf, in einer Vorüberlegung unverzichtbare Elemente einer modernen demokratischen Verfassung zusammenzutragen. Die Ergebnisse werden an der Nebentafel festgehalten:
- Volkssouveränität,
- garantierte Grundrechte,
- Gewaltenteilung,
- Pluralismus (Recht auf Opposition),
- freie, allgemeine, gleiche und geheime Wahlen in regelmäßigen Abständen,
- Regierungskontrolle,
- Sozialstaatlichkeit.

Exkurs

In einem kurzen Lehrervortrag, der gegebenenfalls durch ein Schülerreferat ersetzbar ist, stellt man die Aufgaben und die Arbeitsweise der Nationalversammlung vor. Dabei sind folgende Informationen zu vermitteln:
- Die Ereignisse während der Vorbereitung und das Wahlergebnis brachten wesentliche Vorentscheidungen für den Charakter der Verfassung, die von dieser Versammlung verabschiedet werden sollte (Absage an rätestaatliche Elemente und an die Wiedereinführung der Monarchie, die von DVP und DNVP gefordert wurde; das Stimmes-Legien-Abkommen vom November 1918; Stabilisierung der privatkapitalistischen Wirtschaftsverfassung bei gleichzeitiger Bereitschaft zu sozialen Reformen).
- Bereits am 30. November hatte die Regierung eine Verordnung über Wahlen für eine verfassungsgebende Nationalversammlung erlassen; strittig war lediglich der Wahltermin: „Während die Mitglieder der MSPD auf eine rasche Beendigung der Revolution drängten, wünschten die Vertreter der USPD den Wahltermin für die Versammlung hinauszuschieben, um den sozialistischen Kräften eine stärkere Ausgangsstellung zu verschaffen" (Boldt, Hans; in: Bracher, K. D. u.a. [Hg.] 1987, S. 45).
- Die Versammlung hatte nicht nur die Funktion der Konstituante. Die Wahl der Reichspräsidenten (Friedrich Ebert), die Regierungsbildung (Philipp Scheidemann), die Kontrolle der Exekutive und die Ratifizierung des Friedensvertrags waren weitere – wenn auch provisorische – Aufgaben.
- Die sogenannte Weimarer Koalition unter maßgeblicher Beteiligung der bürgerlichen Parteien war die Konsequenz aus dem Wahlergebnis vom 19. Januar 1919.
- Wegen der Berliner Wirren und in betonter Absetzung von der Hohenzollern-Tradition wurde Weimar als Tagungsort bestimmt.
- Der von Hugo Preuß (DDP, Staatssekretär des Innern) vorbereitete Verfassungsentwurf wurde von einem Verfassungsausschuß der Nationalversammlung (28 Mitglieder) überarbeitet. Auseinandersetzungen ergaben sich dabei vor allem über die Stellung der Länder zum Reich und die von Preuß geplante Neugliederung des Reiches unter weitgehender Vernachlässigung der bisherigen Grenzen der Einzelstaaten (zentralistische Tendenz).
- Den in den Ländern gebildeten Regierungen gelang es jedoch, daß durch die Schaffung des Reichsrates ihre Interessen in der neuen Verfassung nicht unberücksichtigt blieben.
- Bereits am 12. Februar 1919 wurde die vorläufige Verfassung von der Nationalversammlung verabschiedet; am 11. August 1919 unterzeichnete Reichspräsident Friedrich Ebert den endgültigen Text der Reichsverfassung.

(Vgl. die ausführliche Darstellung der Verfassungsarbeit in der Nationalversammlung von Rürup, Reinhard, in: Kolb, E. [Hg.]: 1972, S. 226–240; eine für Schüler brauchbare Darstellung in: Informationen zur politischen Bildung, Folge 109/110 [Neudruck]: Die Weimarer Republik, S. 7–9.)

Unterrichtsschritt 2:
Weimarer Reichsverfassung/Verfassung von 1871

Als Arbeitsmaterial für diesen Stundenteil dienen die Organigramme der Verfassungen von 1871 und 1919 (s. Arbeitsblatt 4; die bedeutsamen Reformen vom 28. Oktober 1918 bleiben darin unberücksichtigt; sie können vom Lehrer nachgetragen werden; vgl. Potthoff, Heinrich: Der Parlamentarisierungserlaß vom 20. September 1912, in: VjHfZG 1972, 3, S. 320ff.).
In Partnerarbeit identifizieren die Schüler Unterschiede und Gemeinsamkeiten der

beiden Verfassungen; der Nachdruck liegt dabei auf den wesentlichen Neuerungen, welche die Weimarer Verfassung gegenüber der kaiserzeitlichen aufweist. Deshalb ist anzustreben, daß die Schüler zunächst trotz der formalen Ähnlichkeiten der beiden Verfassungssysteme den fundamentalen Neuansatz des Weimarer Modells erkennen. Die Erarbeitung der Gemeinsamkeiten erfolgt in einem zweiten Durchgang (weitere brauchbare Aufgabenstellungen für eine vertiefte Auseinandersetzung mit der Weimarer Verfassung: Politische Weltkunde II, S. 27).

Zur Weimarer Verfassung werden folgende Beobachtungen erwartet:

- Das Prinzip „Alle Staatsgewalt geht vom Volke aus" wird voll durchgesetzt (z.B. Wahl des Reichspräsidenten).
- Der Reichstag erfährt eine deutliche Aufwertung (Gesetzgebung, Mißtrauensvotum).
- Die Länder existieren zwar als Staaten weiter, aber das Reich hat einen erheblichen Zuwachs an Kompetenzen erhalten.
- Der Reichsrat verfügt lediglich über ein zurückweisbares Einspruchsrecht bei der Gesetzgebung. Die privilegierte Stellung Preußens im Reichsrat ist gebrochen. Die Bestellung seiner Mitglieder wurde neu geregelt.
- Volksbegehren und Volksentscheid beteiligen die Wahlbürger unmittelbar an der Gesetzgebung.
- An die Stelle des Mehrheitswahlrechtes tritt ein reines Verhältniswahlrecht.
- Frauen sind wahlberechtigt; das Wahlalter wurde auf 20 Jahre herabgesetzt.

„Maßgebliche ethische Postulate ... waren Freiheit und Gerechtigkeit, innerer und äußerer Friede. Gesellschaftlicher Fortschritt blieb die künftige innenpolitische Aufgabe dieser Verfassungsordnung" (Möller, H. 1985, S. 172).

Der Lehrer weist darauf hin, daß analoge Verfassungsnormen – einschließlich des Verhältniswahlrechts – auch für die einzelnen Länder galten (vgl. Art. 17 WRV).

Um die Arbeitsphase zu entlasten, kann man die Schüler auf die einzelnen Organe und Bereiche, bei welchen der Vergleich besonders ergiebig ist, bereits vor dem Verfassungsvergleich hinweisen. Dabei wird man folgende Felder auswählen: Grundrechte, politische Mitwirkung der Bürger, Wahlrecht, Volksvertretung, Ländervertretung, Staatsoberhaupt, Gesetzgebung, Regierung, Staatsform.

Alternative

Ein sehr effektives, allerdings auch aufwendiges Verfahren wird für Klassen mit ausgeprägter Präferenz für Gruppenarbeit empfohlen: Drei Arbeitsgruppen vergleichen jeweils eine andere deutsche Verfassung mit der von Weimar – neben 1871 jetzt auch 1849 und das Grundgesetz der Bundesrepublik Deutschland (und evtl. die Preußische Verfassung von 1850). Ein Auswertungsgespräch im Plenum führt zu einer kontrastiven Übersicht an der Tafel bzw. auf dem abermals zu erweiternden Arbeitsblatt: Als Grundlage für diese Gruppenarbeitsphase erscheint die Synopse in Fragen an die Geschichte 3, S. 229 sehr brauchbar.

Geeignete Skizzen:

1849: Politik und Gesellschaft 1, S. 70; Zeiten und Menschen G2, S. 232; Fragen an die Geschichte 3, S. 207; Staatsbürgerkundliche Arbeitsmappe (Zahlenbilder) 50042.

1871: Fragen an die Geschichte 3, S. 228 (vgl. die Gegenüberstellung S. 229); Staatsbürgerkundliche Arbeitsmappe (Zahlenbilder) 50060; Schulze, Hagen, a.a.O., S. 87.

Material für einen Vergleich der Stellung von Legislative und Exekutive in den Verfassungen von 1871, 1919 und 1945 wird angeboten in: Grundzüge der Geschichte II, S. 173–177.

Unterrichtsschritt 3: Kompetenzen der einzelnen Verfassungsorgane

Um die Einsicht in die komplexen Interdependenzen der Weimarer Verfassung zu vertiefen, werden wichtige Bestimmungen noch einmal aufgegriffen und in einem dreispaltigen Schema dargestellt (Folie). Im Unter-

richtsgespräch werden die entsprechenden Verfassungsbestimmungen in dieses Schema eingetragen und mögliche Kombinationen hergestellt (z. B. Kumulierung der Kompetenzen des Reichspräsidenten: Einsetzung des Kanzlers + Herbeiführung eines Volksentscheids + Notverordnungsrecht [Art. 48] + Drohung mit der Auflösung des Reichstages oder Kumulierung der Kompetenzen des Reichstages: Gesetzgebung + Mißtrauensvotum + Beschluß zur Abwahl des Reichspräsidenten; s. Vorschlag für eine Folie, S. 58).
Erwartete Eintragungen:
„Direkte Demokratie": Volksbegehren/Volksentscheid (Art. 81), Direktwahl des Reichspräsidenten (Art. 41).
Parlamentarische Demokratie: Gesetzgebung (Art. 68), Veto gegen Notverordnungen (Art. 48), einfaches Mißtrauensvotum (Art. 54), Antrag zur Absetzung des Reichspräsidenten (Art. 43).
Präsidialdemokratie: Notverordnungsrecht (Art. 48), Auflösung des Reichstags (Art. 25), Einsetzung und Entlassung des Reichskanzlers (Art. 53), Herbeiführung eines Volksentscheids (Art. 73).

Alternative

Dieser Unterrichtsschritt kann durch eine nachbereitende Hausaufgabe ersetzt werden. Als Grundlage dient auch hier die Verfassungsskizze, ergänzt um einige ausgewählte Artikel der Weimarer Verfassung (vgl. Politische Weltkunde II, S. 26f.; Weltgeschichte im Aufriß 3/1, S. 238–240).

Unterrichtsschritt 4:
Vergleich der Präambel (Einordnung der Weimarer Verfassung in die deutsche Verfassungsgeschichte)

(Dieser Stundenteil entfällt, wenn beim Unterrichtsschritt 2 die dort vorgeschlagene Erweiterung aufgegriffen worden ist.)

Die bereits erarbeiteten Unterschiede und Gemeinsamkeiten der deutschen Verfassungen von 1919 und 1871 sollen in diesem Unterrichtsschritt bestätigt werden. Indem man im Quellenheft oder als Hektographie weitere Dokumente (1849, 1850: Preußen und 1949) wenigstens auszugsweise vorstellt, wird der historische Ort der Weimarer Verfassung sichtbar. Alle Präambeln sind dabei ungekürzt vorzulegen. Es empfiehlt sich, bei der Weimarer Verfassung den Artikel 1, beim Grundgesetz den Artikel 20 und bei der Paulskirchenverfassung die Paragraphen 68–70 hinzuzunehmen (Fundort: Hildebrandt, Horst: Die deutschen Verfassungen des 19. und 20. Jahrhunderts, Paderborn 1970; vgl. Fragen an die Geschichte 3, S. 228).

Erweiterung

Falls den Schülern die für das Verständnis erforderlichen Informationen fehlen, werden diese in einem knappen Lehrervortrag (eventuell auch durch Schülerreferate) vorweg vermittelt; dabei wird man sich freilich auf das Notwendigste beschränken müssen.

Mögliche Aufgabenstellung:
- Welche Aussagen machen die vier Präambeln über den Verfassungsgeber und die Zielsetzungen der jeweiligen Verfassung?
- Welche charakteristischen Unterschiede weisen diese Präambeln auf?
- Welche unterschiedlichen Staatsprinzipien lassen sich aus diesen Präambeln erschließen?
- Wodurch unterscheidet sich die deutsche Verfassungsgeschichte von der Großbritanniens und/oder der USA? Welche Konsequenzen können sich daraus für die Akzeptierung der Weimarer Verfassung ergeben?

Im Tafelbild faßt man die Ergebnisse zusammen; dabei muß der Lehrer die Angaben, die sich nicht unmittelbar den Textauszügen entnehmen lassen, ergänzen (vgl. Tafelbild).

Exkurs: Vergleich der Wahlsysteme

Die Absicht der Weimarer Verfassung, eine möglichst weitgehende Repräsentation des Volkes im Parlament zu gewährleisten, kann beim Vergleich des reinen Verhältniswahlrechtes mit dem Mehrheitswahlrecht des Kaiserreiches und/oder dem preußischen Dreiklassenwahlrecht erschlossen werden. (Die Tatsache, daß das Dreiklassenwahlrecht schon vor dem Ende des Ersten Weltkrieges aufgegeben worden ist, kann man dabei vernachlässigen. Dagegen ist es zu dessen richtiger Einschätzung wichtig, darauf hinzuweisen, daß der Mandatsschlüssel die eher konservativen, agrarisch bestimmten Gebiete Preußens gegenüber den städtischen Wahlkreisen mit ihrem größeren Anteil an sozialistischen und liberalen Wählern unverhältnismäßig bevorzugte: In Berlin waren doppelt soviel Stimmen für einen Sitz in der 2. preußischen Kammer erforderlich wie in Pommern.)

Für die unterrichtliche Analyse der Wahlsysteme wird ein kontrastives Verfahren nahegelegt, das unmittelbar zur Erkenntnis der wesentlichen Unterschiede führt. Dabei bilden entweder Textauszüge aus den Wahlordnungen (Hildebrandt, Horst, a.a.O., S. 34f.; Milatz, Alfred, a.a.O., S. 41–47; vgl. Falter, Jürgen u.a.: Wahlen und Abstimmungen in der Weimarer Republik, München 1986) oder parallel angeordnete Skizzen das Arbeitsmaterial für die Schüler (brauchbare Skizzen zu den Wahlsystemen in: Staatsbürgerkundliche Arbeitsmappe [Zahlenbilder] 85 040 und 85 060). In jedem Falle wird der Lehrer zur Vereinfachung des Lernprozesses ein Raster vorgeben (Tafel, Folie oder Arbeitsblatt), das folgende Aspekte enthält:

- Wahlsystem (erwartete Eintragungen: Dreiklassenwahlrecht / Absolutes Verhältniswahlrecht und Listenwahl)
- Wahlkriterien (beschränkt allgemein, ungleich, mittelbar, offen / allgemein, gleich, unmittelbar, frei, geheim)
- Ziele bzw. Funktionen (abgestufte Mitverantwortung nach der Steuerleistung / „maßstabsgerechte“ Repräsentation aller gesellschaftlichen Kräfte)
- Wahlberechtigte (Männer über 25 Jahre außer Empfänger von Armenunterstützung / Männer und Frauen ab 20 Jahre)
- Einwohner pro Mandat (ca. 50 000 bis 120 000 / ca. 150 000)
- Zahl der Mandate (350–443 / 487–647; je nach Wahlbeteiligung).

Zur Problematisierung des Verhältniswahlrechtes können folgende Texte herangezogen werden:

1. „Nun legte die Verfassung das reine Verhältniswahlrecht fest. Die gewollten und ungewollten Wirkungen waren:

- Jede abgegebene Stimme kommt zur Wirkung (Zählgerechtigkeit). Das Parlament spiegelt genau den Volkswillen wider.
- Der eigentliche Sinn des Wahlaktes, eine funktionsfähige Volksvertretung, wird erschwert, weil das Wahlrecht auch kleinsten Sondergruppen Beteiligung gewährt (Zersplitterung).
- Die Parteien werden nicht gezwungen, als Organe der politischen Willensbildung verschiedene Strömungen in den eigenen Reihen zu einem vernünftigen Kompromiß zusammenzuführen (Filter- und Integrationsfunktion einer Partei). Es entstehen einseitige, in ihrem Ziel eng begrenzte Interessenparteien (z.B. damals Parteien für die Aufwertung alter Geldscheine oder für die Sorgen der Hausbesitzer) oder Parteien, die weltanschaulich bzw. klassenmäßig so streng gebunden sind, daß mit ihnen nur schwer ein demokratischer Kompromiß zu erreichen ist.
- Da der Bürger weitgehend Listen und Parteien, nicht aber Persönlichkeiten zu wählen hat, erscheint das parlamentarische System abstrakt und blutleer. Der Abgeordnete hat keinen Kontakt zu seinem Wahlkreis. Gegenüber diesen Nachteilen bildete die personenbezogene Wahl des Reichspräsidenten keinen Ausgleich . . .

Eine stabile Mehrheit der staatstragenden Parteien bedurfte der sicheren Unterstützung eines Teiles der kleineren Parteien. Da das Wahlrecht ihre Sonderstellung begünstigte, sahen sie keinen Anlaß für einen Kompromiß. Neben dem fehlenden Consensus hat also auch das Wahlrecht ein Funktionieren des parlamentarischen Systems erschwert.“ (Winkler, Hans-Joachim: Die Weimarer Demokratie, Berlin 1963, S. 21.)

2. „Von grundsätzlicher Bedeutung ist der Gesichtspunkt der Gleichheit der Stimmen, wobei man zwischen Zählwert und Erfolgswert unterscheidet. Das BVG hat sich in zahlreichen Entscheidungen . . . über die Frage der Gleichheit unter vielen Gesichtspunkten geäußert. Die Einzelheiten daraus können hier nicht erörtert werden. Interessant daraus ist die Frage der Sperrklausel, denn die Sperrklausel ist ihrem Erfolg nach ein Widerspruch zur Gleichheit, weil die Stimmen der von der Sperrklausel getroffenen Partei ihren Erfolgswert gänzlich einbüßen. Das BVG schreibt sich das Recht zu, aus den Erfahrungen der Weimarer Zeit rechtliche Folgerungen zu ziehen und eine Sperrklausel auch ohne Grundlage in der

Verfassung zu billigen. Nachstehend eine Zusammenfassung seines Standpunkts:
Die Wahl hat nicht nur das Ziel, den politischen Willen der Wähler als einzelnen zur Geltung zu bringen, also eine Volksrepräsentation zu schaffen, die ein Spiegelbild der im Volk vorhandenen politischen Meinungen darstellt, sondern sie soll auch ein Parlament als funktionsfähiges Staatsorgan hervorbringen, das in der Lage ist, eine aktionsfähige Regierung zu bilden ... Beim Verhältniswahlrecht würde eine strikt durchgeführte Wahlrechtsgleichheit es auch kleinen Gruppen mit zerstreuter Wählerschaft oder reinen Interessenorganisationen ermöglichen, in das Parlament zu gelangen, die Gefahr einer übermäßigen Parteienzersplitterung heraufbeschwören und – wie die Erfahrungen unter der Weimarer Reichsverfassung gelehrt haben – eine Regierungsbildung erschweren, wenn nicht gar unmöglich machen. In diesen staatspolitischen Gefahren ... hat die ständige Rechtsprechung des BVG besonders wichtige Gründe gesehen, die ausnahmsweise den Gesetzgeber berechtigen, in gewissen, eng umschriebenen Grenzen bei der näheren Ausgestaltung des Wahlrechts vom Grundsatz der formalen Wahlrechtsgleichheit abzuweichen. Der Gesetzgeber darf Differenzierungen in dem Erfolgswert der Stimmen bei der Verhältniswahl vornehmen und demgemäß die politischen Parteien unterschiedlich behandeln, soweit dies zur Sicherung des Charakters der Wahl als eines Integrationsvorganges bei der politischen Willensbildung des Volkes, im Interesse der Einheitlichkeit des ganzen Wahlsystems und zur Sicherung der mit der Parlamentswahl verfolgten staatspolitischen Ziele unbedingt erforderlich ist ... Als gemeindeutscher Satz kann heute eine Sperrklausel von 5 v. H. angesehen werden; ein niedrigeres Quorum wird nur unter besonderen Umständen unzulässig, ein höheres nur bei Vorliegen zwingender Gründe zulässig sein" (Schmid, Richard: Unser aller Grundgesetz?, Frankfurt 1971, S. 155f.).

Unterrichtsschritt 5:
Beurteilung der Weimarer Verfassung

Zur abschließenden kritischen Auseinandersetzung mit der Weimarer Verfassung ist die Verwertung eines Kriterienkatalogs sinnvoll, der entweder im Gespräch mit der Klasse vorweg erarbeitet oder vom Lehrer vorgegeben werden kann (Tafel oder Folie). Mindestens folgende Aspekte sollten darin enthalten sein:

a) Vorkehrungen zur demokratischen Beteiligung
b) Berücksichtigung unverzichtbarer Elemente (vgl. Unterrichtsschritt 1)
c) Transparenz und Praktikabilität der Verfassung
d) Effizienz hinsichtlich der Regierungs- und Gesetzgebungstätigkeit
e) Vorkehrungen zum Schutze der demokratischen Verfassung
f) Berücksichtigung der verfassungsgeschichtlichen Kontinuität (Zumutbarkeit der Verfassung gegenüber den Bürgern).

Für diesen Unterrichtsschritt werden außerdem einige Zitate aus der Sekundärliteratur bereitgestellt (s. Arbeitsblatt 4).

Hausaufgabe:

Vorbereitung der Gruppenarbeit (s. 7. bis 10. Stunde)

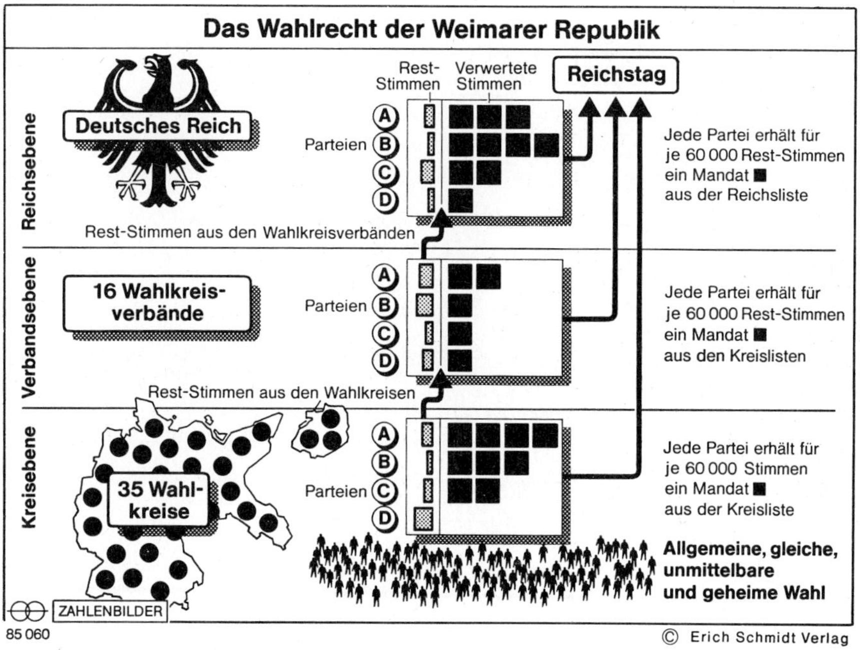

Zur Information für den Lehrer

Die Weimarer Verfassung schrieb für die Reichstagswahl das reine Verhältniswahlrecht vor. Begründet war diese Entscheidung vor allem darin, daß das Mehrheitswahlrecht im Kaiserreich und insbesondere das Preußische Dreiklassenwahlrecht einseitig eine schmale begüterte konservative Oberschicht über Gebühr begünstigt hatte. Mit der Einführung des neuen Wahlsystems wurde zugleich das Wahlalter von 25 auf 20 Jahre herabgesetzt. Erstmalig in der deutschen Geschichte durften auch Frauen wählen.
Nach dem Wahlsystem der Weimarer Republik entfiel auf je 60000 Stimmen ein Parlamentssitz. Die Gesamtzahl der Abgeordneten richtete sich also nach dem jeweiligen Bevölkerungsstand und der Wahlbeteiligung; die Zahl der Abgeordneten schwankte zwischen 459 (1920) und 647 (1933). Die Zuteilung der Mandate in den insgesamt 35 Wahlkreisen erfolgte zunächst auf den von den Parteien eingereichten Kreislisten. Die Reihenfolge der Parlamentskandidaten durfte auf den Listen nicht verändert werden (sog. gebundene Liste). Verbleibende Reststimmen kamen alsdann in den 16 Wahlkreisverbänden zur Verrechnung. Wiederum wurden die je 60000 Stimmen anfallenden Mandate den Kreislisten der Parteien zugeteilt. Schließlich wurden im ganzen Reich nochmals die Reststimmen zusammengefaßt und auf einer Reichsliste, die von den Parteien zusammen mit der Kreisliste eingereicht werden mußte, so verrechnet, daß wieder auf je 60000 Stimmen ein Mandat kam. Ein endgültiger Rest von mehr als 30000 Stimmen reichte bei dieser Schlußverteilung noch für ein Mandat aus.
Das in der Weimarer Republik praktizierte Wahlsystem kannte keine Sperrklausel und räumte bei der weitgehenden Stimmenberücksichtigung selbst kleinsten Gruppen Erfolgschancen ein. So vergrößerte sich schnell die Zahl der Parteien; an den Reichstagswahlen beteiligten sich mitunter 35 Parteien. Die vielen, zum Teil sehr kleinen Fraktionen im Reichstag erschwerten die Regierungsbildung und verhinderten zumeist, daß eine von der Mehrheit getragene Koalitionsregierung zustande kam. Von 1919 bis 1930 gab es 16 Reichsregierungen, deren durchschnittliche Amtsdauer acht Monate betrug. Durch die häufigen Wahlen, die dann doch zu keiner stabilen Regierung führten, trat bald allgemeine Wahlmüdigkeit ein, die Wahlbeteiligung ging zurück. Sie stieg erst Anfang der 30er Jahre als Folge der Radikalisierung bei den extremen antidemokratischen Parteien (KPD, NSDAP) wieder an.

Vorschlag für eine Folie (5. Stunde, Unterrichtsschritt 3)

Elemente der Weimarer Verfassung

Direkte Demokratie	Parlamentarische Demokratie	Präsidialdemokratie
________ (Art.____)	________ (Art.____)	________ (Art.____)
________ (Art.____)	________ (Art.____)	________ (Art.____)
________ (Art.____)	________ (Art.____)	________ (Art.____)
________ (Art.____)	________ (Art.____)	________ (Art.____)
Kombination von Befugnissen der Wähler	*Kombination von Befugnissen des Reichstags*	*Kombination von Befugnissen des Präsidenten*
Art.____+Art.____+Art.____	Art.____+Art.____+Art.____	Art.____+Art.____+Art.____
→ weitgehende Ausschaltung des parlamentarischen Elements	→ weitgehende Ausschaltung des Reichspräsidenten	→ weitgehende Ausschaltung des Reichstages

6. Stunde Die politischen Parteien in der Weimarer Republik

Didaktische Vorbemerkungen

Ein wichtiges Problem für die politischen Parteien in der Weimarer Republik lag darin begründet, daß sie, aus dem Kaiserreich stammend, in dem neuen, so andersartigen politischen System der repräsentativen Demokratie Aufgaben erhielten, denen sie durch einen veränderten inneren Aufbau begegneten, denen sie aber teilweise in der Ideologie und in der politischen Praxis nicht gewachsen waren. „Kennzeichnend für den Übergang vom Kaiserreich zur Republik war weniger der Wandel als die Kontinuität" (Tormin, W. 1967, S. 127).

„Freilich hatte diese Kontinuität der Parteien paradoxerweise auch einen negativen Aspekt: (. . .) Die deutschen Parteien hatten sich in den Jahrzehnten des Konstitutionalismus entwickelt, ihre politische Praxis war nicht durch Teilhabe an der Macht geprägt, sondern durch Konfrontation mit der Macht: Das Parlament konnte reden, aber kaum politisch handeln; Budgetverweigerung war eins der wenigen machtpolitisch wirksamen, aber eher destruktiven Instrumente des Reichstags. Akzentuierung von Programmatik und Ideologie war die unausweichliche Folge. Die Parteien hatten keine Möglichkeit, die Regierungsbildung zu beeinflussen, konnten allenfalls die Regierung stürzen. (. . .)
Manche Fehlentscheidung der Revolutionsmonate und die zunehmende politische Bewegungsunfähigkeit des Reichstags gegen

Ende der Republik erklärt sich auch aus mangelnder Erfahrung in politisch verantwortlicher Führung und Unfähigkeit zum Kompromiß." (Möller, H. 1985, S. 97)
Potenziert wurden diese Probleme schließlich durch das Wahlverhalten und die Einstellung einer Mehrheit der Bevölkerung den Parteien gegenüber, in denen sich die skeptische, ja feindselige Haltung weiter Kreise der deutschen Bevölkerung widerspiegelte (s. hierzu auch 7. bis 10. Stunde). „Auch die vielberufene ‚Krise des Parteienstaates', in der viele noch heute das Scheitern der Weimarer Republik unausweichlich determiniert sehen, war wesentlich in diesem Nicht-Akzeptieren, Nicht-Bejahen der 1918 geschaffenen Parteiendemokratie begründet" (Bracher, K. D., in der Einleitung zu: Neumann, Sigmund: Die Parteien der Weimarer Republik, Stuttgart 1968, S. 9).
Fachwissenschaftliche Beurteilungen der Funktion der politischen Parteien im Weimarer Staat betonen mehr das Versagen der Parteien als deren Leistungen. So wird herausgestellt, daß die Parteien wegen ihres starren ideologischen Charakters eine zu geringe Fähigkeit zum Kompromiß aufwiesen, daß sie wegen der obrigkeitsstaatlichen Vergangenheit einen zu geringen Sinn für ihre Gesamtverantwortung gegenüber Staat und Gesellschaft entwickelt hatten, daß schließlich ein Teil der Parteien gegenüber dem demokratischen Staat eine grundsätzlich feindliche Haltung einnahm, also nicht bereit war, den für eine pluralistische Demokratie notwendigen Konsens anzuerkennen. „Das Erbe aus dem alten Reichstag, weder zu innerparteilichen noch zu Koalitionskompromissen gezwungen worden zu sein, wirkte trotz der veränderten Verfassungsstruktur verhängnisvoll weiter. Eine Fortbildung der früheren Weltanschauungsparteien zu Staats- und Volksparteien, auf die 1918/19 berechtigte Hoffnungen gesetzt wurden, vollzog sich nicht. Die großen Parteien blieben den überkommenen Doktrinen und Vorurteilen aus der Kaiserzeit, obwohl sie sich vielfach neu formiert und teilweise auch den Namen geändert hatten, weiterhin verhaftet. Ihre Unfähigkeit, sich mit neuen Entwicklungen in den eigenen Reihen auseinanderzusetzen, führte nur zu Spaltungen bzw. Absplitterungen, derart den Parteienpluralismus noch verstärkend. Und alle Versuche des staatspolitischen Parteienkompromisses mit dem Ziel, durch eine von der Mehrheit des Reichstags getragene Regierungskoalition eine Exekutive von Dauer zu schaffen, um gegen die demokratiefeindlichen Kräfte den Bestand der Republik zu sichern, scheiterten entweder an den desintegrierenden Parteistandpunkten oder an mangelnder Kooperationswilligkeit untereinander. Aus dem Parteienpluralismus resultierende Instabilität wurde schon von 1920 an sichtbar und steigerte sich gegen Ende der zwanziger Jahre, bis Brüning dann, als auch die Große Koalition als letzter Versuch, die Parteiendemokratie wieder funktionsfähig zu machen, an der Übertragung der Klassenkampffront auf deren Flügelparteien (Conze) endgültig zerbrach, [an deren Stelle] die Präsidialdemokratie setzte und damit den Schlußstrich unter den Parteienstaat zog, noch drei Jahre, bevor die Machtübernahme Hitlers die Republik endgültig zerstörte" (Milatz, A. 1968, S. 86).
Der Stundenentwurf verfolgt in gebotener Reduktion die o. g. Probleme und Funktionen der Parteien in der Weimarer Republik, indem er zunächst die Aufgaben der deutschen Parteien in der konstitutionellen Monarchie des Kaiserreichs denen in der parlamentarischen Demokratie der Weimarer Republik gegenüberstellt. Die Beschäftigung mit der Frage nach den programmatischen Standorten der Parteien, nach dem Maß ihrer Fähigkeit zu Koalitionsbildungen, nach den aus den Wahlergebnissen zum Reichstag und der politischen Situation sich ergebenden Zwängen für die Parteien soll die Schüler befähigen, Urteile über die Rolle der

Parteien für die Stabilität eines demokratisch organisierten Staates zu bilden und diese anhand fachwissenschaftlicher Texte zu überprüfen. Der Aufbau der Stunde überläßt die Entscheidung dem Lehrer, welche der angebotenen Unterrichtsschritte extensiv und welche kursorisch behandelt werden sollen, schließlich besteht auch die Möglichkeit, einzelne Aspekte wegfallen zu lassen.
Ein Schwerpunkt sollte jedoch auf die großen Schwierigkeiten gelegt werden, die die Weimarer Parteien bei der Bildung von Koalitionen hatten. Denn: „Die Rolle der Splitterparteien der Weimarer Zeit wird häufig stark überschätzt. Die Funktionsfähigkeit des parlamentarischen Systems von Weimar wurde weniger durch das Vorhandensein einiger kleiner Fraktionen beeinträchtigt, als vielmehr durch die Koalitionsprobleme zwischen den größeren Parteien. Und diese Schwierigkeiten waren (...) zu einem erheblichen Grad darauf zurückzuführen, daß der ‚Antimarxismus' in den bürgerlichen Parteien stetig an Gewicht gewann: Diese betonten antimarxistischen Positionen sind als der eigentliche Krankheitskeim im deutschen Parteiensystem der Weimarer Zeit zu sehen, und besonders schwerwiegend wurde es, daß sie nicht auf die Konservativen beschränkt blieben, sondern den nationalen Liberalismus miterfaßten. Sie sind ungleich bedeutender als die Aufsplitterung infolge des Wahlverfahrens oder das formale Erbe des Konstitutionalismus in der Verfassungskonstruktion" (Kolb, E. 1988, S. 167).
Aus zeitökonomischen Gründen wird der wichtige Gesichtspunkt der Kontinuität der Parteienlandschaft und der Übernahme politischer Traditionen aus dem 19. Jahrhundert in einem Exkurs angeboten. Bei der Entscheidung für die Erarbeitung dieses Aspekts ist für das Thema eine zusätzliche Unterrichtsstunde wohl unerläßlich.

Lernziele

Die Schüler erkennen
- den Unterschied in den Funktionen der politischen Parteien in einer konstitutionellen Monarchie und in einer parlamentarischen Republik;
- die Notwendigkeit der Kompromißfähigkeit und -bereitschaft von politischen Parteien;
- die besonderen Bedingungen der politischen Parteien in der Weimarer Republik.

Die Schüler erarbeiten
- die Aufgaben der politischen Parteien in der Weimarer Republik;
- die programmatischen Merkmale der Parteien und ihre Überschneidungsbereiche;
- die Abhängigkeit der Weimarer Regierungskoalitionen von den programmatischen Standorten und den Mehrheitsverhältnissen im Reichstag.

Die Schüler beurteilen
- die Abhängigkeit der Stabilität der Weimarer Demokratie von dem Verhalten der Parteien;
- die Stellungnahmen verschiedener Fachwissenschaftler zu den Weimarer Parteien.

Verlaufsskizze

Unterrichtsschritt 1:
Die Aufgaben der politischen Parteien in der Weimarer Republik

Im Unterrichtsgespräch wird der Wandel in der Stellung und in den Aufgaben der politischen Parteien vom Kaiserreich zur Weimarer Demokratie erarbeitet.
Dabei sollen vor allem folgende Aspekte berücksichtigt werden:
Die Funktion der politischen Parteien in der

konstitutionellen Monarchie des Kaiserreichs war gekennzeichnet durch
- den fehlenden Einfluß der Parteien auf die Regierungsbestellung,
- die nicht vorhandene Regierungsverantwortung der Parteien,
- die fehlende Kontrolle der Regierung durch das Parlament (kein Mißtrauensvotum möglich),
- die mangelnde gesamtstaatliche Verantwortung der politischen Parteien (nur Interessenvertreter bestimmter gesellschaftlicher Gruppen),
- die fehlende „Souveränitätsfunktion“ der Parteien.

Als Beispiel für die Funktion der Parteien im Kaiserreich kann die Methode Bismarcks herangezogen werden, mit „Zuckerbrot und Peitsche“ den Parteien gegenüber aufzutreten, mit wechselnden Reichstagsfraktionen seine politischen Ziele durchzusetzen: 1871 bis 1878 mit den Konservativen und den Nationalliberalen (gegen Zentrum und Föderalismus: Kulturkampf), seit 1878 mit dem Zentrum und den Konservativen (gegen die Mehrheit der Liberalen: Schutzzollpolitik). Die parlamentarische Regierungsform der Weimarer Republik stellt den politischen Parteien völlig neue Aufgaben:
- Regierungsverantwortung und Regierungskontrolle und
- Repräsentation des Willens des Souveräns (Volkssouveränität) und damit eine gesamtstaatliche Verantwortung.

In einem Tafelbild werden die wesentlichen Ergebnisse zusammengefaßt: begrenzte Mitwirkungsrechte der Parteien, Abhängigkeit der Parteien von der Regierungspolitik, Souveränität der Fürsten im Obrigkeitsstaat des Kaiserreichs; dagegen Regierungsverantwortung, Abhängigkeit der Regierungspolitik von den Parteien, Träger der Volkssouveränität im Parteienstaat der Weimarer Republik.

Den Abschluß des Unterrichtsgesprächs sollte das Problem der verfassungsmäßigen Stellung der politischen Parteien im Weimarer Staat bilden (s. auch 5. Stunde). Der „extrakonstitutionelle“ Status der Parteien stellte einen „bedenklichen Widerspruch zwischen Verfassungsnorm und Verfassungswirklichkeit (dar), weil (die Parteien) tatsächlich die entscheidenden Träger der politischen Wirklichkeit waren“ (Tormin, W. 1967, S. 128).

Erweiterung

Zum Vergleich sollte hier die Beschreibung der Rolle der politischen Parteien im Grundgesetz (Art. 21) herangezogen werden.

Unterrichtsschritt 2:
Die wesentlichen Programmpunkte der Parteien

Als Arbeitsmaterial für diesen Unterrichtsschritt dient eine Zusammenfassung der Parteiprogramme. Arbeitsanweisungen:
1. Teilen Sie aufgrund der Programmpunkte die Parteien der Weimarer Republik in mögliche Gruppierungen ein (Kriterien: bürgerlich, antibürgerlich; konservativ, christlich, liberal, sozialistisch; demokratisch, antidemokratisch; reaktionär, revolutionär).
2. Markieren Sie Überschneidungsbereiche zwischen den einzelnen Programmen.
3. Welche Parteien könnten aufgrund der Programme politische Koalitionen eingehen?
4. Welche Ziele müßten dabei jeweils von den einzelnen Parteien zurückgestellt werden?

(s. Arbeitsblatt 5)
In Partnerarbeit untersuchen die Schüler Überschneidungsbereiche in den Programmen, teilen die Parteien in verschiedene Gruppierungen ein und versuchen, Koalitionsmöglichkeiten zwischen den Parteien festzulegen. Das Hauptgewicht ist dabei auf die Frage nach den notwendigen programmatischen Kompromissen zu legen.

Die Schüler sollten dabei Gelegenheit erhalten, verschiedene Möglichkeiten theoretisch „durchzuspielen“. Der Einsatz einer Folie, auf der während des Unterrichtsgesprächs verschiedene denkbare Koalitionen markiert werden, ist empfehlenswert.

Erwartet werden etwa folgende Beobachtungen:

- Es ergeben sich verschiedenartige Gruppierungsmöglichkeiten, die einander teilweise widerstreben. (Man wird darauf hinarbeiten, daß folgende Einteilung der Weimarer Parteien deutlich wird: national-konservative: DNVP, DVP; nationalfaschistische: NSDAP; bürgerlich-liberale: DDP; bürgerlich-christliche: Zentrum, BVP; sozialistische: KPD, SPD. Eine weitere Unterscheidung zwischen antirepublikanisch/antidemokratischen Parteien auf der einen und demokratischen Parteien auf der anderen Seite ist für die weiteren Überlegungen nützlich.)
- Die Überschneidungsbereiche in den Programmen erweisen sich als vielfältig, sind aber in den meisten Fällen auf Teilbereiche beschränkt; darin zeigt sich deutlich der weltanschauliche Charakter der Weimarer Parteien (im Gegensatz zu den heutigen Volksparteien) und die große Bandbreite in der Parteienlandschaft der Weimarer Republik.
- Diese Vielfalt in den programmatischen Berührungspunkten läßt einerseits eine große Zahl denkbarer Koalitionen zu, die aber andererseits nur durch weitgehenden Verzicht der Parteien auf eine Durchsetzung anderer Programmziele möglich sind. Jede Koalition setzte eine große Kompromißbereitschaft der beteiligten Parteien voraus.

Alternative

Anstelle der Arbeit mit der übersichtsartigen Zusammenstellung der wichtigsten Programmpunkte der politischen Parteien Weimars kann eine Auseinandersetzung mit ausgewählten Texten aus den Parteiprogrammen selber treten. (Siehe „Vorschlag für ein Arbeitsblatt“.)

Exkurs

Die politischen Traditionen und die Frage der Kontinuität

Für die Untersuchung der Wurzeln der politischen Kräfte in der Weimarer Republik bieten sich zwei Wege an, die hier kurz aufgezeigt werden sollen:

1. Die Frage nach den liberalen, nationalen und konservativen Traditionen und/oder
2. die Kontinuität der politischen Gruppierungen und ihrer Programme.

Beide Themen sollten – wegen der zahlreichen Texte – durch eine Hausaufgabe vorbereitet werden. Das erste Thema läßt sich nach Unterrichtsschritt 1, das zweite nach Unterrichtsschritt 2 organisch einfügen.

1. Die Frage nach den politischen Traditionen ist am besten anhand ausgewählter Texte aus dem 19. Jahrhundert zu erarbeiten. Dazu wird den Schülern ein vorbereitetes Schema vorgelegt (s. Vorschlag für ein Arbeitsblatt), in das die aus der Textanalyse gewonnenen Ergebnisse einzutragen sind. (Die erwarteten Eintragungen sind in dem Vorschlag „kursiv“ gedruckt.)

Auf diese Weise läßt sich mit verhältnismäßig geringem Zeitaufwand ein strukturierter Überblick über die zentralen Begriffe der o.g. politischen Richtungen, über deren Staatsauffassung und über deren Einstellung zum Individuum erzielen. Um die Präsentation der Texte zu erleichtern, wird vorgeschlagen, auf leicht greifbare Textzusammenstellungen, wie sie sich in den meisten Lehrbüchern finden, zurückzugreifen.

Der Bezug zu der Weimarer Republik wird an einem Text von Carl Schmitt aus dem Jahre 1926 hergestellt, an dem sich die politischen/geistesgeschichtlichen Traditionen und deren typische antidemokratische Veränderungen aufzeigen lassen; s. Greiffenhagen, M.: Konservatismus in Deutschland (Quellen- und Arbeitshefte zur Geschichte und Politik), Stuttgart 1972, S. 26, Q47, und S. 27, Q49.

2. Um die Kontinuität in den Programmen der deutschen Parteien zu erkennen, werden den Schülern Auszüge aus dem Gründungsprogramm der Nationalliberalen Partei von 1867, dem Gründungsaufruf der Deutsch-Konservativen Partei von 1876, dem Gothaer Programm der SPD von 1875 und dem Programm des Zentrums von 1870 (s. Treue, Wolfgang: Deutsche Parteiprogramme 1861–1961, Göttingen 1954, S. 53–67) oder eine

(vom Lehrer zu erstellende) Übersicht über die wichtigsten Programmpunkte vorgelegt.
Die Untersuchung des Materials sollte folgende Aspekte berücksichtigen:
- zur Nationalliberalen Partei:
  Verhältnis von Nationalstaat und Liberalismus, innerer Aufbau des deutschen Staates, Rolle des Parlaments; Merkmale des Liberalismus
- zur Konservativen Partei:
  Staatsaufbau, wirtschaftliche Zielsetzungen, Frontstellung gegen Liberalismus und Sozialismus; Merkmale des Konservatismus
- zur Sozialdemokratischen Arbeiterpartei:
  Staats- und Gesellschaftsaufbau, soziale, politische und wirtschaftliche Forderungen, Frage nach der marxistischen Grundlage des Programms; Gegensätze zur marxistischen Revolutionstheorie
- zum Zentrum:
  Staatsaufbau, soziale und politische Forderungen; Merkmale einer christlichen Partei.

Ein Vergleich mit den programmatischen Zielen der entsprechenden Parteien der Weimarer Republik kann anhand der Übersicht (s. Unterrichtsschritt 2) und durch ein Schaubild über die geschichtliche Entwicklung des Parteiensystems in Deutschland, wie es sich in den meisten Lehrbüchern findet, hergestellt werden.

Unterrichtsschritt 3:
Die Zusammensetzung der Reichstage von 1919 bis 1930

Alternative
Die Ergebnisse dieses Unterrichtsschrittes können, wenn die für eine intensive Analyse erforderliche Unterrichtszeit nicht zur Verfügung steht, auch in einem kurzen Lehrervortrag zusammengefaßt werden.

Anhand der Statistik über die Mandatszahlen der einzelnen Parteien im Reichstag in der Zeit zwischen 1919 und 1930 sollen die theoretisch gewonnenen Koalitionsmöglichkeiten mit den tatsächlichen Kräfteverhältnissen im Hinblick auf eine Realisierbarkeit überprüft werden.
Tabellen über die Zusammensetzung der Reichstage von 1919 bis 1930 finden sich in allen gängigen Lehrbüchern.

Folgende Fragen zur Auswertung der Tabellen haben sich bewährt:
1. Verfolgen Sie das „Schicksal“ der Weimarer Koalition (SPD-Z-DDP) durch die Legislaturperioden des Reichstags bis 1928.
2. Bestimmen Sie die Mehrheitsfähigkeit der von Ihnen für programmatisch möglich gehaltenen Regierungskoalitionen.
3. Was schließen Sie aus den gefundenen Ergebnissen in bezug auf die politische Stabilität der Regierungen?
4. Vergleichen Sie dazu die Sitzverteilung im Deutschen Bundestag mit den Koalitionsregierungen seit 1949 (s. Vorschlag für ein Arbeitsblatt).

Der Lehrer erinnert daran, daß aufgrund der Wahlergebnisse zur Nationalversammlung 1919 eine Koalition von SPD, Zentrum und DDP, die „Weimarer Koalition“, gebildet wurde, die mit zusammen 329 von insgesamt 421 Abgeordneten eine solide Mehrheit im Parlament besaß.
Die Sitzverteilung in den folgenden Legislaturperioden des Reichstags zeigt, daß die „Weimarer Koalition“ keine Mehrheiten mehr im Parlament besaß. Als programmatisch denkbare Koalitionen kommen seit 1920 nur mehr Minderheitskoalitionen in Frage.
Ein Vergleich mit der Sitzverteilung im deutschen Bundestag von 1949 bis 1987 und mit den Koalitionsregierungen seit 1949 zeigt deutlich die politische Instabilität der Weimarer Demokratie. Alle Regierungskoalitionen in der Bundesrepublik hatten eine Parlamentsmehrheit hinter sich; Regierungskoalitionen mit parlamentarischen Mehrheiten in der Zeit zwischen 1920 und 1928 sind ohne weitgehende Abstriche der möglichen beteiligten Parteien an ihren programmatischen Zielen nicht denkbar.

Unterrichtsschritt 4:
Die Regierungskoalitionen zwischen 1919 und 1930

Die in den vorangegangenen Unterrichtsschritten gewonnenen Einsichten in die instabilen politischen Verhältnisse werden nun anhand einer Übersicht über die 16 Regierungen in der Zeit zwischen 1919 und 1930 erhärtet (s. Vorschlag für ein Arbeitsblatt). Erwartet werden dazu etwa folgende Feststellungen:

- der sehr verschiedenartige politische Charakter der Regierungskoalitionen (Mitte-Links-Koalitionen: 1., 2., 3., 5., 6., Bürgerliche Koalitionen: 4., 7., 10., 11., 13., 14.; Mitte-Rechts-Koalitionen: 12., 15.; Große Koalitionen: 8., 9., 16.);
- die schwache parlamentarische Stellung vieler Regierungen (außer den Großen Koalitionen von 1923 und 1928–30 und der Mitte-Rechts-Koalition von 1925 hatte keine Regierung seit der Wahl zum 1. Reichstag eine parlamentarische Mehrheit hinter sich; keine Regierungsbeteiligung der stärksten Fraktion [der SPD] von 1924–1928);
- der labile Zustand der meisten Koalitionen (kurze Dauer der einzelnen Regierungen, Regierungsrücktritte erfolgten aus dem Auseinanderbrechen der Koalitionen oder der Nichteinigung über einzelne Sachfragen; vier Regierungen wurden von oppositionellen Reichstagsmehrheiten gestürzt; nur in den krisenhaften Anfangsjahren der Republik erfolgten Regierungsrücktritte aus grundsätzlichen politischen Anlässen, meist durch außenpolitische Ereignisse hervorgerufen).

Erweiterung

Einordnen der Regierungswechsel in die übergeordneten politischen Ereignisse anhand der Zeittafel. (Siehe dazu auch die ausführliche und sehr instruktive Übersicht in Politische Weltkunde II, Die Weimarer Republik, S. 30/31.)

Für die abschließende Beurteilung der Bedeutung der zahlreichen Regierungswechsel für die Stabilität der Weimarer Demokratie wird ein Zitat aus der fachwissenschaftlichen Literatur vorgelegt, das mit den aus der Analyse der Übersicht gewonnenen Ergebnissen verglichen wird: „Die Funktionsfähigkeit des parlamentarischen Systems von Weimar wurde weniger durch das Vorhandensein einiger kleiner Fraktionen beeinträchtigt, als vielmehr durch die Koalitionsprobleme zwischen den größeren Parteien." (Kolb, E. 1988)

Exkurs: Schwierigkeiten bei der Bildung von Regierungskoalitionen (Beispiel: Januar 1926)

In Partnerarbeit bestimmen die Schüler anhand von Quellen die Probleme, die sich bei der Bildung der Minderheitsregierung zwischen Zentrum, BVP, DDP und DVP unter dem Reichskanzler Luther (nach dem Ausscheiden der DNVP aus der Regierung im Dezember 1925) ergaben.

Vorgeschlagen werden die Regierungserklärung Luthers am 26. Januar und Auszüge aus der Reichstagsdebatte vom 27. Januar 1926 (s. Politische Weltkunde II, Die Weimarer Republik, S. 33–35, T. 4–8).

Diese Texte sind unter den folgenden Aspekten zu untersuchen:

- das Verhältnis zwischen Minderheitsregierung und Parlament,
- die Bedeutung von Minderheitsregierungen für die Stabilität der Demokratie,
- die Widersprüche und die Gemeinsamkeiten in der Haltung der Parteien

(s. dazu auch die Aufgabenstellungen zu den Texten in Politische Weltkunde II, Die Weimarer Republik, S. 33–35, und Politische Weltkunde II, Handreichungen für den Lehrer, S. 20f.).

Unterrichtsschritt 5:
Beurteilung der Rolle der Parteien in der Weimarer Republik

Zur abschließenden kritischen Betrachtung der Rolle der Parteien in Weimar dienen Textausschnitte aus der wissenschaftlichen Literatur (s. Arbeitsblatt 5).

Die Erstellung eines strukturierten Schemas über Mängel und Leistungen der Parteien erfolgt unter den Gesichtspunkten:
- das Wesen der Weimarer Parteien und die innerparteiliche Struktur,
- das Verhältnis der Parteien zueinander und die Kompromißfähigkeit der Parteien,
- die Gesamtverantwortung und die Leistungen der Parteien für den Staat,
- die Gründe für die Rolle der Parteien in der Weimarer Republik.

Folgende Ergebnisse sind zu erwarten:
Als Hauptmängel werden genannt:
- die Überbetonung des ideologischen Elements in den Parteien rief eine Starrheit der Parteien hervor, die zu einer mangelhaften Handhabung des parlamentarischen Systems führte (Text 1);
- die nicht abgelegten Gewohnheiten aus der Zeit des Obrigkeitsstaates machten den Parteien Schwierigkeiten, sich in die neue Rolle als Träger des Staates hineinzufinden (Text 2);
- die früheren Weltanschauungsparteien wurden nicht zu Staats- oder Volksparteien weiterentwickelt; so scheiterten alle Versuche des staatspolitischen Parteienkompromisses an den desintegrierenden Parteienstandpunkten und an der mangelnden Kompromißbereitschaft untereinander (Text 3).

Als Leistungen werden genannt:
- die Parteien haben die Republik über viele Krisen geführt und zu bedeutenden Leistungen auf politischem, wirtschaftlichem und kulturellem Gebiet gebracht;
- die Parteien bildeten nach dem Sturz des Kaiserreichs Integrationsklammern für den Erhalt der Einheit des Reiches (Text 4).

Die so gewonnenen Ergebnisse sind mit den Erkenntnissen aus den vorangegangenen Unterrichtsschritten zu vergleichen.

Hausaufgabe:

Abschließende Vorbereitung der Gruppenarbeit.

Tafelbild: siehe Stundenblatt

Vorschlag für ein Arbeitsblatt

(6. Stunde, Unterrichtsschritt 2, Alternative)

Aus Programmen politischer Parteien der Weimarer Republik

1. Grundsätze der Deutschnationalen Volkspartei (1920)

Die monarchische Staatsform entspricht der Eigenart und geschichtlichen Entwicklung Deutschlands. Über den Parteien stehend verbürgt die Monarchie am sichersten die Einheit des Volkes. (...) für das Reich streben wir die Erneuerung des von den Hohenzollern errichteten deutschen Kaisertums an. (...)
Der aus (...) Wahlen (...) hervorgehenden Volksvertretung gebührt entscheidende Mitwirkung bei der Gesetzgebung und wirksame Aufsicht über Politik und Verwaltung. Neben diesem Parlament verlangen wir eine Vertretung, die auf einem, nach Beruf gegliederten Aufbau der wirtschaftlichen und geistigen Arbeit beruht (...)
Jede lebensfähige Volkswirtschaft baut auf dem Privateigentum und der Eigenwirtschaft auf. (...) Staats- und sonstige öffentliche Wirtschaft ist nur da am Platze, wo sie für die Allgemeinheit notwendig ist und gegenüber dem Privatbetrieb unzweifelhaft wirtschaftliche Vorteile bietet. Sozialisierungsplänen muß (...) mit erhöhter Vorsicht gegenübergetreten werden. Freiwilliger beruflicher und genossenschaftlicher Zusammenschluß im Wirtschaftsleben ist zu fördern.
(aus: Mommsen, W. [Hg.]: Deutsche Parteiprogramme, München ^{3}1977, S. 534ff.)

2. Grundsätze der Deutschen Volkspartei (1919)

(Die DVP) fordert volle Gleichberechtigung aller Staatsbürger; sie erblickt aber in der freiwilligen, vertrauensvollen Gefolgschaft, die das Volk seinen selbstgewählten Führern leistet, eine wesentliche Vorbedingung für Deutschlands Freiheit und Aufstieg. (...)
Die Deutsche Volkspartei wird den Wiederaufbau des Reiches mit allen Mitteln fördern. Daher wird sie im Rahmen ihrer politischen Grundsätze innerhalb der jetzigen Staatsform mitarbeiten. (...)
Die Deutsche Volkspartei erblickt in dem durch freien Entschluß des Volkes auf gesetzmäßigem Wege aufzurichtenden Kaisertum, dem Sinnbild der deutschen Einheit, die für unser Volk nach Geschichte und Wesensart geeignetste Staatsform. (...)
Verantwortliche Mitarbeit der Volksvertretung an der Regierung (...) gilt uns als wesentliche Grundlage jeder Verfassung. (...)
Die Deutsche Volkspartei fordert für jeden Staatsbürger das Recht der freien Entfaltung seiner Kräfte. (...) Bei der Überführung von wirtschaftlichen Unternehmungen in die öffentliche Hand, die nur gegen Entschädigung erfolgen darf, wird die Deutsche Volkspartei unter der Voraussetzung mitwirken, daß wesentliche Vorteile für die Allgemeinheit dauernd gewährleistet sind. Im allgemeinen wird eine Beteiligung des Staates an freien Betrieben den Vorzug verdienen. (...)
(aus: Mommsen, W. [Hg.], S. 520ff.)

3. Deutsche Demokratische Partei, Programm (1919)

(Die DDP) will das ganze Volk vorwärts und aufwärts führen in stetiger Entwicklung. Freiheit und Recht sind ihre Wegmarken. (...) innere Einheit tut uns vor allem not und der einzige Weg zu ihr ist die Demokratie. (...)
Die Deutsche Demokratische Partei steht auf dem Boden der Weimarer Verfassung; zu ihrem Schutz und zu ihrer Durchführung ist sie berufen. (...)
Die Deutsche Demokratische Partei ist eine Partei der Arbeit. Ihr Ziel auf dem Gebiete der Wirtschaft ist der Staat des sozialen Rechts.
Die Vergesellschaftung der Produktionsmittel im Sinne allgemeiner Verstaatlichung wäre tödliche Bürokratisierung der Wirtschaft und verhängnisvolle Minderung ihres Ertrages. Wir lehnen sie ab und halten an der Privatwirtschaft als der regelmäßigen Betriebsform fest. (...)
(aus: Mommsen, W. [Hg.], S. 508ff.)

4. Aufruf und Leitsätze der Zentrumspartei (1918)

(...) Eine neue Ordnung ist (...) zu schaffen; diese Ordnung darf nach dem Sturz der Monarchie nicht die Form der sozialistischen Republik erhalten, sondern muß eine demokratische Republik werden. (...)
Es gilt, im Rahmen der christlichen Grundsätze und des gemeinen Rechts der bürgerlichen Freiheit Raum zu geben, die allein das Leben würdig zu gestalten vermag (...)
Geordneter Aufbau der Volkswirtschaft im Dienste der sozialen Gerechtigkeit und des Gemeinwohls auf Grundlage der produktiven Arbeit. Grundsätzliche Erhaltung der auf persönlichem Eigentum beruhenden, nach dem Solidaritätsprinzip dem Gesamtwohl der Gesellschaft untergeordneten Privatwirtschaft. (...)
Schutz und ausgleichende Förderung (...) eines lebenskräftigen Mittelstandes; Erhaltung eines leistungsfähigen Bauernstandes (...)
(aus: Mommsen, W. [Hg.], S. 482ff.)

5. Görlitzer Programm der Sozialdemokratischen Partei Deutschlands (1921)

(...) Mächtiger denn je erhebt sich der Wille, das kapitalistische System zu überwinden (...)
Die Sozialdemokratische Partei ist ent-

Vorschlag für ein Arbeitsblatt (6. Stunde, Unterrichtsschritt 2, Exkurs)

Liberale, nationale und konservative Ideologie des 19. Jahrhunderts

	LIBERALISMUS	NATIONALISMUS	KONSERVATISMUS
STAAT	*Rechtsstaat auf der Grundlage der Gewaltenteilung (Verfassung) und der Demokratie*	*Staat = Nation, d. h. Volk mit nationalem Charakter, oberster politischer Wert, von Gott geschaffene, organische, einmalige Einheit*	*Staat = Sinngebung des individuellen Daseins, Grundlage der menschlichen Existenz; nicht rational zu konstruieren und zu legitimieren; keine Teilung der Gewalten; Staat = Macht.*
STAATS-ZWECK	*möglichst große Freiheit aller, möglichst geringe staatliche Beschränkung, Staat = Garant der Grundrechte und der persönlichen Sicherheit, kein Wohlfahrtsstaat, „Nachtwächterstaat"*	*Vaterland = Garant der irdischen Ewigkeit*	*Selbstbehauptung; Krieg und Rechtspflege*
INDIVIDUUM	*genießt politische, bürgerliche und menschliche Grundrechte, Autonomie des Individuums, Freiheit, Gleichheit (vor dem Gesetz).*	*Selbstverwirklichung nur im Staat/in der Nation*	*Unterwerfung unter die Autorität des Staates; Glied einer hierarchisch aufgebauten Gemeinschaft*
ZENTRALE BEGRIFFE	*Autonomie des Individuums, Grundrechte, Demokratie (Mehrheitsprinzip mit Minderheitenschutz)*	*Nation, Vaterland*	*Tradition, Ordnung und Autorität, antirational und antiliberal*

schlossen, zum Schutze der errungenen Freiheit das Letzte einzusetzen. Sie betrachtet die demokratische Republik als die durch die geschichtliche Entwicklung unwiderruflich gegebene Staatsform, jeden Anschlag auf sie als ein Attentat auf die Lebensrechte des Volkes. (...)
(Die SPD) kämpft um die Herrschaft des im freien Volksstaat organisierten Volkswillens über die Wirtschaft, um die Erneuerung der Gesellschaft im Geiste sozialistischen Gemeinsinns. Die Überführung der großen konzentrierten Wirtschaftsbetriebe in die Gemeinschaft und darüber hinaus die fortschreitende Umformung der gesamten kapitalistischen Wirtschaft zur sozialistischen (...)
(aus: Programme der deutschen Sozialdemokratie, Hannover 1963, S. 83ff.)

Vorschlag für ein Arbeitsblatt (6. Stunde, Unterrichtsschritt 3)

Sitzverteilung im Deutschen Bundestag und Koalitionsregierungen seit 1949

		CDU/CSU	DP	BHE	FDP	SPD	Grüne	Sonstige
1949	Bundestag	142	17	–	53	136	–	62
	Koalition	CDU/CSU	DP		FDP			
1953	Bundestag	250	15	27	53	162	–	2
	Koalition	CDU/CSU	DP	BHE	FDP			
	seit 1956:	CDU/CSU	DP		FVP*			
1957	Bundestag	278	17	–	43	181	–	0
	Koalition	CDU/CSU	DP					
	seit 1960	CDU/CSU						
1961	Bundestag	251	–	–	67	203	–	0
	Koalition	CDU/CSU			FDP			
1965	Bundestag	251	–	–	50	217	–	0
	Koalition	CDU/CSU			FDP			
	seit 1966	CDU/CSU				SPD		
1969	Bundestag	250	–	–	31	237	–	0
	Koalition				FDP	SPD		
1972	Bundestag	234	–	–	42	242	–	0
	Koalition				FDP	SPD		
1976	Bundestag	254	–	–	40	224	–	0
	Koalition				FDP	SPD		
1980	Bundestag	237	–	–	54	228	–	0
	Koalition				FDP	SPD		
	seit 1982	CDU/CSU			FDP			
1983	Bundestag	255	–	–	35	202	28	0
	Koalition	CDU/CSU			FDP			
1987	Bundestag	234	–	–	48	193	44	0
	Koalition	CDU/CSU			FDP			

* „Freie Volkspartei“: der ‚Ministerflügel‘ der FDP, der sich 1956 abgespalten hatte; 1957 mit der DP verschmolzen.

Aufgabe:
Vergleichen Sie die Ergebnisse, die Sie aus der Analyse der Sitzverteilungen im Deutschen Reichstag und der damaligen Koalitionsregierungen gewonnen haben, mit den Sitzverteilungen im Deutschen Bundestag und mit den Koalitionsregierungen seit 1949.

6. Programm des Spartakus-Bundes (1918), übernommen als Programm der Kommunistischen Partei Deutschlands (1919)

Die Verwirklichung der sozialistischen Gesellschaftsordnung ist die gewaltigste Aufgabe, die je einer Klasse und einer Revolution der Weltgeschichte zugefallen ist. Diese Aufgabe erfordert einen vollständigen Umbau des Staates und eine vollständige Umwälzung in den wirtschaftlichen und sozialen Grundlagen der Gesellschaft. (...)
Um dem Proletariat die Erfüllung dieser Aufgaben zu ermöglichen, fordert der Spartakusbund:
(...)
B.
2. Beseitigung aller Parlamente und Ge-

Vorschlag für ein Arbeitsblatt (6. Stunde, Unterrichtsschritt 4)

Regierungskoalitionen zwischen 1919 und 1930

1.	13. 2.1919:	SPD-Z-DDP (Weimarer Koalition)	20. 6.1919:	Rücktritt (alliiertes Ultimatum wegen Annahme des Versailler Vertrags)
2.	21. 6.1919:	SPD-Z (-DDP, ab Okt. 19)	26. 3.1920:	Rücktritt (Kapp-Putsch)
3.	27. 3.1920:	SPD-Z-DDP	8. 6.1920:	1. Reichstagswahl (6.6.1920)
4.	25. 6.1920:	Z-DDP-DVP	4. 5.1921:	Rücktritt (Londoner Ultimatum über Reparationszahlungen)
5.	10. 5.1921:	SPD-Z-DDP	22.10.1921:	Rücktritt (Völkerbundentscheidung über Abtretung von Oberschlesien)
6.	26.10.1921:	SPD-Z-DDP	14.11.1922:	Rücktritt (Scheitern der Bildung einer Großen Koalition)
7.	22.11.1922:	Z-DDP-DVP	12. 8.1923:	Rücktritt (Aufgabe des passiven Widerstands im Ruhrkampf)
8.	13. 8.1923:	SPD-Z-DDP-DVP	4.10.1923:	Rücktritt (Streit um den 8-Stunden-Tag zwischen SPD und DVP)
9.	6.10.1923:	SPD (bis 3.11.) – Z-DDP-DVP	23.11.1923:	kein Vertrauensvotum des Reichstags (SPD und DNVP stimmen gegen Regierung)
10.	30.11.1923:	Z-BVP-DDP-DVP	26. 5.1924:	Auflösung des Reichstags (Steuernotverordnung); Neuwahl am 4. Mai
11.	3. 6.1924:	Z-DDP-DVP	15.12.1924:	Auflösung des Reichstags (Beschlußunfähigkeit); Neuwahl am 7. Dezember
12.	15. 1.1925:	Z-DVP-DNVP (-DDP, ab Okt. 25)	5.12.1925:	Rücktritt (Ausscheiden der DNVP wegen Locarno-Vertrag)
13.	20. 1.1925:	Z-BVP-DDP-DVP	12. 5.1926:	Mißtrauensvotum des Reichstags (Flaggenstreit)
14.	17. 5.1926:	Z-DDP-DVP	17.12.1926:	Mißtrauensvotum des Reichstags (Streit um Verbindung der Reichswehr zur SU)
15.	29. 1.1927:	Z-BVP-DVP-DNVP	12. 6.1928:	Auflösung des Reichstags (Schulgesetz); Neuwahl am 20. Mai
16.	28. 6.1928:	SPD-Z-BVP-DDP-DVP	27. 3.1930:	Rücktritt (Streit um Beiträge zur Arbeitslosenversicherung)
ab	30. 3.1930:	Präsidialkabinette (stützen sich auf Reichspräsidenten und dessen Vollmachten, keine Regierungskoalitionen, keine Reichstagsmehrheiten)		

Aufgaben:
a. Benennen Sie den politischen Charakter der 16 Koalitionsregierungen zwischen 1919 und 1930.
b. Bestimmen Sie die parlamentarische Stellung der jeweiligen Regierungen.
c. Systematisieren Sie die Anlässe für die Regierungswechsel.
d. Ziehen Sie aus den Ergebnissen Schlüsse für die politische Stabilität der Weimarer Demokratie.

meinderäte und Übernahme ihrer Funktionen durch A(rbeiter)- und S(oldaten)-Räte. (...)
C.
3. Enteignung des Grund und Bodens aller landwirtschaftlicher Groß- und Mittelbetriebe; Bildung sozialistischer landwirtschaftlicher Genossenschaften (...)
4. Enteignung aller Banken, Bergwerke, Hütten sowie aller Großbetriebe in Industrie und Handel (...)
(aus: Berthold, L. u. Ernst Diehl: Revolutionäre deutsche Parteiprogramme, Berlin [Ost] 1967, S. 109ff.)

7. bis 10. Stunde
Die Belastungen der Weimarer Demokratie (Gruppenarbeit)

Didaktische Vorbemerkungen

Die Themenkreise für die Arbeit der Gruppen sollen, nachdem anhand von Lehrbüchern die notwendigen Vorinformationen als Hausarbeit gewonnen wurden, in zwei Unterrichtsstunden erarbeitet werden (7. und 8. Stunde). Dazu werden den einzelnen Gruppen begrenzte Materialien (Quellen, Statistiken, Wahlplakate, Beurteilungen) vorgelegt, aus denen das jeweilige Teilthema in der ersten Arbeitsphase zu vertiefen ist. Die zweite Phase dient dazu, die gewonnenen Ergebnisse zu strukturieren und auf einer Matrize für eine Hektographie oder auf einer Folie zu fixieren. Beispiele für die zu erwartende Vorlage der Ergebnisse durch die Arbeitsgruppen findet man in der 9. und 10. Stunde.

Der schwierigen dritten Phase, die der Vorstellung der Ergebnisse der einzelnen Gruppen für den gesamten Kurs und der Abschlußbesprechung dient, sind die 9. und 10. Stunde gewidmet. Von ihr hängt weitgehend Gelingen oder Mißlingen des ganzen Unternehmens ab. Von den Schülern muß dabei erwartet werden, daß sie die von ihnen erarbeitete Vorlage den übrigen Teilnehmern mündlich erläutern. Da das Endergebnis der Gruppenarbeit innerhalb der gesamten Unterrichtseinheit ein gültiges Bild der belastenden Faktoren für die Weimarer Demokratie durch politische Gruppierungen und durch die Reichswehr ergeben soll, werden in einem zusammenfassenden Tafelbild (s. Stundenblatt 8) die in den vier Teilbereichen erarbeiteten Faktoren unter den Aspekten: inhaltliche Aussagen und deren belastende Auswirkungen für die Weimarer Demokratie systematisiert. Anzustreben ist ein während der Präsentationsphase organisch entstehendes Tafelbild (oder Folie), in das die Einzelergebnisse sich sukzessiv einfügen. Das sich ergebende negative Potential wird für jeden Teilbereich unter eine typische Formel gestellt:

1. für die Reichswehr: „Staat im Staate“.
„Seeckts Programm war die ‚Entpolitisierung‘ der Reichswehr. Die Armee sollte über den Parteien stehen und aus der Politik herausgehalten werden. Damit aber blieb sie in der Auseinandersetzung der Demokratie mit ihren Gegnern neutral, und da das Heer ‚aus Tradition antimarxistisch bis auf die Knochen‘ war, war die ‚unpolitische‘ Haltung der Reichswehr in Wahrheit eine höchst politische Entscheidung ... ihre Sympathie gehört nicht der demokratischen Verfassung. Nach Seeckts Auffassung diente die Reichswehr einem deutschen ‚Staat‘, der keineswegs mit seiner augenblicklichen Erscheinungsform, der Weimarer Republik, identisch war. Für diesen abstrakten Staat – viele Offiziere konnten sich nach wie vor nur eine Monarchie darunter vorstellen – galt es, die Armee zu bewahren. Die Reichswehr wartete ab, stand der Republik mit kühler Distanz gegenüber, erfüllte ihre formalen Verpflichtungen und trieb im übrigen ihre eigene Politik“ (Tormin, W. 1978, S. 106f.).
2. für den Rechtsextremismus: „undeutsch“.
So weitgefächert die extreme Rechte während der Weimarer Republik auch war, zwei Aspekte finden sich bei fast allen ihren Gruppierungen: ein ausgeprägter Antisemitismus und die Ablehnung der demokratischen Staatsformen als Import westlicher, undeutscher Denkungsart, wobei beide Elemente oft miteinander verknüpft waren. „Die umfassendste Formel, mit der man polemisch der Weimarer Republik und ihrer Verfassung entgegentrat, war die Behauptung, daß dieser Staat ein Produkt westlichen Staatsdenkens sei. Als westliche Demokratie jedoch könnte sie für das Land der Mitte, für Deutschland, niemals die geeignete Staatsform darstellen, vielmehr sei es die Aufgabe der Deutschen, ihre eigene Staatlichkeit zu finden, sich vom, wie man es verächtlich nannte, ‚faulen Westlertum‘ loszusagen und aus der Kraft des deutschen Volkstums, aus den Quellen deutschen Blutes und den besonderen Bedingungen der deutschen Lage ein eigenständiges Staatsgebilde zu schaffen“ (Sontheimer, K.: Antidemokratisches Denken in der Weimarer Republik, in: Der Weg in die Diktatur, München 1962, S. 60f.).
3. für die DNVP: „schmachvolles System“.

In dem Stichwort werden zwei Aspekte der antidemokratischen Haltung der DNVP erfaßt; zum einen die Auffassung, der Weimarer Staat dokumentiere den Niedergang Deutschlands, und zum anderen die rigorose Ablehnung der Vorstellung, die Volkssouveränität manifestiere sich im Wählerwillen, in der „Massenherrschaft", der „Ochlokratie" (Hugenberg). Trotz verschiedener Strömungen innerhalb der DNVP kann die antidemokratische Gruppe um Hugenberg für das Ganze gesetzt werden; und „die Vernichtung des verhaßten parlamentarisch-demokratischen ‚Systems' war ihm das wichtigste Ziel" (Milatz, A. 1968, S. 106).
4. für die KPD: „bourgeoises System".
Die Wahl desselben Stichworts „System" für die DNVP und für die KPD betont die gleichzeitige Bedrohung der Weimarer Demokratie von Rechts und von Links; die Attribute „schmachvoll" und „bourgeois" weisen dagegen auf die gänzlich verschiedenen Zielrichtungen dieser Bedrohung. Auch nach dem Betreten des „parlamentarischen Weges" – bedingt durch die Niederlagen von 1920 und 1923 und die Lenkung durch die Komintern – „war nicht die Idee des Klassenkampfes und der geschichtlich unabwendbaren und darum notwendigen Diktatur des Proletariats aufgegeben" (Bracher, K. D. 1978, S. 105).

Die Qualität der zu erwartenden Schülerbeiträge hängt nicht zuletzt von einer exakten Fragestellung zu den Materialien ab. Sie muß so gestaltet sein, daß die Schüler sowohl die für das Verständnis notwendigen Sachinformationen erarbeiten können, ohne sich in Einzelheiten zu verlieren, als auch ständig die Problemstellung in bezug auf das übergeordnete Thema im Auge behalten können.

Vorbereitung der Gruppenarbeit

Thema: Die belastenden Faktoren für die Weimarer Demokratie

Anhand von vier Bereichen sollen die prinzipiellen Belastungen erarbeitet werden, unter denen der erste demokratische Staat auf deutschem Boden stand.
Die Bearbeitung des Themas verläuft in drei Phasen:

- vorbereitende Hausarbeit, in der die Sachinformation anhand von Lehrbüchern, gegebenenfalls auch von weiteren Informationsquellen geleistet wird (von allen Kursteilnehmern);
- Analyse von Quellen und Sekundärliteratur hinsichtlich der sich auf die Weimarer Demokratie negativ auswirkenden Faktoren (in Gruppen während der Unterrichtszeit);
- Zusammenfassen der Ergebnisse: Erstellen einer Hektographie, einer Folie oder eines Tafelbildes zur Information des gesamten Kurses durch die Gruppe (während der Unterrichtszeit).

Bei der Gruppenarbeit soll – wie in der 1. Stunde dieser Einheit – die Multikausalität im Mittelpunkt stehen. Dennoch zwingt die Kürze der zur Verfügung stehenden Arbeitszeit die Beschränkung auf eine Auswahl der möglichen Bereiche.
Die vier Themenbereiche werden am Ende der 3. Stunde den Schülern bekanntgegeben (am besten zusammen mit den für die Hausarbeit benötigten Informationsquellen auf einer Hektographie):
Gruppe 1: Die Reichswehr
Gruppe 2: Der Rechtsextremismus
Gruppe 3: Die Deutschnationale Volkspartei
Gruppe 4: Die Kommunistische Partei Deutschlands

Über die Rolle der NSDAP für die Frage des Scheiterns der Weimarer Demokratie siehe „Vorschläge zur Reduktion des Stoffes und zur Strukturierung der Unterrichtseinheit", S. 10ff. Ein Vorschlag für eine Arbeitsgruppe, die sich mit den Belastungen durch den Nationalsozialismus für die Weimarer Demokratie ergaben, findet sich als Erweiterung auf S. 76ff.
Die Schüler sollten Gelegenheit erhalten, sich über die verschiedenen Themen anhand des Lehrbuchs zu informieren und sich dar-

aufhin für eines der Themen zu entscheiden. Die Arbeitsaufträge für die vorbereitende Hausarbeit müssen frühzeitig festgelegt und den Schülern in die Hand gegeben werden. Erwartet wird eine strukturierte und auf das jeweilige Thema zugeschnittene Reduktion der Sachinformationen, die – als Minimalforderung – aus den vorhandenen Lehrbüchern zu gewinnen sind. Für weitere Informationen sollte auf wenige, leicht zugängliche Sekundärliteratur zurückgegriffen werden, deren Benutzung bei kompetenten und interessierten Kursen empfohlen wird.

Für das Maximalprogramm werden neben den Lehrbüchern folgende Werke als Informationsquellen empfohlen:

Dederke, Karlheinz: Reich und Republik; Stuttgart 1981 (4) (= Klett-Studienbücher, Klett Verlag)

Elben, Wolfgang: Die Weimarer Republik; Frankfurt/Main 1967 (2) (= Materialien zur Gemeinschaftskunde, Diesterweg Verlag)

Falter, Jürgen (u. a.): Wahlen und Abstimmungen in der Weimarer Republik; München 1986 (= Statistische Arbeitsbücher zur neueren Geschichte, C. H. Beck Verlag)

Heiber, Helmut: Die Republik von Weimar; München 1982 (15) (= dtv-Weltgeschichte des 20. Jahrhunderts, Band 3, dtv-Taschenbuch Nr. 4003)

Kolb, Eberhard: Die Weimarer Republik; München 1988 (2) (= Grundriß der Geschichte, Band 16, Oldenbourg Verlag)

Michalka, Wolfgang und Gottfried Niedhart (Hrsg.): Die ungeliebte Republik; München 1980 (= dtv-Dokumente, dtv-Taschenbuch Nr. 2918)

Peukert, Detlev J. K.: Die Weimarer Republik; Frankfurt/Main 1987 (= Neue historische Bibliothek, edition suhrkamp Nr. 1282)

Sösemann, Bernd: Demokratie im Widerstreit. Die Weimarer Republik im Urteil ihrer Zeitgenossen; Stuttgart 1980 (= Quellen- und Arbeitshefte zur Geschichte und Politik, Klett Verlag)

Tormin, Walter: Die Weimarer Republik; Hannover 1978 (12) (= Edition Zeitgeschehen, Fackelträger Verlag)

Tormin, Walter: Geschichte der deutschen Parteien seit 1848; Stuttgart 1967 (= Geschichte und Gegenwart, Kohlhammer Verlag)

Die Inhalte der gesamten Gruppenarbeit können auch nur mit Hilfe der auf den Arbeitsblättern 6 bis 9 angebotenen Materialien erarbeitet werden. In diesem Fall dient die vorbereitende Information über die Themen im Lehrbuch lediglich als Entscheidungshilfe für die Wahl des zu bearbeitenden Themenbereichs.

Lernziele

Die Schüler erkennen,
- daß die Weimarer Demokratie von einer Vielzahl von Faktoren bedroht war;
- daß die Träger dieser Faktoren – so heterogen sie auch waren – in der Summe eine tödliche Gefahr für das demokratische Staatswesen darstellten.

Die Schüler erarbeiten
- anhand von verschiedenen Materialien die Fakten der verschiedenen Bereiche;
- anhand von Quellen, Statistiken und Texten aus der fachwissenschaftlichen Literatur die Bedeutung der belastenden Faktoren;
- strukturierte Informationen über ihren Teilbereich für den Gesamtkurs.

Die Schüler beurteilen
- die Bedeutung dieser belastenden Faktoren für den Untergang der Weimarer Republik;
- Stellungnahmen der Fachwissenschaft.

7. und 8. Stunde
Gruppenarbeit

(Kein Stundenblatt)

Den Schülern wird zunächst das übergeordnete Thema für alle Gruppen genannt: „Die belastenden Faktoren für die Weimarer Demokratie“, der Ablauf der Gruppenarbeitsphase erklärt (s. didaktische Vorbemerkung) und die Materialien ausgeteilt (s. Arbeitsblätter 6 bis 9).
Dabei ist besonders zu betonen, daß die von den Gruppen zu erarbeitenden Übersichten so zu strukturieren sind, daß sie die übrigen Kursteilnehmer sowohl über die Inhalte des analysierten Bereichs als auch über die dabei gefundenen Probleme hinreichend informieren.

Vorschlag für das vorzulegende Material

Gruppe 1: Die Reichswehr und die Weimarer Demokratie
Arbeitsblatt 6

Das Material ist gegliedert in:
I. Bestimmungen über die Reichswehr

1. Auszüge aus dem Versailler Vertrag (s. Geschichte in Quellen V, S. 133f. [Art. 160]; Michalka/Niedhart, S. 137f. [Art. 160, 191, 198]).
2. § 36 des Reichswehrgesetzes vom 23. 3. 1921 (s. Elben, S. 42)

II. Äußerungen von seiten der Reichswehr zu ihrem Verhältnis zum Weimarer Staat

1. Generalmajor von Seeckt über die Organisation der Reichswehrspitze, 1920 (zitiert nach: Vierteljahrshefte für Zeitgeschichte, 1956, 2, S. 156)
2. Aus einem Schreiben des Leutnants Leist an Oberstleutnant Frhr. von Hammerstein zu den Vorgängen in der Reichswehr während des Putschversuchs in München 1923. (zitiert nach: Vierteljahrshefte für Zeitgeschichte, 1957, 1, S. 95–97)

III. Urteile zur Stellung der Reichswehr

1. Thilo Vogelsang (zitiert nach: Hermann, H. H.: Weimar – Bestandsaufnahme einer Republik, Hamburg 1969 [rororo tele 2], S. 110f.)
2. Hans-Adolf Jacobsen (Jacobsen, H. A. in: Aus Politik und Zeitgeschichte B 41/1966, S. 27f.)

Für eine vertiefende Erarbeitung dieses Themas können der Arbeitsgruppe folgende Auszüge aus der fachwissenschaftlichen Literatur vorgelegt werden. (Genaue Angaben über Verfasser, Titel usw. finden sich in der Literaturliste)
Urteile der Fachwissenschaft: Dederke: S. 117–123; Heiber: S. 73, S. 75–80; Tormin, Die Weimarer Republik, S. 104–107; Kolb: S. 171–173.
Weitere Quellen: Michalka/Niedhart: S. 90–93; S. 76–78; S. 137/138; Elben: S. 41/42; Sösemann: S. 24/25.

Gruppe 2: Der Rechtsextremismus und die Weimarer Demokratie
Arbeitsblatt 7

Das Material ist gegliedert in:
I. Gruppierungen und Vorstellungen der radikalen Rechten

1. Übersicht über den Rechtsradikalismus (aus: Detlev J. K. Peukert: Die Weimarer Republik, Frankfurt/Main 1987, S. 83f.)
2. Äußerungen der radikalen Rechten
- Der Historiker Adalbert Wahl (in: Kurt Sontheimer, Antidemokratisches Denken in der Weimarer Republik; München 1962, S. 164)
- Der Rechtsphilosoph Julius Binder (in: Kurt Sontheimer, S. 273)
- Der Volkswirt Nüse (in: Ludwig Helbig: Die Weimarer Republik; Frankfurt 1965, S. 65f.)
- Aus einem Aufruf des Stahlhelm-Verbandes (in: Karl Dietrich Bracher: Die Auflösung der Weimarer Republik, Stuttgart 1955, S. 135, Anm. 27)

II. Aktionen der Rechtsextremisten

1. Plakat, Berlin Januar 1919 (in: erinnern und urteilen, Bd. IV, S. 35)
2. Karikatur und Gedicht aus der Zeitschrift „Der wahre Jakob“

Mögliche Erweiterung des Materials durch eine Beurteilung der Rolle der Justiz:
Das Urteil im Erzberger-Prozeß (1920) war nicht der erste, aber ein besonders aufsehenerregender Fall in jener langen Reihe von Gerichtsurteilen, die die „politische Justiz“ der Weimarer Republik zu trauriger Berühmtheit verholfen haben. Viele Richter, in ihrer politischen und sozialen Mentalität geprägt durch die Wertvorstellungen und konservativen Ideologien der wilhelminischen Zeit, bezweifelten die Legitimität der neuen Ordnung. Geschützt durch das von der Revolutionsregierung nicht angetastete und dann in der Verfassung festgeschriebene Privileg der Unabsetzbarkeit, brachten sie ihre Abneigung gegen die Republik und deren engagierte Träger in zahlreichen Urteilen offen zum Ausdruck. Insofern trägt die Justiz ein gut Teil der Verantwortung für das Scheitern der Republik. (Kolb, E.: Die Weimarer Republik, München 1988, S. 38)

Politische Morde begangen	von Linksstehenden	von Rechtsstehenden
Gesamtzahl der Morde	22	354
davon ungesühnt	4	326
teilweise gesühnt	1	27
gesühnt	17	1
Zahl der Verurteilungen	38	24
Geständige Täter freigesprochen	0	23
Geständige Täter befördert	0	3
Dauer der Einsperrung je Mord	15 Jahre	4 Monate
Zahl der Hinrichtungen	10	0
Geldstrafen je Mord	0	2 Papiermark

(nach: Pross, Harry: Die Zerstörung der deutschen Politik, Frankfurt/Main 1959, S. 129)

Für eine vertiefende Erarbeitung dieses Themas eignen sich folgende Auszüge aus der fachwissenschaftlichen Literatur:
(Genaue Angaben zu Verfasser, Titel usw. finden sich in der Literaturliste)
Urteile der Fachwissenschaft: Dederke: S. 47–49, S. 55–59, S. 70–72, S. 108/109, S. 112–114, S. 134/135; Kolb: S. 36–38, S. 47/48; Peukert: S. 76–86, S. 94–100.
Weitere Quellen: Michalka/Niedhart: S. 83–88, S. 95–98, S. 251/252; Elben: S. 47–50, S. 129–132; Sösemann: S. 17–19, S. 49/50, S. 54, S. 60–62.

Gruppe 3: Die Deutschnationale Volkspartei und die Weimarer Demokratie
Arbeitsblatt 8

Das Material ist gegliedert in:
I. Programmatisches und Propagandistisches

1a. Aus dem Parteiprogramm: „Grundsätze der Deutschnationalen Volkspartei", 1920 (in: Michalka/Niedhart, S. 73f. und in: Walter Tormin, Geschichte der deutschen Parteien, S. 153)
1b. Alfred Hugenberg in seiner Antrittsrede als Parteivorsitzender 1928 (in: Friedrich Frhr. Hiller von Gaertingen, Die Deutschnationale Volkspartei, in: Matthias/Morsey: Das Ende der Parteien 1933; Düsseldorf 1960, S. 457)
2. Wahlplakate der DNVP:
- „Dolchstoß" (1924) (in: Anschläge, Politische Plakate in Deutschland 1900–1970, hg. v. Friedrich Arnold, Frankfurt/Wien/Zürich 1973, S. 39)
- „Frei von Versailles" (1924) (in: Anschläge, S. 43)

II. Statistiken zu Wahlergebnissen der DNVP

1. Stimmenanteil der DNVP bei Wahlen zur Nationalversammlung und zum Reichstag
2. Wahlkreise mit überdurchschnittlichen DNVP-Stimmenanteilen; Reichstagswahl am 7. 12. 1924 (beide nach: Alfred Milatz, 1968 (2), S. 104)
3. Anteil der berufstätigen Bevölkerung nach Wirtschaftszweigen (1925) (nach: Milatz, Karten 4 und 5, Beilage)
4. Aufgliederung der DNVP-Stimmenanteile bei den Reichstagswahlen vom 6. 6. 1920 (nach: W. Kaltefleiter, Wirtschaft und Politik in Deutschland, Köln 1966, S. 31)

Folgende Auszüge aus der fachwissenschaftlichen Literatur eignen sich für eine vertiefende Erarbeitung des Themas:
(Genaue Angaben zu Verfasser, Titel usw. finden sich in der Literaturliste)
Urteile der Fachwissenschaft: Dederke: S. 133/134; Tormin, Geschichte der deutschen Parteien: S. 150–155; Kolb: S. 75.
Weitere Quellen: Michalka/Niedhart: S. 73/74; Elben: S. 132/133; Falter: S. 132; Sösemann: S. 36/37.

Gruppe 4: Die Kommunistische Partei Deutschlands und die Weimarer Demokratie
Arbeitsblatt 9

Das Material ist gegliedert in:
I) Programmatisches und Propagandistisches
1. Aus dem Parteiprogramm:
Programmatischer Aufruf des Spartakus-Bundes vom 14. 12. 1918 (Übernahme durch den Gründungsparteitag der KPD vom 30. 12. 1918 bis 1. 1. 1919) (siehe Berthold, Lothar und Diehl, Ernst: Revolutionäre deutsche Parteiprogramme, [Ost-]Berlin 1967, S. 109ff., s. a. Geschichte in Quellen V, S. 166f.)
2. Wahlplakate der KPD
a) zur Reichstagswahl 1920: „Wählt Spartakus" (Anschläge, S. 33)
b) zur Reichstagswahl 1920: „Stinnesdiktatur oder Diktatur des Proletariats" (Anschläge, S. 34)

Information: Hugo Stinnes (1870–1924), Unternehmer; Stinnes-Konzern, einer der größten deutschen Trusts, umfaßte eine Handels-GmbH, Reedereien, Kohlenbergbau, Papier, Zellstoff, Druckerei und Verlag, Erdöl, Kraftwagen. – Im Gegensatz zu den wirklichen Kräfteverhältnissen auf der Linken desertiert auf dem Plakat eine winzige SPD vom proletarischen Block (= KPD) zu den kapitalistisch gelenkten Militärs. Der kleinere der beiden Offiziere soll den General Hans von Seeckt darstellen, der seit März 1920 Chef der Heeresleitung der Reichswehr war.

II. Statistiken zu Wahlergebnissen der KPD
1. Stimmenanteil der KPD – im Vergleich zur USPD und SPD – bei den Wahlen zum Reichstag (nach: Dederke, S. 280/281)
2. Wahlkreise mit überdurchschnittlichem KPD-Stimmenanteil (nach: Milatz, S. 108)
3. Arbeitslosigkeit 1928 und 1932 (nach: Petzina/Abelshauser/Faust, Sozialgeschichtliches Arbeitsbuch III, München 1978, S. 121)

Für eine vertiefende Erarbeitung des Themas werden der Gruppe folgende Auszüge aus der fachwissenschaftlichen Literatur vorgelegt:
Urteile der Fachwissenschaft: Dederke: S. 126/127; Tormin, Geschichte der deutschen Parteien: S. 155–160.
Weitere Quellen: Michalka/Niedhart: S. 65–68, S. 278–281; Falter: S. 128.

Erweiterung

Belastende Faktoren für die Weimarer Demokratie durch den Nationalsozialismus s. Vorschlag für ein Arbeitsblatt, S. 76ff.

Vorschlag für ein Arbeitsblatt (7./8. Stunde, Gruppenarbeit)

Thema: Die Belastungen der Weimarer Demokratie (Gruppenarbeit)

Gruppe 5: Die Nationalsozialistische Deutsche Arbeiterpartei

I. Programmatisches und Propagandistisches

1. Aus: Adolf Hitler, Mein Kampf (1925/26)
Die Bewegung vertritt im kleinsten wie im größten den Grundsatz der unbedingten Führerautorität, gepaart mit höchster Verantwortung.
(...) immer wird der Führer von oben eingesetzt und gleichzeitig mit unbeschränkter Vollmacht und Autorität bekleidet. Nur der Führer der Gesamtpartei wird aus vereinsrechtlichen Gründen in der Generalmitgliederversammlung gewählt. Er ist aber der ausschließliche Führer der Bewegung. Sämtliche Ausschüsse unterstehen ihm und nicht er den Ausschüssen. Er bestimmt und trägt damit auf seinen Schultern auch die Verantwortung. (...) Es ist eine der obersten Aufgaben der Bewegung, dieses Prinzip zum bestimmenden nicht nur innerhalb ihrer eigenen Reihen, sondern auch für den gesamten Staat zu machen. (...) Damit ist die Bewegung aber antiparlamentarisch, und selbst ihre Beteiligung an einer parlamentarischen Institution kann nur den Sinn einer Tätigkeit zu deren Zertrümmerung besitzen, zur Beseitigung einer Einrichtung, in der wir eine der schwersten Verfallserscheinungen der Menschheit zu erblicken haben.
(in: Walter Hofer, Der Nationalsozialismus, Frankfurt 1982, S. 35f.)

2. Aus dem Programm der NSDAP von 1920
1. Wir fordern den Zusammenschluß aller Deutschen auf Grund des Selbstbestimmungsrechtes der Völker zu einem Groß-Deutschland.
2. Wir fordern die Gleichberechtigung des deutschen Volkes gegenüber den anderen Nationen, Aufhebung der Friedensverträge von Versailles und St. Germain.
3. Wir fordern Land und Boden (Kolonien) zur Ernährung unseres Volkes und Ansiedlung unseres Bevölkerungsüberschusses.
4. Staatsbürger kann nur sein, wer Volksgenosse ist. Volksgenosse kann nur sein, wer deutschen Blutes ist, ohne Rücksichtnahme auf Konfession. Kein Jude kann daher Volksgenosse sein.
22. Wir fordern die Abschaffung der Söldnertruppe und die Bildung eines Volksheeres.
23. Wir fordern den gesetzlichen Kampf gegen die bewußte politische Lüge und ihre Verbreitung durch die Presse. (...) Zeitungen, die gegen das Gemeinwohl verstoßen, sind zu verbieten. (...)
25. Zur Durchführung alles dessen fordern wir: Die Schaffung einer starken Zentralgewalt des Reiches.
(...)
(in: Walther Hofer, Der Nationalsozialismus, S. 28ff.)

3. Wahlplakate der NSDAP

II. Statistiken und Äußerungen zu den Wahlergebnissen der NSDAP

1. Stimmenanteile der NSDAP bei den Wahlen zum Reichstag

Wahl	Gesamtzahl der gültigen Stimmen (in Tsd.)/ Wahlbeteiligung in Prozenten/ Zahl der Mandate im RT	Stimmenanteil der NSDAP (in Tsd.)/ in Prozenten/ Zahl der Mandate
4. 5. 1924	29281,8/76,30%/442	1918,3/ 6,5%/ 32
7. 12. 1924	30290,1/77,70%/493	907,3/ 2,9%/ 14
20. 5. 1928	30753,3/74,60%/486	810,1/ 2,6%/ 12
14. 9. 1930	34970,9/81,41%/577	6409,6/18,3%/107
31. 7. 1932	36882,4/83,39%/608	13745,6/37,2%/230
6. 11. 1932	35471,8/79,93%/584	11737,0/33,0%/196

2. Wahlergebnisse in Wahlbezirken verschiedener sozialer Schichtung am Beispiel der Stadt Stuttgart (in Prozenten)

	KPD	SPD	Zentrum	DDP	DVP	DNVP	NSDAP
Wahlbezirk „Gaisburg“							
Sept. 1930	28,6	36,5	6,3		11,7	2,8	6,1
Juli 1932	29,5	37,3	6,9	2,2	0,7	2,4	16,2
Nov. 1932	36,4	30,6	6,2	3,0	1,2	3,9	20,6
Wahlbezirk „Obere Stadt“							
Sept. 1930	13,5	16,1	10,1		20,9	11,0	15,7
Juli 1932	12,5	21,4	11,1	4,0	1,7	8,6	35,6
Nov. 1932	16,9	15,7	10,6	5,1	2,5	12,5	31,2
Wahlbezirk „Feuersee“							
Sept. 1930	15,4	22,3	8,4		19,5	9,3	12,0
Juli 1932	14,0	24,7	10,1	2,9	2,0	9,2	31,3
Nov. 1932	18,7	19,4	9,0	3,9	3,4	12,1	26,7
Wahlbezirk „Azenberg“							
Sept. 1930	3,2	10,4	8,5		38,6	15,8	9,7
Juli 1932	3,1	12,5	12,5	7,5	5,8	20,5	32,6
Nov. 1932	4,2	9,4	10,4	10,4	8,7	27,7	23,4

Charakteristik der Wahlbezirke

„Gaisburg“:	überwiegend Industriearbeiter, daneben verstreut kleine Kaufleute und Weingärtner
„Obere Stadt“:	hauptsächlich kleine Gewerbetreibende und Kaufleute, kleine Angestellte
„Feuersee“:	Kaufleute, Gewerbetreibende, höhere Beamte in den unteren Stockwerken der Häuser, darüber kleine Angestellte und Beamte, sowie Arbeiter; gemischte Bevölkerung, doch mit „bürgerlichem“ Übergewicht
„Azenberg“:	Villengebiet, „höheres“ Bürgertum.

(nach: Ausstellungsreihe: Stuttgart im Dritten Reich, Katalog: Die Machtergreifung, Stuttgart 1983)

3. Analyse der Fachwissenschaft

Nach dem Ergebnis der neueren wahlhistorischen Untersuchungen konnte die NSDAP bei den Reichstagswahlen 1930, 1932 I und 1933 stärker als jede andere Partei Wähler gewinnen, die bei der jeweils vorausgehenden Wahl nicht abgestimmt hatten; die weitaus meisten Zuwanderer der NSDAP waren jedoch ehemalige Wähler der DNVP, der bürgerlichen Mittelparteien und der Interessen- und Regionalparteien, einige hatten früher sogar für die SPD gestimmt; als praktisch völlig resistent gegenüber der NSDAP zeigte sich neben Zentrum und BVP die KPD. Es wird angenommen, daß von den NSDAP-Wählern der Septemberwahl 1930 rund 14% bereits 1928 die NSDAP gewählt hatten, 23% sich 1928 nicht an der Wahl beteiligt hatten, 31% Parteien der bürgerlichen Mitte, 21% DNVP, 9% SPD und 2% kleinere Parteien gewählt hatten [. . .].

Was das sozialstrukturelle Profil der NSDAP-Wählerschaft betrifft, so kann die landläufige Auffassung, das Kleinbürgertum habe mit seinen Stimmen Hitler zur Macht verholfen, in dieser Form nicht aufrechterhalten werden. Wie R. F. Hamilton anhand einer sorgfältigen Analyse der Wahlergebnisse in den einzelnen Stimmbezirken von 14 deutschen Großstädten nachzuweisen vermag, hat die NSDAP gerade in den Wohnvierteln der Oberschicht und der oberen Mittelklasse überdurchschnittlich gut abgeschnitten, ja teilweise sogar ihre Spitzenergebnisse der jeweiligen Stadt erzielt, z. B. in Berlin, Hamburg, Essen und Dortmund [. . .].

Von Interesse ist ferner der Befund, daß bei den Juli 1932 mit Stimmschein wählenden Sommerurlaubern (die doch wohl überwiegend den besser situierten Kreisen angehörten) die NSDAP weit überdurchschnittliche Ergebnisse verzeichnete.

Aber auch aus der Arbeiterschaft erhielt die NSDAP wesentlich mehr Stimmen, als früher angenommen wurde. Dabei ist allerdings zweierlei zu berücksichtigen. Erstens: Auch vor 1930 hat ein nicht unerheblicher Teil der Arbeiterschaft keine der beiden „Arbeiterparteien“ SPD und KPD gewählt. So schätzt man z. B., daß die DNVP bei den Dezemberwahlen 1924 rd. 2,2 Mill. Arbeiterstimmen erhielt [. . .].

Es ist zu vermuten, daß die NSDAP besonders solche vordem konservativ oder „bürgerlich“ wählende Arbeiter für sich gewinnen konnte. Zweitens: Einbrüche in die Arbeiterschaft konnte die NSDAP vor allem dort erzielen, wo freie Gewerkschaften und Arbeiterparteien bis dahin wenig Erfolg gehabt hatten, bei Landarbeitern, Heimarbeitern, unselbständigen Handwerkern und Arbeitern kleinerer Betriebe sowie bei den Arbeitern einiger Zweige des öffentlichen Dienstes (Post, Eisenbahn, kommunale Betriebe). Dagegen blieb die Industriearbeiterschaft, insbesondere der Großbetriebe, gegenüber der NSDAP nach wie vor weitgehend resistent.

Als weiteres wichtiges Ereignis der neueren Untersuchungen ist festzuhalten, daß es der NSDAP entgegen landläufiger Meinung nicht gelang, auf breiter Front in das Arbeitslosenheer einzubrechen. Die arbeitslosen Arbeiter (1932/33 etwa ein Drittel aller Arbeiter) stimmten eher für die KPD und (in geringerem Maße) für die SPD als für die NSDAP; lediglich bei den arbeitslosen Angestellten erzielte die NSDAP nennenswerte Stimmengewinne. Die gängige Behauptung, die Arbeitslosen hätten maßgebend zu den Wahlerfolgen der Hitler-Partei beigetragen, wird durch die Befunde der wahlhistorischen Forschung also nicht bestätigt, sondern widerlegt [. . .]

(Eberhard Kolb: Die Weimarer Republik, München 1988, S. 210f.)

Arbeitsanweisungen:

Zu I. Programmatisches und Propagandistisches:

a. Stellen Sie die Vorstellungen der NSDAP zu Staatsform und zu den politischen Grundlagen zusammen.
b. Zeigen Sie die Haltung der NSDAP zur Demokratie und zur Weimarer Republik auf. Erläutern Sie dabei die Plakate der NSDAP.

Zu II. Zu den Wahlergebnissen der NSDAP:

a. Zeigen Sie die Entwicklung der Stimmenanteile der NSDAP in einem Schaubild auf. Erläutern Sie, von welchem Zeitpunkt an die NSDAP zu einer politisch relevanten Kraft wurde und versuchen Sie, dieses Faktum anhand der Zeittafel zu erklären.
b. Versuchen Sie, anhand der Wahlergebnisse am Beispiel Stuttgarts die Wählerschichten der NSDAP zu fassen. Können Sie eventuelle Wählerwanderungen feststellen?
c. Geben Sie die Meinung der Fachwissenschaft über die NSDAP-Wählerschaft wieder. Decken sich Ihre Ergebnisse (Aufgabe b) mit den Befunden der Wissenschaft?

Zusammenfassendes Ergebnis:

Worin liegen die wesentlichen belastenden Faktoren für die Weimarer Demokratie von seiten der NSDAP?

9./10. Stunde
Präsentation der Ergebnisse der Gruppenarbeit

Gruppe 1: Die Reichswehr und die Weimarer Demokratie

Erwartet wird:
1. eine Information für den Gesamtkurs:
   - eine Übersicht über die militärischen Bestimmungen des Versailler Vertrags und deren Folgen für die Struktur der Reichswehr,
   - die Bestimmungen des Reichswehrgesetzes und deren Auswirkungen auf die politische und gesellschaftliche Stellung der Reichswehrangehörigen;
2. eine Zusammenfassung der problematischen Stellung der Reichswehr zum Weimarer Staat und zur Weimarer Demokratie aus Äußerungen von Reichswehrangehörigen;
3. eine Vorstellung der Beurteilung der Rolle der Reichswehr aus Sicht der Fachwissenschaft.

Als Zusammenfassung der wesentlichen belastenden Faktoren für die Weimarer Demokratie durch die Reichswehr kann formuliert werden:
- kein Primat der Politik über das Militär,
- Desintegration der Reichswehr in Staat und Gesellschaft,
- Stichwort: „Staat im Staate".

(Beispiel für das vorzulegende Ergebnisblatt und Tafelbild: Stundenblatt zur 9./10. Stunde)

Gruppe 2: Der Rechtsextremismus und die Weimarer Demokratie

Erwartet wird:
1. eine Information für den Gesamtkurs über Struktur und Organisationsform des Rechtsextremismus in der Weimarer Republik;
2. eine Darstellung der ideologischen Grundelemente, der Zielrichtungen und der Einstellung der extremen Rechten zu Staat und Demokratie der Weimarer Zeit;
3. eine Übersicht über die terroristischen Aktivitäten der Rechtsextremisten.

Als mögliche Erweiterung:
Darstellung der Beurteilung der Rolle der Justiz in der Weimarer Republik durch die Fachwissenschaft.

Als wesentliche belastende Faktoren der extremen Rechten für die Weimarer Demokratie sollten als Zusammenfassung genannt werden:
- terroristische Aktionen,
- antisemitische und antiliberale Einstellung,
- Stichwort: „Demokratie = undeutsch".

(Beispiel für das vorzulegende Ergebnisblatt und Tafelbild: Stundenblatt zur 9./10. Stunde)

Gruppe 3: Die DNVP und die Weimarer Demokratie

Erwartet wird:
1. eine Information über die Staatsauffassung und die politischen Grundsätze der DNVP;
2. eine Darstellung der Propaganda der DNVP durch eine Erläuterung der Wahlplakate und der Rede Hugenbergs.

Evtl. sind hierzu folgende Ergänzungen durch den Lehrer über Inhalt und Entstehung der Dolchstoßlegende notwendig. Das Heer habe mit realen Siegeschancen gekämpft, sei aber durch sozialistische Zersetzungstätigkeit daran gehindert worden („von hinten erdolcht"). Dazu wurden Äußerungen aus dem Umkreis der USPD als „Belege" herangezogen. Hindenburg hat 1919 vor dem Untersuchungsausschuß des Reichstages diese Legende bestätigt; vgl. aber dagegen die wahren Vorgänge im Oktober/November 1918.

3. Problematisierung dieser Feststellungen im Hinblick auf die Weimarer Demokratie anhand der Wahlergebnisse und Wählerstatistiken.

Eine Zusammenfassung der wesentlichen Faktoren der Belastung der Weimarer Demokratie durch die DNVP ergibt:
- die antirepublikanische Einstellung,
- die Ablehnung des demokratischen Pluralismus,
- Stichwort: „Demokratie = schmachvolles System".

(Beispiel für das vorzulegende Ergebnisblatt und Tafelbild: Stundenblatt zur 9./10. Stunde)

Gruppe 4: Die KPD und die Weimarer Demokratie

Erwartet wird:
1. eine Übersicht über die politischen Grundauffassungen der KPD;
2. eine Darstellung des propagandistischen und agitatorischen Vorgehens der KPD durch eine Erläuterung der sprachlichen Formeln im Parteiprogramm und der Aussagen auf den Wahlplakaten;
3. eine Analyse der Wahlergebnisse und der Wählerstatistiken der KPD in bezug auf die Arbeitslosigkeit in Deutschland.

Beispiel für das vorzulegende Ergebnisblatt (Gruppe 5):

A) Politische Grundauffassungen

1. Politische Grundsätze:
- Großdeutsches Reich
- Revision von Versailles
- Wiedergewinnung der Kolonien
- starke Zentralgewalt
- Volksheer: allg. Wehrpflicht
- Staatsbürger nur „Volksgenossen", nur „Deutsche", keine Juden
- Pressezensur

2. Struktur der NS-Bewegung:
- Grundsatz der Führerautorität
- Hierarchische Struktur: keine Wahl innerhalb der Partei, sondern Autorität von oben nach unten

nationalistisch	antipluralistisch
starker Staat	antibürgerlich
autoritär	antidemokratisch
völkisch	antiparlamentarisch
	antisemitisch

Ziel: Zerstörung („Zertrümmerung") der parlamentarischen Demokratie, Errichtung eines autoritären Führerstaats

3. Propaganda

Wahlplakat 1924: Zertrümmerung des Parlamentarismus: die „starke Faust" zerschlägt das Parlament
Wahlplakat 1932: Hitler als „Führer" – die „letzte Hoffnung" für ein verzweifeltes Volk

B) Wahlergebnisse und Wählerschichten der NSDAP

1. Die NSDAP blieb bis 1928 eine Splitterpartei;
   erdrutschartiger Wahlerfolg im Sept. 1930: 18,3% und 107 Sitze (1928: 2,8% und 12 Sitze);
   rapide steigender Stimmenanteil im Juli 1932: 37,2% und 230 Sitze; leichter Rückgang im November 1932: 33,0% und 196 Sitze.
2. 1925–1928: sogen. „Goldene Zwanziger"
   seit 1930/31: Wirtschaftskrise
   1932: rund 6 Millionen Arbeitslose
3. 1930 erhielt die NSDAP in Stuttgart die meisten Stimmen in Wohngebieten von kleinen Gewerbetreibenden und Kaufleuten und von kleinen Angestellten; 1932 war der prozentual höchste Anteil von NSDAP-Wählern in denselben sozialen Schichten und dazu im „höheren Bürgertum" zu finden.
   → Höchster Stimmenanteil der NSDAP in den bürgerlichen Wahlbezirken, geringster Stimmenanteil der NSDAP in den Arbeiterwohngebieten.
   Die Gewinne der NSDAP gingen v. a. auf Kosten der „bürgerlichen" Parteien (DDP, DVP); die Stimmen für die „Linke" (KPD, SPD) blieben etwa gleich hoch.
4. „Wer wählte Hitler?" – Ergebnisse der Fachwissenschaft:
   - bisherige Nichtwähler (1930: + ca. 4 Mio.; Juli 32: + ca. 2 Mio.; Nov. 32: – 1,5 Mio.)
   - größte Zuwanderung von der DNVP, den bürgerl. Mittelparteien und der Splitterparteien
   - keine Wähler vom Zentrum, von der BVP und der KPD
   - überdurchschnittlich gute Ergebnisse in den Wohnvierteln der Oberschicht und der oberen Mittelschicht
   - aber auch Gewinne aus der Arbeiterschaft, jedoch wenig Stimmen aus der Industriearbeiterschaft (gewerkschaftl. organisiert)
   - kein ursächlicher Zusammenhang zwischen der Arbeitslosigkeit und den Wahlerfolgen der NSDAP; die Arbeitslosen (ausgenommen viele arbeitslose kleine Angestellte) stimmten eher für die KPD und die SPD.

Als Zusammenfassung der belastenden Faktoren für die Weimarer Demokratie seitens der KPD sollten genannt werden:
- antiparlamentarische und antikapitalistische Grundeinstellung,
- ständige – zumindest latent vorhandene – Revolutionsbereitschaft,
- Stichwort: „Demokratie = bourgeoises System".

(Beispiel für das vorzulegende Ergebnisblatt und Tafelbild: Stundenblatt zur 9./10.Stunde)

Erweiterung:
Gruppe 5: Die NSDAP und die Weimarer Demokratie

Erwartet wird:
1. Information über die politische Grundauffassung der NSDAP und über die Methoden der Propaganda dieser Partei;
2. Analyse der Wahlergebnisse und der Wählerschichten der NSDAP;
3. Darstellung der Beurteilung durch die Fachwissenschaft.

Das zusammenfassende Tafelbild der belastenden Faktoren für die Weimarer Demokratie kann für die NSDAP ergänzt werden durch:
- Führerstaat, Volksgemeinschaft, Großdeutsches Reich;
- antipluralistische, antidemokratische, antiparlamentarische, antisemitische Auffassungen;
- Stichwort: „Demokratie = jüdisch-bolschewistisches System".

(Beispiel für das vorzulegende Ergebnisblatt der Gruppe s. S. 80)

11. Stunde
Fallanalyse: Der Kapp-Putsch (1920) und seine Folgen

Didaktische Vorbemerkungen

Daß gerade der Kapp-Putsch und seine Folgen für eine eingehendere Auseinandersetzung im Rahmen dieser Unterrichtseinheit ausgewählt wird, kann folgendermaßen begründet werden:

1. In einer sehr frühen Phase der Republik werden hier Strukturmängel sichtbar, die bis zum Ende der Weimarer Demokratie nicht behoben werden konnten und wesentlich zu ihrem Untergang beigetragen haben.
2. Der Kapp-Putsch wird überlagert von antidemokratischen kommunistischen Aufständen im Ruhrgebiet und in Mitteldeutschland; die zweifache Gefährdung der Republik kann daher an diesem Fall exemplarisch dargestellt werden.
3. Wichtige in der Weimarer Republik durchgängige Gruppenkonstellationen treten während des Kapp-Putsches auf: antidemokratische Potentiale auf der rechten und auf der linken Seite, die Reichswehr, die demokratischen Parteien, das auf seine Siegerrechte pochende Frankreich.
4. Die Entfremdung zwischen Reichswehr und SPD, darüber hinaus: die Entfremdung zwischen der Reichswehr und dem demokratischen Staate wird während des Kapp-Putsches evident und führt zur fragwürdigen Sonderstellung der Reichswehr. „Die Reichswehr (hatte) sich (trotz weitgehender Neutralität) nicht als der Schild der Verfassung erwiesen, auf den sich Volk und Regierung verlassen konnten" (Eyck, E. 1972, S. 210).
5. Die eigentümliche Schonung der Gegner von rechts – bei gleichzeitigem unnachsichtigem Vorgehen gegen die Aufständischen auf der linken Seite, an dem sich sogar die Kapp-Verbände nach dem mißglückten Putsch beteiligten, – macht deutlich, wie sehr das Rechtsbewußtsein der Weimarer Republik bereits in den Anfangsjahren gestört und zerrüttet war; ein Rückgriff auf die Revolutionszeit (2. und 3. Stunde) bietet sich an.
6. „Spätestens ... mit dem Scheitern des Kapp-Putsches 1920 hatten die radikalen Bewegungen des nationalen Ressenti-

ments die Bindungen des traditionellen Konservatismus hinter sich gelassen, ohne den Kontakt zum etablierten Konservatismus ganz aufzugeben. Man unterschied sich von den alten Herren der DNVP nicht nur durch Jugendlichkeit und größere Radikalität, sondern vor allem dadurch, daß man nicht so sehr auf eine monarchistische Restauration hoffte... Vielmehr strebte man mit der Zerschlagung des verhaßten ‚Systems' von Weimar etwas diffus Neues, grundsätzlich anderes an... Genau in dieser Grauzone zwischen etabliertem Rechtsradikalismus und der revolutionären Gebärde des nationalsozialistischen Ressentiments gewann die NSDAP an Profil..." (Peukert, D. J. K. 1987, S. 83f.).

Es wird vorgeschlagen, den Verlauf des Putsches und auch des kommunistischen Gegenaufstandes, der sich aus dem Generalstreik heraus entwickelt hat, bereits am Anfang der Stunde zu skizzieren und dabei die Überlagerung der beiden republikfeindlichen Vorgänge in einem Tafelbild (evtl. Folie, s. Materialienteil zu dieser Stunde) festzuhalten, das während der gesamten Behandlung dieser Ereignisse stehen bleibt. Aus Zeitgründen und wegen der besonderen Belange der Oberstufe wird nur in Ausnahmefällen eine breitere Schilderung der konkreten Ereignisse möglich sein. Wenn es die Zeit zuläßt, sollte man dagegen auf die Analyse der Zusammensetzung und des Selbstverständnisses der Freikorps nicht verzichten. Denn diese hatten sich „zum eigentlichen Herd der militärischen Opposition gegen die Republik... entwickelt. Isoliert von der Gesellschaft, gehaßt von der Arbeiterschaft, beargwöhnt von der Regierung, hatten die Freikorps, von denen es schließlich 68 anerkannte gab, zu dem neuen Staat kein inneres Verhältnis gefunden" (Dederke, K. 1981, S. 50). Zusammenfassend könnte hier die Geschichte der „Brigade Ehrhardt" thematisiert werden.

Jeder der am Konflikt beteiligten Gruppierungen ist ein besonderer Unterrichtsschritt mit Materialauswertung und Diskussion der Rolle während der Krise vorbehalten, so daß sukzessive die Interdependenzen deutlich werden (s. Tafelbild auf dem Stundenblatt). Bei diesem Vorgehen ist es möglich, daß man die Funktionen und Ziele einzelner Beteiligter – je nach der Erwartungshaltung des Kurses – intensiver behandelt und andere Konfliktpartner eher in einem orientierenden Überblick vorstellt. In der Verlaufsskizze wird auf derartige Kürzungsmöglichkeiten nicht eingegangen, dagegen gibt diese ausführliche Hinweise für die Erweiterung der einzelnen Unterrichtsschritte. In Klassen mit der entsprechenden Übung und einer besonderen Neigung zur Gruppenarbeit können die für die Fallanalyse vorgeschlagenen fünf Untersuchungsfelder auch arbeitsteilig in Gruppen besprochen und die Ergebnisse anschließend für das Tafelbild zusammengetragen werden. Unentbehrlich ist eine gründliche Analyse des Verhaltens der Reichswehr; die Erfahrungen aus dem Kapp-Putsch haben nicht nur die Vertrauensbasis zwischen demokratischen Parteien und Militär in einer verhängnisvollen Weise geschwächt, sondern auch die innere Verfassung der Reichswehr wurde durch die Erfahrungen aus dem Kapp-Putsch nachhaltig beeinflußt.

Wenn man bei der Gruppenarbeitsphase (7.–10. Stunde) das Programm der DNVP bereits erörtert hat, kann ihre Rolle im Kapp-Putsch mit einem kurzen Hinweis auf bereits Bekanntes verständlich gemacht werden; andernfalls sollte man an dieser Stelle über die republikfeindliche Haltung der DNVP, welche in der Unterstützung des Kapp-Putsches deutlich zum Vorschein kam, informieren. „Der parlamentarischen Demokratie erwuchsen in den Anfangsjahren die beharrlichsten und stetigsten Gegner in der Deutschnationalen Volkspartei"

(Schulz, Gerhard: Deutschland seit dem Ersten Weltkrieg 1918–1945, Göttingen 1976, S. 57; vgl. auch Orlow, Dietrich: „Die DNVP war sowohl in die Putsch-Vorbereitungen wie auch in seine Durchführung am tiefsten verstrickt", VjHfZG 1978, 3, S. 210).

Die vielfältigen gesellschaftlichen und politischen Folgen und Auswirkungen des Kapp-Putsches und des Aufstandes der „Roten Armee" werden zunächst auf die Wahlergebnisse (Juni 1920) verengt; hierbei ist der verheerende Rückgang des Stimmenanteils der „Weimarer Koalition" besonders hervorzuheben – er kann freilich nicht allein auf den Kapp-Putsch zurückgeführt werden, doch wirkte dieser verstärkend auf die Polarisierung der Wähler. „Bis in die Mitglieder- und Wählerzahlen hinein ist diese Niederlage und der ihr folgende ideologische Umschlag erkennbar: ... Der Stimmenanteil der Arbeiterparteien ging wesentlich zurück. Besonders verheerend war die Niederlage für die SPD, die bis zum Sommer 1920 über die Hälfte ihrer Wähler verlor ... Während die enttäuschten Arbeiter sich nach links wandten, gingen die Angestellten und Kleineigentümer wieder nach rechts. Sie wurden wieder empfänglich für die konservativen Ideologien" (Kühnl, R. 1985, S. 146f.).

Lernziele

Die Schüler erkennen
- die Ursachen und den Verlauf des Kapp-Putsches;
- das Verhalten der Reichswehr im Kapp-Putsch und während des Aufstandes der „Roten Armee" im Ruhrgebiet;
- die Rolle der DNVP bei der Vorbereitung des Kapp-Putsches;
- die Bedeutung des Generalstreiks der Arbeiter und der Verweigerung einer Kooperation durch die Beamten für das Mißlingen des Putsches. „Gescheitert ist der Putsch vornehmlich an zwei Widerständen, dem Generalstreik der Arbeiter und der Weigerung der höheren Ministerialbeamten, mit den Hochverrätern gemeinsame Sache zu machen" (Eyck, E. 1972, S. 207).

Die Schüler erarbeiten
- anhand von Auszügen aus Quellen oder aus der Sekundärliteratur die jeweiligen Motive und das Machtpotential der im Kapp-Putsch konfligierenden Gruppierungen;
- den Zusammenhang zwischen Kapp-Putsch und dem kommunistischen Arbeiteraufstand im Ruhrgebiet anhand einer Skizze.
- die Entfremdung zwischen SPD und Armee als Folge des Kapp-Putsches. Das Ebert-Groener-Bündnis vom 10. November 1918 war „nunmehr und mit nachhaltiger Wirkung als politischer Holzweg ausgewiesen" (Heiber, H., S. 75);
- aus einer Statistik die Auswirkungen von Kapp-Putsch und Arbeiteraufstand auf das Wählerverhalten.

Die Schüler beurteilen
- das Verhalten der Reichswehrführung beim Ausbruch des Kapp-Putsches;
- die Gefahr, welche von einer Verbindung des „Neuen Nationalismus" mit den restaurativen Bestrebungen ausging;
- die Bedeutung des Kapp-Putsches und seiner unmittelbaren Folgen für die weitere Entwicklung der Weimarer Republik;
- das Verhalten der Regierung während des Kapp-Putsches.

Verlaufsskizze

Unterrichtsschritt 1:
„Fallanalysen" (Einführung)

Da mit der Behandlung des Kapp-Putsches eine Reihe von „Fallanalysen" eröffnet wird, führt der Lehrer zunächst in deren Funktion im Rahmen des Lernprogramms „Weimarer Republik" ein (vgl. Didaktische Vorbemerkungen).

Unterrichtsschritt 2:
Der Verlauf des Kapp-Putsches

Falls die Fakten bereits aus der häuslichen Vorbereitung bekannt sind, wird es genügen, die Schüler kurz das Gelernte rekapitulieren zu lassen und in einer Datenreihe oder Ereigniskurve an der Tafel (evtl. Folie) die wichtigsten Fakten festzuhalten.
Mögliche Impulse:
- Fassen Sie den Krisenablauf zusammen!
- Welche Ereignisse erscheinen Ihnen dabei besonders wichtig?
- Welche Ziele hatte der Kapp-Putsch?
- Warum ist er schließlich zusammengebrochen?

Wenn man dieses Vorgehen nicht wählen kann, müssen die für das Folgende erforderlichen Informationen im Lehrervortrag vermittelt werden (vgl. Tafelbild/Folie).
Stichwortartige Zusammenfassung: Verminderung des Heeres (100000-Mann-Heer) aufgrund der Bestimmungen des Versailler Vertrags – Auflösung von Freikorps – Widerstand der Betroffenen – Marsch auf Berlin – General von Seeckt (Chef des Truppenamtes): „Truppe schießt nicht auf Truppe" – Flucht der Regierung nach Dresden/Stuttgart – Ausrufung Kapps zum Reichskanzler – Marineleitung unterstellt sich Kapp (Folge: Inhaftierung der Offiziere durch die Matrosen) – Ablehnung Kapps auch im bürgerlichen Lager (Ausnahme: DNVP) – Generalstreik und Weigerung der höheren Ministerialbeamten, mit Kapp zu kollaborieren – geringe Auswirkungen auf das Reich (außer Berlin und Ostpreußen) – Rücktritt und Flucht Kapps – Kommunistische Gegenoffensive im Ruhrgebiet („Rote Armee": ca. 100000 Arbeiter) und in Sachsen/Thüringen – Einsatz der Reichswehr und der Freikorps gegen die aufständischen und bewaffneten Arbeiter – französische Besetzung von Frankfurt, Darmstadt und Umgebung – Niederschlagung des Aufstandes nach brutalen Ausschreitungen auf beiden Seiten – Rücktritt des sozialdemokratischen Reichswehrministers Noske.

Alternative
Eine farbige, zum Vorlesen geeignete Schilderung in: Bilder aus der Weltgeschichte „Die großen Krisen", a.a.O., S. 48ff.; gegebenenfalls ergänzt durch die Schilderung der Vorgänge in der Reichsbank am 14. und 15. März 1920, in: Elben, S. 46f.; vgl. auch Schulze, H. 1987, S. 215f.; zur Vertiefung eignet sich: Aufruf der „Regierung Kapp" an das deutsche Volk vom 13. März 1920, in: Elben, S. 44f.; sowie Schulze, H. 1987, S. 217 (Faksimile); Bilder und Plakate in: Kunstamt Kreuzberg (Hg.): Weimarer Republik, Berlin 1977, S. 245–250.

Die Frage „Warum war der Kapp-Putsch für die Weimarer Republik eine Katastrophe?" bildet die Überleitung zur nächsten Unterrichtsphase. Erwartete Schülerantworten: Sonderstellung der Reichswehr – massives Auftreten der reaktionären und der kommunistischen Republikgegner – Bürgerkriegssituation in Deutschland – Eingreifen Frankreichs – Radikalisierung der Wähler.
Zusammenfassung: „Die geschichtliche Bedeutung des Kapp-Putsches besteht darin, daß er das zwiespältige Verhältnis zwischen Republik und Reichswehr aufzeigte" (Bundeszentrale für politische Bildung [Hg.]: Die Weimarer Republik [= Informationen zur politischen Bildung 109/110 (Neudruck 1968)], S. 14).

Unterrichtsschritt 3:
Das Untersuchungsfeld

In einem Unterrichtsgespräch, das zum Tafelbild führen soll, versucht man, die verschiedenen beim Kapp-Putsch agierenden Gruppierungen zu identifizieren und – vorläufig – zu charakterisieren: das demokratische Potential – die Reichswehr – das antidemokratische Potential auf der rechten Seite – das antidemokratische Potential auf der linken Seite – die Rolle des Auslandes. Ferner sind dabei Fragen zu formulieren, welche die Richtung der Fallanalyse bestimmen können; z. B.:
- Hätte die Regierung den Kapp-Putsch verhindern können?
- War der Einsatz von Truppen und Freikorps gegen die aufständischen Arbeiter gerechtfertigt?
- Welche Folgen hatte der französische Einmarsch in das Gebiet Frankfurt/Darmstadt?
- Welche Folgen hatte der Kapp-Putsch und dessen Ende auf das Verhältnis von Regierung/Staat und Reichswehr?
- Welche Folgen hatte der Kapp-Putsch für das demokratische Potential?

Unterrichtsschritt 4:
Die Ausgangslage

Anhand einer Hektographie/Folie wiederholen die Schüler die Abrüstungsbestimmungen des Versailler Vertrags (Art. 160) und die Anstrengungen der deutschen Regierung, diese Bestimmungen zu realisieren. Der Lehrer verweist – zusätzlich – auf die Bedeutung des (bereits bekannten) Ebert-Groener-Bündnisses (vgl. 2. Stunde) und der Rolle von Reichswehr und Freikorps bei der Niederschlagung des Spartakus-Aufstandes im Januar 1919 (vgl. 3. Stunde).
Nachdrücklich ist auf die unsichere Zukunft der entlassenen Soldaten hinzuweisen (über 800 000 mußten entlassen werden): da ohnehin eine hohe Arbeitslosenquote zu verzeichnen war, mußten diese mit zukünftiger Not rechnen. Insbesondere für die Offiziere gab es nicht genügend Beschäftigungsmöglichkeiten, welche ihnen die Erhaltung ihres bisherigen Sozialprestiges garantieren konnten.

Unterrichtsschritt 5:
Das antidemokratische und antirepublikanische Potential auf der rechten Seite

Aus einer Sammlung von Quellenauszügen (s. Arbeitsblatt 10) erarbeiten die Schüler nun die Motive der putschenden Soldaten und der „nationalen Opposition“, die sich beim Kapp-Putsch verbunden haben.
Um die Auswertung zu strukturieren, wird ein Schema empfohlen, in welchem die Intentionen von Freikorps und Teilen der Reichswehr einerseits mit den Intentionen der politischen „Nationalen Opposition“ andererseits konfrontiert werden; das Schema sollte folgende Spalten anbieten:
- spezifische Ziele und Motive der Reichswehr (erwartete Eintragungen: Erhaltung der gesellschaftlichen und beruflichen Stellung als Offiziere bzw. Soldaten / militärisches Fundament des Staates / Ablehnung von Demokratie und Sozialismus)
- spezifische Ziele der „Nationalen Opposition“ (erwartete Eintragungen: Wiederherstellung des Kaisertums / Stärkung des Unternehmerlagers / politische Machtübernahme)
- gemeinsame Ziele von Reichswehr und „Nationaler Opposition (Wiederherstellung des starken Staates / Kampf gegen Versailles / emotionale Ablehnung des Bolschewismus)

Mögliche Aufgabenstellung:
- Erarbeiten Sie die spezifischen und die gemeinsamen Ziele und Motive der militärischen, der konservativen und der neuen

rechtsorientierten Opposition gegen die Weimarer Republik.
- Weisen Sie deren Zusammenwirken beim Kapp-Putsch nach.
- Warum war die Verbindung dieser Gruppierungen und ihrer Zielsetzungen besonders gefährlich für den Aufbau der Demokratie in Deutschland?

Die Ergebnisse werden unter der entsprechenden Überschrift ins Tafelbild übernommen (notwendige Ergänzungen durch den Lehrer).

Erweiterung

Zur Vertiefung wird empfohlen: Ernst Troeltsch: Spectator-Briefe von 1919 (Auszug) (in Sösemann, B., S. 17–20).

Für Klassen mit ausgeprägtem Interesse an historischen Einzelheiten und Konkretisierungen werden folgende Exkurse vorgeschlagen:

1. Wolfgang Kapp
   Ein kurzes Schülerreferat oder ein Lehrervortrag informieren über die Person, welche dem Putsch den Namen gegeben hat.
   Als Grundlage für das Schülerreferat dient ein historisches Lexikon (z.B. Teddey, Gerhard [Hg.]: Lexikon der deutschen Geschichte, Stuttgart 1977, S. 611f.).
   Stichwortartige Zusammenfassung des Referats: W. Kapp (1858–1922), Rittergutsbesitzer in Ostpreußen – Bekleidung bedeutender preußischer Staatsämter – maßloser Ehrgeiz – Mitbegründer des deutschen Nationalvereins – nationalistische Angriffe gegen den kaiserlichen Reichskanzler Bethmann-Hollweg – Befürwortet einer Gegenrevolution gegen die Weimarer Republik – Flucht nach Schweden nach dem mißglückten Putsch – Anklage wegen Hochverrats (1922). „Kapps Lebensgeschichte ist auch ein Beitrag zur politischen Tragödie des deutschen Bürgertums. Denn er ist aus einem durchaus freigesinnten Hause hervorgegangen. Sein Vater war ein Revolutionär von 1848“ (Eyck, E. 1972, S. 203).

2. Die „Brigade Ehrhardt“
   Auch hier werden die Informationen durch ein Schülerreferat oder einen Lehrervortrag vermittelt.
   (Brauchbare Literatur für die Vorbereitung: Teddey, Gerhard, a.a.O., S. 296).
   Stichwortartige Zusammenfassung: „Schwarze Brigade Ehrhardt“ (1919–1920) – stärkstes Freikorps (6000 Mann).

   Zusammensetzung: ehemalige Marinesoldaten (vor allem der U-Boote mit zum Teil höchsten Kriegsauszeichnungen), Arbeitslose und Studenten – Gründer: der ehemalige Korvettenkapitän Hermann Ehrhardt – im Auftrag der Reichsregierung Einsatz gegen kommunistische Aufstände im Baltikum – Auflösung nach dem Kapp-Putsch – Nachfolger: „Organisation Consul“ (für die Morde an Erzberger und Rathenau verantwortlicher Geheimbund). Abbildungen: Bundeszentrale für politische Bildung (Hg.): Die Weimarer Republik (= Informationen zur politischen Bildung 109/110, Neudruck 1968, S. 15).

Unterrichtsschritt 6:
Die Haltung der Reichswehrführung

Den Schülern ist die Verweigerung der Reichswehrführung während des Kapp-Putsches bereits bekannt; es kommt also hier darauf an, die Hintergründe dieses Verhaltens aufzudecken. Als Impuls werden folgende Fragen empfohlen:
- Warum spielt die Reichswehr beim Kapp-Putsch eine wichtige Rolle?
- Von welchen Motiven läßt sich die Reichswehrführung dabei möglicherweise leiten?
- Welche Konsequenzen ergeben sich aus dem Verhalten der Reichswehr während des Kapp-Putsches für die Regierung?
- Inwiefern wird während des Kapp-Putsches die Sonderstellung deutlich, welche die Reichswehr in der Weimarer Republik einnimmt?

Erweiterung

Wenn die zur Verfügung stehende Unterrichtszeit es zuläßt, sollte an dieser Stelle die Diskussion erweitert werden durch einen Blick auf das Grundgesetz der Bundesrepublik Deutschland (Artikel 87a4: „Zur Abwehr einer drohenden Gefahr für den Bestand oder die freiheitliche demokratische Grundordnung des Bundes oder eines Landes kann die Bundesregierung, wenn die Voraussetzungen des Artikels 91 Abs. 2 vorliegen und die Polizeikräfte sowie der Bundesgrenzschutz nicht ausreichen, Streitkräfte zur Unterstützung der Polizei und des Bundesgrenzschutzes ... bei der Bekämpfung organisierter und militärisch bewaffneter Aufständischer einsetzen ..."; Tafel oder Folie).

Mögliche Aufgaben:
- Vergleichen Sie mit diesem Auszug aus dem Grundgesetz den Artikel 48 Abs. 2 der Weimarer Verfassung!
- Diskutieren Sie den Artikel 87a 4 GG unter Berücksichtigung des Verhaltens der Reichswehr während des Kapp-Putsches!

Man fordert die Schüler auf, die Motive für das Verhalten der Reichswehrführung und die sich daraus ergebenden Konsequenzen anhand des Arbeitsblattes herauszufinden und für das Tafelbild entsprechend zu formulieren.
Erwartete Schülerantworten: Republik wird nur mit Vorbehalt akzeptiert. – Reichswehr steht der politischen Gewalt nicht uneingeschränkt zur Verfügung. – Bindungen an die Tradition sind enger als die an den neuen Staat. – „Staat im Staate". – Primat der Politik in Frage gestellt. – Sympathien für die Gegner von rechts. – Absolute Feindschaft gegen Erhebungen von links (Tafelanschrieb).

Unterrichtsschritt 7:
Das Verhalten der Regierung

Den Ausgangspunkt bildet ein Zitat aus den Aufzeichnungen des Chefs der Heeresleitung General Reinhardt (nach: Michalka, W. u. G. Niedhart, a.a.O., S. 78): „Das Kabinett ... faßte den Entschluß, daß angesichts der unentschlossenen Haltung der Truppen in Berlin der Kampf nicht anzunehmen sei. Die Truppen erhielten den Befehl, in die Kasernen abzurücken."
An dieser Stelle ist der Aufruf der SPD-Regierungsmitglieder und des SPD-Parteivorstandes zum „Generalstreik auf der ganzen Linie" zu analysieren (s. Arbeitsblatt 10).
Zur Analyse des Verhaltens der Regierung während des Kapp-Putsches werden folgende Fragen vorgeschlagen:
- Über welche Machtmittel gegen die Putschenden verfügte die Reichsregierung? (aufgrund der Verfassung? aufgrund der gegebenen Situation? aufgrund ihrer Anhängerschaft?)
- Wie ist der Rat General Reinhardts zum bewaffneten Widerstand gegen die auf Berlin marschierenden Aufständischen zu bewerten, der anderenfalls eine bewaffnete Arbeitergegenwehr voraussagte?
- Welche möglichen Folgen ergaben sich für die Weimarer Koalition, wenn die SPD zusammen mit den Gewerkschaften den Generalstreik ausrief?

Die uneinheitlichen Intentionen der Koalitionsregierung läßt man anhand eines Textauszugs aus der wissenschaftlichen Literatur zum Kapp-Putsch feststellen (Arbeitsblatt 10).

Unterrichtsschritt 8:
Das antidemokratische Potential auf der linken Seite

Aus der Fülle des für die Erarbeitung der linken Opposition geeigneten Materials erscheint der Aufruf der KPD-Führung vom 13. März 1920, besonders ergiebig (Arbeitsblatt 10). Es wird empfohlen, die bereits bekannten Positionen der KPD und der USPD gegenüber der Weimarer Demokratie aus den Stunden 2, 3 und 7 bis 10 in einem Unterrichtsgespräch zu rekapitulieren und so die Auswertungsphase vorzubereiten. Während der Interpretation des Textes wird das Tafelbild erweitert.

Unterrichtsschritt 9:
Das Verhalten des Auslandes

Ein kurzer Lehrervortrag informiert über die Maßnahmen Frankreichs und vervollständigt so den Kreis der Konfliktteilnehmer (Tafel). Stichwortartige Zusammenfassung: Unterstützung der rechtmäßigen Regierung – eindeutige Absage an das monarchistische Experiment Kapps – Einsatz von Reichswehr und Freikorps in der entmilitarisierten Zone: Protest Frankreichs – Hinweis auf Versailler Vertrag – Englands vergebliche Versuche zur Mäßigung Frankreichs – Besetzung von Frankfurt, Darmstadt und Umgebung („Demonstration der Siegerrechte") durch französische Truppen – Differenzen zwischen England und Frankreich hinsichtlich der Behandlung Deutschlands – englische Befürchtungen wegen Vorherrschaft Frankreichs auf dem Kontinent – sowjetischer Protest gegen „imperialistisches" Vorgehen Frankreichs.

Unterrichtsschritt 10:
Die Folgen des Kapp-Putsches

Den Schülern wird eine Tabelle mit den Ergebnissen der Wahlen zur Nationalversammlung und der Reichstagswahlen vom 6. Juni 1920 vorgelegt. Diese Tabelle wird man so vorstrukturieren, daß man die Oppositionsparteien auf der rechten Seite (DNVP, DVP) und auf der linken Seite (USPD, KPD) von der „Weimarer Koalition" (Z, DDP und SPD) abhebt; eine Nennung der Splitterparteien ist nicht erforderlich. Man fordert die Schüler auf, signifikante Veränderungen festzustellen. Ihre Beobachtungen werden an der Nebentafel festgehalten (z. B. starke Zunahme der Parteien auf dem linken bzw. rechten Flügel (12,2 / 14,2%) – deutliche Verluste der SPD (−15,8%) und der DDP (−10,3%) – die demokratische Mitte (Weimarer Koalition) verliert die bisherige absolute Mehrheit (nur noch 43,5%) – schwierige Koalitionsbildungen (Minderheitskabinette).
Im Unterrichtsgespräch erarbeitet man mögliche Motive für das gegenüber 1919 abweichende Wählerverhalten und die daraus resultierenden Konsequenzen für die weitere Entwicklung in Deutschland (s. Vorschlag für ein Tafelbild). Da der Informationsstand der Klasse nicht ausreichen wird, alle wesentliche Konsequenzen des Kapp-Putsches namhaft zu machen, sind Ergänzungen durch den Lehrer erforderlich. Der Rückgriff auf die Einleitungsfrage: „Warum war der Kapp-Putsch für die Weimarer Republik eine Katastrophe?" bietet sich hier an.

Alternative

Als Alternative zu dieser Reflexionsphase kann ein Textauszug aus der Sekundärliteratur eingebracht werden, aus dem die Schüler eine Beurteilung des Kapp-Putsches erarbeiten (z. B. Eyck, Erich: Geschichte der Weimarer Republik, Erlenbach-Zürich und Stuttgart 1957, S. 208–213). Wenn die Unterrichtszeit nicht dazu ausreicht, ist die Auswertung dieses Textes auch in einer häuslichen Nachbearbeitung möglich.

Erweiterung

Als überaus lohnende Erweiterung bietet sich hier ein Vergleich der Urteile an, welche nach dem Ende des Kapp-Putsches und der Niederschlagung der „Roten Armee" von deutschen Gerichten ausgesprochen wurden. Das exklatante Mißverhältnis kann exemplarisch für die in diesem Unterrichtsmodell nicht aufgegriffene politische Position der deutschen Justiz während der Weimarer Republik stehen.

Die gerichtliche Bestrafung der von Kapp-Anhängern begangenen Verbrechen

Amtlich bekanntgewordene Verbrechensfälle	705
davon: amnestiert	412
durch Tod oder andere Gründe in Wegfall gekommen	109
Verfahren eingestellt	176
1922 noch nicht erledigt	7
bestraft	1
Gesamtstrafe: 5 Jahre Festungshaft	
(Zum Vergleich: Urteile gegen die bayerische Räteregierung	
Anklagen	52
verhängte Todesurteile	1
verhängte Freiheitsstrafen [Zuchthaus, Gefängnis oder Festung]	135 Jahre)

(nach Tormin, W. 1978, S. 108f.)

Mögliche Auswertungsfragen:
- Welche Unterschiede fallen beim Vergleich der Urteile auf?

Vorschlag für ein Tafelbild/eine Folie (10. Unterrichtsstunde; Unterrichtsschritt 2)

Kapp-Putsch und Kommunistischer Aufstand (1920)

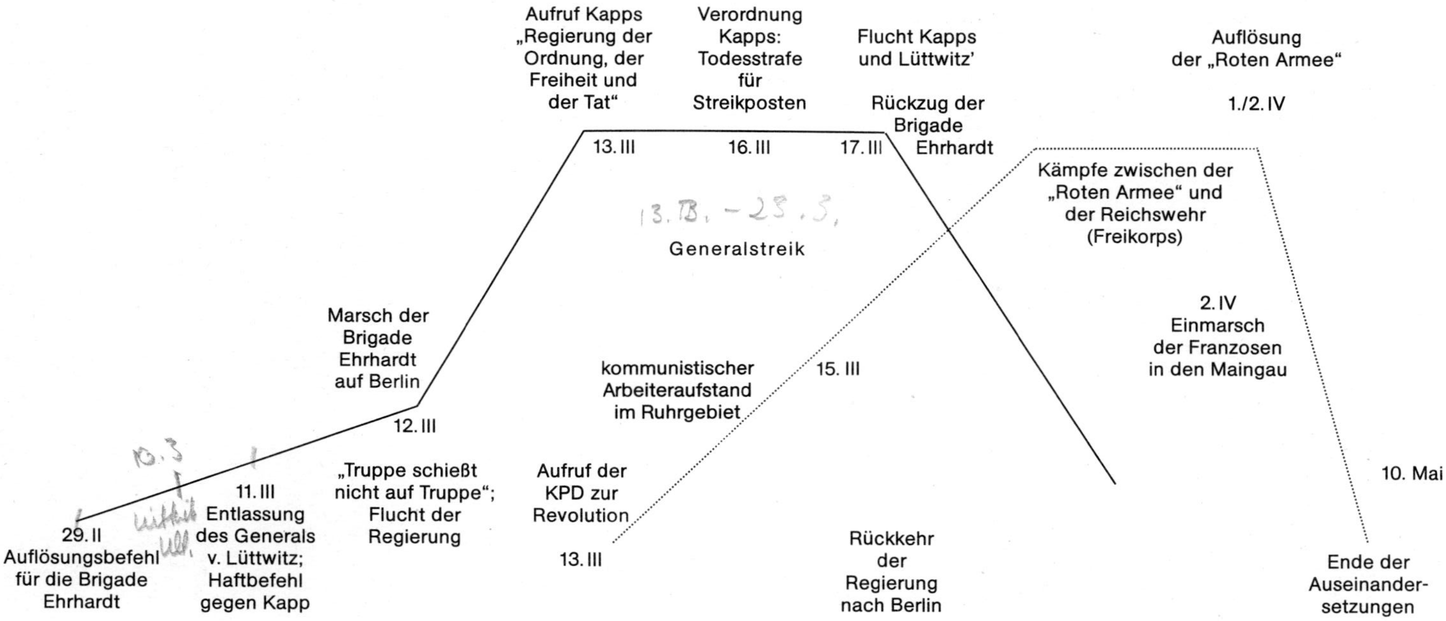

- Welche Rückschlüsse auf den politischen Standort der Justiz während der Weimarer Republik lassen sich daraus ableiten!
- Nehmen Sie Stellung zu folgenden Äußerungen Wilhelm Hoegners: „In der Rechtsprechung der demokratischen Republik (sprach) häufig nicht der Mund der Volksmehrheit, sondern einer verfassungsfeindlichen Minderheit" und „vielfach wuchsen sich die Urteile zu politischen Dingen zur Bestrafung einer Gesinnung aus" (Der schwierige Außenseiter, München 1959, S. 16f.).

(Vgl. Pross, Harry: Die Zerstörung der deutschen Politik, Frankfurt 1969, S. 135–139; weiteres Zahlenmaterial: Elben, S. 47f.; Handbuch des Geschichtsunterrichts, Band V, S. 187; Fragen an die Geschichte 4, S. 20)

Hausaufgabe:

Zusammenstellung der wichtigsten Ereignisse des Krisenjahres 1923 aus dem Lehrbuch.

Vorschlag für eine Folie (10. Stunde; Unterrichtsschritt 4)

Das Deutsche Heer nach den Bestimmungen des Versailler Vertrags

Art. 160: Spätestens am 31. März 1920, darf das deutsche Heer nicht mehr als sieben Infanterie- und drei Kavalleriedivisionen umfassen. Von diesem Zeitpunkt ab darf die gesamte Iststärke des Heeres ... nicht mehr als 100000 Mann, einschließlich der Offiziere..., betragen.
Das Heer ist nur für die Erhaltung der Ordnung innerhalb des deutschen Gebiets und Grenzpolizei bestimmt.
Die Gesamtstärke an Offizieren ... darf die Zahl viertausend nicht übersteigen.
(nach: Geschichte in Quellen V, S. 133)

Entlassung von	Soldaten	Offizieren
bis Juni 1919:	200 000	15 000
Juni 1919 bis März 1920:	150 000	5 000
April 1920 bis Oktober 1920:	50 000	5 000
vertraglicher Endstand:	100 000	4 000

12. Stunde
Fallanalyse: Die Inflation

Didaktische Vorbemerkungen

In dieser Stunde soll versucht werden, die Krisen des Jahres 1923 um das Thema „Inflation" zu gruppieren und so die vielen scheinbar isoliert nebeneinander herlaufenden Ereignisse zu bündeln. Der Zusammenhang von Hochinflation und Ruhrbesetzung ist unbestritten; auch die in diesem Jahr zu konstatierenden Radikalisierungstendenzen lassen sich – wenigstens teilweise – mit der galoppierenden Geldentwertung (Verarmung bürgerlicher Mittelschichten) und mit dem Ruhrkampf erklären.
Da die Ursachen für die Inflation vielfach beschrieben worden sind, erübrigt sich hier eine breitere Darstellung. Für den Unterricht reichen folgende Hinweise aus:

- Das Deutsche Reich hatte seine Kriegskosten zum größten Teil nicht durch Steuern, sondern durch die Neuverschuldung des Staates durch Anleihen und Schatzanweisungen finanziert.
- Diese Finanzierungsmethoden zur Liquidation staatlicher Verpflichtungen änderte sich auch nach dem Krieg nicht grundsätzlich, weil man glaubte, nur so Arbeitslo-

sigkeit, Unzufriedenheit und soziale Konflikte verhindern zu können.
- Die Sachreparationen, welche der Wirtschaft unmittelbar nach dem Kriege entzogen wurden, ersetzte man zum größten Teil mit Krediten der Reichsbank.
- Die Kreditpolitik der Reichsbank war dadurch gekennzeichnet, daß die Kreditzinsen der Geldentwertung hinterherhinkten und so die Bereitschaft, Investitionen durch Schulden zu finanzieren, merklich zunahm.
- Die Finanzierung des passiven Widerstandes an der Ruhr mittels der Notenpresse machte eine Konsolidierung vollends unmöglich.

Die interessante Beobachtung, die Peter Czada erneut vorgetragen hat, daß die Inflation mit einem hohen Beschäftigungsgrad und einer spürbaren Produktionssteigerung in wesentlichen Branchen Hand in Hand ging, wirft die Frage auf, ob durch eine alternative, betont stabilitätsorientierte Konjunkturpolitik eine wirkungsvolle Gegensteuerung gegen die Inflation möglich gewesen wäre: „Die Auftragseingänge waren jedenfalls im Investitionsgüterbereich, soweit dies aus den Geschäftsberichten führender Unternehmen zu schließen ist, 1922 im Zuge der nun rasch fortschreitenden Geldentwertung besonders hoch und gingen erst im Laufe des folgenden Jahres als Reaktion auf die nunmehr allseits voll antizipierten, sich überschlagenden Entwertungsraten bei gleichzeitigem Rohstoffmangel deutlich zurück ... Allerdings ist auch mit besserem statistischem Material nicht zu entscheiden, welche Entwicklung die deutsche Wirtschaft bei stabilen Geldverhältnissen genommen hätte" (Czada, Peter: Große Inflation und Wirtschaftswachstum, in: Mommsen, Hans u. a. [Hg.]: Industrielles System und politische Entwicklung in der Weimarer Republik, Band 1, 1974, S. 391). In Kursen, die an Wirtschaftsfragen besonders interessiert sind, wird man – gegebenenfalls unter Zurückstellung anderer für diese Stunde vorgesehenen Themen – die wirtschaftspolitischen Aspekte der Inflation von 1923 stärker betonen, als dies im vorliegenden Unterrichtsmodell geschieht; aus dem Bereich der Wirtschaft und der Wirtschaftspolitik werden hier nur ein Definitionsversuch für das Phänomen der Inflation, ein Katalog von Ursachen für die Inflation 1923 und die Funktion der Rentenmark bei der Bewältigung der Währungskrise thematisiert.

Die Bewältigung der Krisen des Jahres 1923 leitete zwar eine Phase der Stabilisierung ein. Dennoch war am Ende des Jahres noch nicht klar abzusehen, „ob aus der Selbstbehauptung der Republik eine dauerhafte Konsolidierung der parlamentarisch-demokratischen Staatsordnung erwachsen würde ... Schon allein die unterschiedliche Intensität des Einsatzes gegenüber den Umsturzaktionen von rechts und links, die zwielichtige Haltung der Reichswehrführung in den Entscheidungstagen, die mit unverminderter Heftigkeit fortgeführte Agitation gegen die ‚Novemberrepublik' ließen ahnen, auf welch dünnem Boden sich diejenigen bewegten, die sich um eine Stabilisierung der Republik bemühten" (Kolb, E. 1988, S. 54).

Lernziele

Die Schüler erkennen
- die Krisenanfälligkeit der Weimarer Demokratie am Beispiel des Jahres 1923 (Syndrom von belastenden Faktoren);
- die Auswirkung der Ruhrbesetzung und des Ruhrkampfes auf die Inflation;
- den Veränderungsprozeß in der Gesellschaft, der durch die Inflation eingeleitet wurde (relative Verarmung des Mittelstandes) und die weitreichende Bedeutung für die Stabilität der Weimarer Republik. „Charakteristisch für die Inflationsjahre war eine gewaltige Umverteilung

des Volksvermögens, bei der die Grund- und Anlagekapitalbesitzer auf Kosten des Mittelstandes und der lohnabhängigen Bevölkerung ihre Sachwerte vermehren und ausbauen konnten“ (Krohn, Claus-Dieter, in: Mommsen, H., u.a. [Hg.] 1977, S. 427).

Die Schüler erarbeiten
- aus einer Zeittafel die das Jahr 1923 bestimmenden Krisenereignisse;
- aus statistischem Material und Textauszügen das Ausmaß und die Ursachen der Inflation;
- die Lösung des Währungsproblems unter Hinzuziehung einer Skizze zur Funktion der Rentenbank;
- aus Statistiken die Auswirkungen der Inflation auf das Wählerverhalten (grundlegende Einstellungsveränderung)

Die Schüler beurteilen
- inwiefern sich die gesellschaftliche Polarisierung durch die Inflation negativ auf die weitere Entwicklung der Weimarer Demokratie auswirkte;
- einen extremistischen Vorschlag zur Auflösung der demokratischen Ordnung in Deutschland (Krisenbewältigung durch Diktatur);
- die Bedeutung des Ruhrkampfes und seines Scheiterns für die weitere Entwicklung der Weimarer Demokratie. „In Deutschland rief der Ruhreinmarsch eine Stimmung fast wie im August 1914 hervor ... Die Reichsregierung ließ sich auf der Woge der Volksempörung davontragen ... In der aufgeladenen Atmosphäre beiderseits des Rheins blühte der Nationalismus auf wie nie zuvor“ (Schulze, H. 1982, S. 250–251);
- inwiefern Frankreichs Reparationspolitik ein Mittel darstellte, durch „die Beherrschung der westdeutschen Schwerindustrie ... den Grund zu legen für eine langfristige Absicherung seiner Großmachtstellung auf Kosten Deutschlands“ (Krüger, P. 1985, S. 107).

Verlaufsskizze

Unterrichtsschritt 1:
Der Begriff „Inflation“

Ein Zitat aus der „Gewerkschaftszeitung“ (Organ des Allgemeinen Deutschen Gewerkschaftsbundes) vom 5. Januar 1924 eröffnet die Stunde: „Das Jahr 1923 wird als eines der schwärzesten Jahre im Buche deutscher Geschichte verzeichnet werden müssen“ (Tafel).

Aus der Zeittafel (s. S. 93) werden die Ereignisse, welche zu diesem Urteil geführt haben, entnommen: Inflation, Ruhrbesetzung, bürgerkriegsartige Zustände in Mitteldeutschland, Separatistenbewegung im Rheinland, Hitler-Putsch in München. Der Lehrer informiert über die Intention dieser Stunde: Die Auseinandersetzung mit der Inflation soll ansatzweise die Krisensituation im Jahre 1923 sichtbar werden lassen und zugleich die verschiedenen Krisensignale integrieren.

Die Schüler werden aufgefordert, den Begriff „Inflation“ schriftlich zu definieren. Aus ihren Beiträgen, die gegebenenfalls vom Lehrer ergänzt werden, entsteht etwa folgende Definition: Wenn die gesamte kaufkraftfähige Nachfrage nach Gütern und Dienstleistungen in einer Volkswirtschaft das Angebot übersteigt, ist in der Marktwirtschaft ein langsameres oder rascheres Ansteigen der Preise die Folge. Eine Inflation kann entstehen durch eine fortgesetzte Verknappung der Güter, durch die Deckung der Staatsausgaben mit der Notenpresse, durch eine ungedeckte Aufblähung des Kreditvolumens oder durch eine – häufig psychologisch bedingte – raschere Umlaufgeschwindigkeit des Geldes. Als Begleiterscheinungen sind zu sehen: rückläufige Ausfuhren und steigen-

Zeittafel: Das Krisenjahr 1923

9. 1.:	Feststellung vorsätzlicher Vernachlässigung der Reparationsverpflichtungen durch die alliierte Reparationskommission
11. 1.:	Besetzung des Ruhrgebiets durch französische und belgische Truppen gegen den englischen Einspruch (Poincaré, französischer Ministerpräsident: Politik der „produktiven Pfänder")
13. 1.:	Verkündigung des „passiven Widerstandes" durch die Reichsregierung
31. 1.:	49022 Papiermark entsprechen 1 US-Dollar
31. 3.:	Blutiger Zusammenstoß zwischen französischen Truppen und streikenden deutschen Arbeitern der Firma Krupp
30. 6.:	153754 Papiermark entsprechen 1 US-Dollar
12. 8.:	Rücktritt der Regierung Cuno. Kabinett der „großen Koalition" (SPD, DDP, Z, DVP) unter Gustav Stresemann (DVP)
31. 8.:	10 Millionen Papiermark entsprechen 1 US-Dollar
26. 9.:	Beendigung des „passiven Widerstandes" durch die Reichsregierung wegen Zerrüttung der Staatsfinanzen Erklärung des Ausnahmezustandes durch die bayerische Regierung, Einsatz eines „Generalstaatskommissars" (v. Kahr) mit diktatorischen Vollmachten in Bayern (Ziel: Wiedereinführung der Monarchie, Trennung Bayerns vom Deutschen Reich)
27. 9.:	Verkündigung des Ausnahmezustandes für das ganze Deutsche Reich durch den Reichspräsidenten als Gegenmaßnahme gegen den bayerischen Alleingang
10.10.–5.11.:	Kommunistische Regierung in Sachsen und Thüringen mit revolutionärem Programm. Absetzung durch eine Notverordnung des Reichspräsidenten unter Einsatz der Reichswehr
13.10.:	Ermächtigungsgesetz zur Beendigung der Inflation (Ermächtigung der Regierung durch den Reichstag zur Durchführung finanzieller, wirtschaftlicher und sozialer Maßnahmen auf dem Verordnungsweg; zeitweilige partielle Ausschaltung des Reichstages)
16.10.:	Begründung der deutschen Rentenbank
21.–24.10.:	Ausrufung der separatistischen „Rheinischen Republik" und des „Autonomen Pfalzstaates" mit französischer Unterstützung (beide Abspaltungen vom Reich scheitern am Widerstand der Bevölkerung)
22.10.:	Blutige Niederschlagung eines kommunistischen Aufstandes durch die Polizei
31.10.:	71 Millionen Papiermark entsprechen 1 US-Dollar
8./9.11.:	Hitler-Putsch in München (Proklamation der „provisorischen deutschen National-Regierung; „Marsch zur Feldherrnhalle"); Niederschlagung des Putsches durch die Polizei
15.11.:	Einführung der Rentenmark (1 Billion Papiermark = 1 Rentenmark)
23.11.:	Sturz der Regierung Stresemann durch ein Mißtrauensvotum des Reichstages; Nachfolger: Wilhelm Marx (Z)
30.11.:	Konferenz der Reparationskommission: Währungsstabilisierung in Deutschland; Dawes-Plan (1924).

de Einfuhren und rasch aufeinanderfolgende Preis- bzw. Lohnerhöhungen. Die Flucht in die Sachwerte als Reaktion auf die Geldentwertung wirkt wiederum preistreibend.

Unterrichtsschritt 2:
Die inflationäre Geldentwertung in Deutschland

Aus statistischem Material entnehmen die Schüler das Ausmaß der Inflation. Der Analyse sollten nicht nur der Kursverfall der

Reichsmark gegenüber dem Dollar, sondern auch die Steigerung der Lebenshaltungskosten und die Entwicklung der Real- und Nominallöhne zugrunde gelegt werden (Arbeitsblatt 11; vgl. Henning, F.-W. 1974, S. 64–69). Das vorgeschlagene Tafelbild (Kurven) kann durch eine teilweise vorgefertigte Folie ersetzt werden.

Alternative

Der Lehrer zeigt Geldnoten und/oder Briefmarken aus der Zeit von 1920–1923 und läßt daraus die Tatsache einer galoppierenden Inflation ableiten (vgl. Dias: Jünger-Verlag, Darmstadt: Die jüngste Geschichte Deutschlands Nr. 23 und 24). Zur Veranschaulichung kann man in Klassen mit einem entsprechenden Interesse folgende Informationen anschließen:

- Ende 1923 waren 500 Trillionen Mark Bargeld der Reichsbank und außerdem 200 Trillionen Mark Notgeld von Gemeinden und Firmen im Umlauf.
- „Die gesamten Kriegsschulden in Höhe von 154 Milliarden Mark hatten am 15. November 1923 lediglich noch einen Wert von 15,4 Pfennigen der Zeit von 1914 (!). Der Erste Weltkrieg war damit zu einem für den Staat billigen Krieg geworden" (Henning, F.-W., a.a.O., S. 69f.).
- Im September 1923 kosteten in Hamburg 1 Ei 3,8 Millionen, 1 Pfund Butter 60 Millionen und im November 1 Kilogramm Brot über 200 Milliarden Mark (vgl. Politische Weltkunde II, S. 13).
- 300 Papierfabriken waren mit der Produktion von Banknotenpapier restlos ausgelastet; 150 Druckereien mit 2000 Pressen druckten Tag und Nacht die benötigten Papiergeldmengen, deren Nennwert sich ins Astronomische steigerte: 10^{15} Mark täglich (nach: Ruge, Wolfgang: Deutschland 1917–1933, Berlin-Ost 1967, S. 217).
- „Wer Ende November einen Kilometer mit der Kraftpost zurücklegen will, zahlt 40 Milliarden.
- Man schätzt zu diesem Zeitpunkt den Bargeldumlauf auf 400 Quadrilliarden Mark" (Schulz, H. 1982, S. 38).

(Vgl. Fragen an die Geschichte 4, S. 26: Augenzeugenberichte; Dederke, Karlheinz: Reich und Republik, Stuttgart 1987, S. 68f.: Lebensbedingungen während der Inflationszeit; Pandel, Hans-Jürgen: Inflation und Arbeitslosigkeit, Stuttgart 1988, S. 13f.: Stefan Zweig über die Inflationszeit)

Unterrichtsschritt 3: Die Ursachen der Inflation

Die eingehendere Diskussion der Geldentwertungskurve (Tafel oder Folie) führt zu ersten begründeten Annahmen über die Ursachen der Inflation: Konsumgüterverknappung und Staatsverschuldung während des Krieges, Umstellung auf Friedenswirtschaft, Reparationsforderungen und -leistungen, Vertrauensschwund der deutschen Bevölkerung angesichts der astronomischen Belastungen durch den Versailler Vertrag, Ruhrbesetzung. Die Ursachen werden mit den erforderlichen Ergänzungen durch den Lehrer an den entsprechenden Stellen der Kurve eingetragen (vgl. Tafelbild). Bei dieser Kurve können die zwischenzeitlich günstigeren Kursnotierungen der Mark vernachlässigt werden, da sie den Verfall des Geldwertes nicht aufgehalten haben.

Erweiterung

Wenn die zur Verfügung stehende Zeit und die Erwartungshaltung der Klasse dies zulassen, bietet sich der Einsatz theorieorientierter Textauszüge an, welche die für eine intensivere Bewertung der Inflationsursachen erforderlichen Grundkenntnisse vermitteln können (z. B. Henning, F.-W. [1974], S. 68–77; Stolper, Gustav: Deutsche Wirtschaft seit 1870, Tübingen 1966, S. 99–102; Feldmann, Gerald D. u. a. [Hg.]: Die Anpassung an die Inflation, Berlin/New York 1986).

Unterrichtsschritt 4: Ruhrbesetzung und „Ruhrkampf"

Im Lehrervortrag (gegebenenfalls auch in einem Schülerreferat) werden die erforderlichen Informationen zusammengefaßt: Position Frankreichs zur Zahlungsfähigkeit und Zahlungswilligkeit Deutschlands – geringfügige Rückstände bei Holz (100000 Telegrafenstangen) und Kohle – Bewertung als Verstoß gegen die deutschen Verpflichtungen durch die Reparationskommission – Ablehnung einer Strafaktion durch die englische Regierung – Einmarsch französischer und belgischer Truppen ins Ruhrgebiet (11. Januar 1923) – Ingenieurkommission – passiver Widerstand und nationale Einung in Deutschland – Finanzierung des passiven Widerstandes durch die Notenpresse – Befolgung der Widerstandsparolen durch die gesamte deutsche Bevölkerung – Erhöhung der französischen Besatzungstruppen auf 100 000 Mann – blutige Zusammenstöße zwischen französischem Militär und streikenden Arbeitern – französische Kriegsgerichte: hohe Gefängnis- bzw. Geldstrafen für Industrielle, streikende Beamte und Arbeiter – Ausweisung von etwa 150 000 Menschen aus den besetzten Städten – Sabotageakte und Überfälle nationalistischer Gruppen – Sturz der rechtskonservativen Regierung Cuno – Regierung der „nationalen Sammlung" unter Stresemann – Abbruch des Ruhrkampfes – Enttäuschung bei den Rechtsparteien und ihren Anhängern.

Fragen zur Auswertung:
- Welche Auswirkungen hatte der „Ruhrkampf" auf die Inflation?
- Welche Auswirkungen hatte er auf das politische Klima in Deutschland?
- Wie sind die Maßnahmen der Franzosen und das Verhalten der deutschen Reichsregierung zu beurteilen?

„Keine deutsche Regierung hätte angesichts dieses Ausbruchs patriotischen Widerstandswillens dem ‚Erbfeind' nachgeben können" (Dederke, K. 1981, S. 66).

Die Ergebnisse werden ins Tafelbild aufgenommen.

Erweiterung

Um die Bedeutung der Rückwirkungen der Ruhrbesetzung und insbesondere der deutschen Reaktionen auf die innere Situation in Deutschland angemessen herauszuarbeiten, wird – falls die Unterrichtszeit dies zuläßt – im Anschluß an den Lehrervortrag eine Arbeitsphase (gegebenenfalls in Gruppen) vorgeschlagen, bei welcher vier Aspekte gründlicher zu analysieren sind:
- die Kosten des Ruhrkampfes
- die Haltung der französischen Regierung
- die Haltung der deutschen Regierung
- die Stimmungslage der nationalistischen Rechten.

Falls Gruppenarbeit als Unterrichtsform gewählt wird, wird man jeder Gruppe eines der vier Themen zuweisen. (Geeignete Texte z. B.: „Die Vollmachten der französischen Kontrollkommission für die Bergwerke und Hütten des Ruhrgebiets vom 11. Januar 1923", nach: Michaelis, Herbert und Ernst Schraepler: Ursachen und Folgen, Band V, Berlin 1962, S. 20f.; „Aufruf der Regierung Stresemann zur Aufgabe des passiven Widerstandes vom 23. September 1923", nach: Geschichte in Quellen V, S. 191f.; „Die Kosten des Ruhrkampfes" ebenda, S. 191ff.; „Entschließung des ‚Stahlhelm' vom 4. November 1923", nach: Ursachen und Folgen. Band V, S. 260).

Mögliche Aufgaben:
- Wie rechtfertigt Frankreich sein Eingreifen an der Ruhr?
- Warum konnte die Reichsregierung die Ruhrbesetzung nicht hinnehmen?
- Warum bricht die Reichsregierung den Ruhrkampf wieder ab?
- Stellen Sie eine Verbindung zwischen Ruhrkampf und Inflation her! Inwiefern hingen Beendigung des Ruhrkampfes und Beendigung der Inflation miteinander zusammen?
- Welche Auswirkungen hatten Inflation und Ruhrkampf auf das innenpolitische Klima in Deutschland?
- Beurteilen Sie die Ruhrbesetzung durch Frankreich und Belgien unter Berücksichtigung des folgenden Zitats:
  „Die Franzosen (führten) in Verkennung der Tatsache, daß die Reparationen ein wenig geeignetes Mittel waren, eine Reparationspolitik mit stark machtpolitischer Komponente, als ob dies eine bilaterale französisch-deutsche Angelegenheit sei ... Sie konnten dennoch nicht ohne die angelsächsischen Mächte vorgehen, die den destruktiven Tendenzen der Reparationen, vermischt mit Machtpolitik, viel stärker Rechnung trugen und an einer weitgehenden Schwächung Deutschlands und beherrschenden Position Frankreichs auf diesem Wege nicht interessiert waren" (Krüger, Peter; in: VjHfZG 1981/1, S. 46).

Unterrichtsschritt 5: Die Lösung der Währungsprobleme

Zur Darstellung der Beendigung der Inflation durch die Einführung der Rentenmark kann entweder – gekürzt – die „Verordnung über die Errichtung der Deutschen Rentenbank vom 15. Oktober 1923" (s. Arbeitsblatt 11 oder ein Kommentar über die Währungsreform vom 28. November 1923 (nach: Henning, F. W. 1974, S. 78f.) herangezogen werden. Der Lehrer wird sich je nach der Kompetenz seiner Klasse für den schwierigeren Originaltext oder den leichter auszuwertenden wissenschaftlichen Kommentar entscheiden. Zur Lernzielüberprüfung wird ein Schema vorgeschlagen, das von den Schülern aufgrund der Information aus den Texten auszufüllen ist (vgl. das Schema mit den erwarteten Eintragungen, s. unten).

Vor der Bearbeitung des Textes, welche in einer Selbsttätigkeitsphase erfolgen kann, weist der Lehrer darauf hin, daß der Ruhrkampf jede Aussicht auf eine Stabilisierung der Währung aussichtlos gemacht hatte und daß folglich drastische Maßnahmen notwendig waren, wenn man zu gesunden Währungsverhältnissen zurückkehren wollte: Ermächtigungsgesetz vom 13. Oktober 1923, das der Regierung das Recht einräumte, die zur Stabilisierung erforderlichen Verord-

Die Funktion der Rentenbank

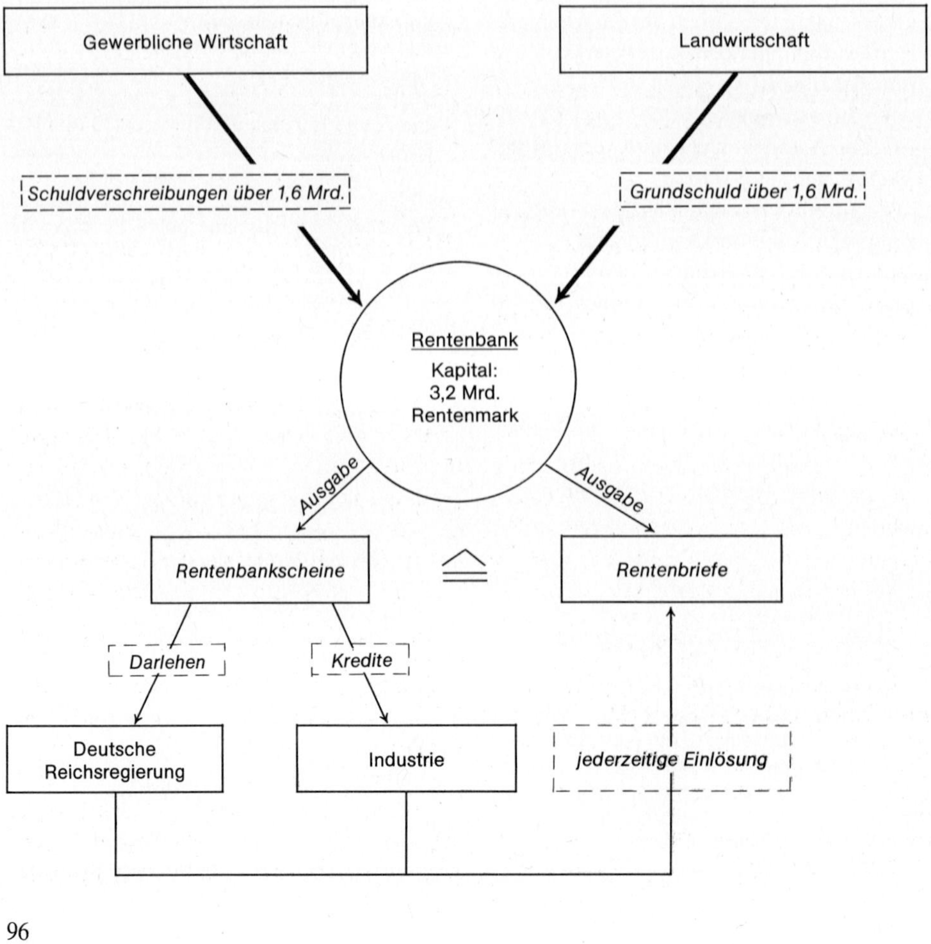

nungen zu erlassen – Ausrufung des militärischen Ausnahmezustandes (zeitweilige Militärdiktatur) – Einsetzung eines Reichswährungskommissars (Hjalmar Schacht) – Einrichtung einer neuen Währungsinstitution (Rentenbank) am 15. Oktober 1923.
Mit Nachdruck ist vor allem hervorzuheben, daß das Vertrauen, welches der neuen Währung von der Bevölkerung entgegengebracht wurde, und nicht so sehr die (fiktive) Dekkung des neuen Zahlungsmittels die Voraussetzung für die erfolgreiche Beendigung der Währungskrise bot und so den – freilich nur kurze Zeit andauernden – Aufschwung der deutschen Wirtschaft einleitete.

Unterrichtsschritt 6:
Die Folgen der Inflation

Die Verlierer und Gewinner der Inflation lassen sich verhältnismäßig leicht identifizieren. Es wird daher empfohlen, die Schüler selbständig anhand des Lehrbuches eine Zusammenstellung der Auswirkungen unter der entsprechenden Fragestellung auswerten zu lassen. Die Ergebnisse werden an der Tafel zusammengefaßt und auf ihre längerfristigen Auswirkungen hin diskutiert; z.B. Proletarisierung eines Teils des Mittelstandes – Verlust der materiellen Unabhängigkeit des mittleren Bürgertums, Großindustrielle als Inflationsgewinner (Hugo Stinnes) – Vertrauensschwund gegenüber dem Staat wegen Nichteinhaltung seiner Verpflichtungen (Kriegsanleihen usw.) – Angst vor neuen inflationären Tendenzen – Gefahr der Wiederholung eines Ermächtigungsgesetzes (1933!) – Ruf nach dem „Starken Mann“ (Graf Westarp [DNVP] 1923: „Ja, der Ruf nach Diktatur geht durch das ganze Volk“ [zitiert nach: Dederke, K. 1981, S. 70]).

Alternative
Wer schwerpunktmäßig nur die Auswirkungen auf den Mittelstand behandeln möchte, findet dafür in der Rede Gustav Stresemanns anläßlich der Verleihung des Nobelpreises (29. Juni 1927) wertvolle Informationen; stichwortartige Zusammenfassung: Wirkungen des verlorenen Krieges – Proletarisierung der traditionell staatstragenden Mittelschicht durch die Inflation – Frage nach der Berechtigung (Weltgeschichte im Aufriß 3/1, S. 251f.).

Erweiterung
Wenn die Zeit dazu zur Verfügung steht, ist an dieser Stelle ein Vergleich der Wahlergebnisse von 1920 und 1924 (Mai) sinnvoll: Wiederum fanden bei den Reichstagswahlen die radikalen Parteien starken Anklang bei den von der Republik enttäuschten Wählern, während die SPD und die bürgerlichen Parteien der Mitte Einbußen hinnehmen mußten.

Hausaufgabe:

Zusammenstellung der außenpolitischen Ereignisse und Maßnahmen aus dem Lehrbuch (in Form einer Zeittafel).

13. Stunde
Fallanalyse: Der Locarno-Pakt (1925)

Didaktische Vorbemerkungen

„Mit dem Vertragswerk von Locarno vom Oktober 1925 stoßen wir auf die wichtigste und bedeutendste Fortentwicklung der europäischen Ordnung von 1919 ... Die Locarno-Politik ... war unter den gegebenen Verhältnissen im Europa der 20er Jahre zweifellos ein Optimum dessen, was überhaupt in der europäischen Politik erreicht werden konnte“ (Schieder, Theodor [Hg.]: Europa im Zeitalter der Weltmächte, Stuttgart 1979, S. 155). Der Locarno-Pakt, der häufig als zweite und dieses Mal freiwillige Unterzeichnung des Friedensvertrags von Versailles charakterisiert worden ist, hatte – aus deutscher Sicht – ganz im Gegenteil das Ziel, die Voraussetzungen für die längst angestrebte Revision des Versailler Vertrags zu schaffen. Auch „Stresemann (wollte) ein Mehr an Revision“ (Ziebura, Gilbert: Weltwirtschaft und Weltpolitik, Frankfurt 1984, S. 99). Deshalb eignet sich der Locarnopakt besser als der Rapallo-Vertrag, dessen Bedeutung insbesondere die Reichswehrführung und Teile der deutschen Industrie sehr überschätzt haben, für eine Fallanalyse, bei welcher die Probleme und Ziele der Weimarer Außenpolitik vermittelt werden sollen. „Der Grundgedanke dieser Politik war es, die französischen Sicherungswünsche mit dem deutschen Streben nach Abzug der Besatzungstruppen zu verbinden und so die Souveränität Deutschlands wiederherzustellen“ (Tormin, W. [Hg.] 1978, S. 140). Die deutsche Regierung war damals bereit, die Westgrenze für endgültig zu erklären und auf Elsaß-Lothringen und Eupen-Malmedy zu verzichten. Auch gegenüber Polen hatte übrigens keine Reichsregierung die Vernichtungspläne eines General von Seeckt jemals akzeptiert; andererseits bestanden jedoch hier weitgehende Revisionswünsche (Korridor, Danzig, Oberschlesien), deren Realisierung durch Locarno durchaus offen gehalten wurde, wenn man nur den Frieden dabei wahrte. Man hoffte auf die Finanzprobleme Polens oder eine innere politische Zerrüttung, welche Polen zur Rückgabe der genannten Gebiete – wie es nach dem Schiedsabkommen möglich war – zwingen könnte. Deshalb war die Reichsregierung 1925 keineswegs bereit, der französischen Aufforderung zu entsprechen und Polen in den vorgeschlagenen Sicherheitspakt aufzunehmen. Mit Nachdruck sollte man im Unterricht herausarbeiten, daß der Locarno-Pakt keine völlige Absage an die Rapallo-Politik darstellte, auch wenn Stalin dies befürchtete und die Westmächte darauf hofften. Wie der im folgenden Jahr abgeschlossene deutsch-sowjetische Freundschafts- und Nichtangriffsvertrag beweist, versuchte die deutsche Regierung, so gut es ging, die Mittelstellung zwischen Ost und West zu wahren. Die geforderte und erhaltene Zusicherung, daß im Falle einer militärischen Expansion Rußlands in Richtung Polen das neue Völkerbundsmitglied Deutschland sich nicht automatisch an militärischen Sanktionen zu beteiligen hatte (Einschränkung des Artikels 16 der Völkerbundsatzung), zeigt, daß Locarno den Spielraum für eine eigenständige deutsche Außenpolitik nicht verbaut hat, „Stresemann ... gelang es ..., die Verbindung mit Rußland voll in Gang zu halten. Er vermied die Entscheidung zwischen Ost und West ... er ließ die Russen warten, indem er ihnen so lange Hoffnungen machte und beruhigende Erklärungen abgab, bis Frankreich sich auf die Locarno-Politik festgelegt hatte. Dann verstärkte Stresemann den Draht nach Moskau“ (Parker, R. A. C. 1967, S. 93).

Der Locarno-Pakt ist eingebettet in ein Gefüge von teils parallelen, teils gegenläufigen Interessen der europäischen Mächte und der USA. Diese Interessenlage wird man im Verlauf der Analyse sichtbar machen – freilich wird man sich dabei aus zeitökonomischen Zwängen für eine sehr verkürzte Darstellung entscheiden müssen (Lehrervortrag, Tafelbild).

Eine wesentliche Intention dieser Fallanalyse im Rahmen der Unterrichtseinheit „Weimarer Republik“ ist es, die Belastungen und Schwierigkeiten, welchen Deutschland nach 1918 auch außenpolitisch ausgesetzt war, von drei Problemkomplexen her zu verdeutlichen:

- Die außenpolitische Aussöhnung mit den Siegermächten und die damit verbundene Gleichberechtigung Deutschlands kam – trotz guter Ansätze im Jahre 1925 – nicht so schnell voran, daß sie die auf Ausgleich bedachten, auf dem Boden der Demokratie stehenden Politiker und Parteien vom Vorwurf des Ausverkaufs deutscher Interessen befreien konnte. Hier liegt die Schuld zum Teil bei der Entente (Ver-

schleppung bereits versprochener Maßnahmen: Räumung besetzter Gebiete, Milderung des Reparationsdruckes, Aufnahme in den Völkerbund, Abrüstungsmaßnahmen).
- Die innenpolitischen Gegner antidemokratischer Provenienz benutzten den Locarno-Vertrag als willkommenes zusätzliches Instrument zur Bekämpfung des „Systems", dem sie den Verrat deutscher Interessen und hemmungsloses Erfüllen gegnerischer Forderungen unterstellten. Die DNVP schied während der Diskussion über die Ratifizierung des Locarno-Paktes aus der Reichsregierung aus; die KPD warf Stresemann vor, Deutschland zum Festlandsdegen Englands gegen den Bolschewismus zu machen. Durch eine gründliche Aufarbeitung der Vertragsziele und -inhalte sollen die Schüler befähigt werden, die antidemokratische Argumentation zu überprüfen und zu kritisieren.
- „(Es stellte sich) die Frage, in welchem Verhältnis nun die beiden Prinzipien, die die internationalen Beziehungen der folgenden Jahrzehnte bestimmten, konkret zueinander standen: das Prinzip der Konkurrenz zwischen den kapitalistischen Staaten, insbesondere zwischen den westlichen Siegermächten und dem besiegten Deutschland, und das Prinzip der Systemkonkurrenz zwischen Kapitalismus und dem im Aufbau begriffenen Sozialismus. Konkreter: in welchem Verhältnis bei den Westmächten das Interesse an der Niederhaltung des deutschen Konkurrenten zu dem Interesse stand, eine möglichst starke Front gegen die Sowjetunion zustande zu bringen – unter Einschluß des deutschen Wirtschafts- und Militärpotentials" (Kühnl, 1985, S. 17).

Weil in dieser Stunde zugleich ein Überblick über die gesamte Außenpolitik des Deutschen Reiches zwischen 1919 und 1932 vermittelt werden soll, legt man den Schülern eine ausführliche Zeittafel vor (s. S. 107ff.); außerdem wird eine systematische Zusammenstellung der außenpolitischen Zielvorstellungen der wichtigsten europäischen Mächte und der USA eingebracht (Tafel). Erst auf dem Hintergrund der Zeitliste und der unterschiedlichen Interessen der einzelnen Staaten werden die Bedeutung und das Wesen der Locarno-Politik transparent. Neben dem in der Verlaufskizze beschriebenen Exkurs (Konfrontation der NS-Außenpolitik und der Locarno-Politik) sind, wenn die Zeit dafür zur Verfügung steht, folgende Erweiterungen der Stunde denkbar:

1. Biographische Anmerkungen zu Gustav Stresemann (evtl. Schülerreferat)
2. Entstehungszusammenhang und Inhalt des Rapallo-Vertrages
3. Deutschland und Polen 1914–1970. Ein Längsschnitt (vgl. Meyer, Enno: Deutschland und Polen 1914–1970, Stuttgart 1979 = Quellen- und Arbeitshefte zur Geschichte und Politik)
4. Der Völkerbund.

Lernziele

Die Schüler erkennen
- die unterschiedliche Interessenlage der europäischen Staaten nach dem Ersten Weltkrieg;
- die Chancen und Probleme, welche sich daraus für eine eigenständige Politik des Deutschen Reiches ergaben;
- die Differenzierung der Grenzprobleme durch Deutschland;
- die Gegnerschaft von KPD einerseits und DNVP sowie NSDAP andererseits gegen die Locarno-Politik.

Die Schüler erarbeiten
- anhand der Zeittafel einen Überblick über die Außenpolitik der Weimarer Republik;
- als wesentliche Intentionen dieser Politik die Erhaltung der Zwischenstellung zwischen Ost und West und die Revision des Versailler Vertrages;

- aus Texten die Motive der deutschen Regierung bei der Vorbereitung der Konferenz von Locarno;
- aus dem Vertragstext die wichtigsten Bestimmungen des Paktsystems;
- aus einem Katalog von NS-Maßnahmen die Unterschiede zwischen der Außenpolitik Hitlers und der Stresemannschen Locarno-Politik.

Die Schüler beurteilen
- inwiefern Locarno einen Neuanfang der europäischen Politik bedeutet hat;
- die Locarno-Politik auf dem Hintergrund kritischer Stellungnahmen rechts- und linksextremistischer Herkunft.

Verlaufsskizze

Unterrichtsschritt 1:
Die Ziele der deutschen Außenpolitik 1919–1932

In dieser einleitenden Unterrichtsphase sollten wenigstens folgende Punkte als mögliche Ziele der deutschen Außenpolitik identifiziert und an der Tafel festgehalten werden:
a) Räumung der von den Siegermächten besetzten Zonen I–III des Rheinlandes,
b) Milderung der Reparationsverpflichtungen (durch Zugeständnisse an das französische Sicherheitsbedürfnis),
c) (teilweise) Wiedergewinnung verlorener deutscher Gebiete im Osten,
d) vorzeitige Rückgliederung der Saar,
e) politische, wirtschaftliche und militärische Gleichberechtigung des Deutschen Reiches,
f) (wirtschaftlicher) Zusammenschluß mit Deutsch-Österreich,
g) Aufbau eines Bündnissystems (mit Großbritannien? mit der Sowjetunion?).

Zusätzlich kann man einfügen: Verhinderung separatistischer Absprengungen von Reichsteilen.

Für die Erarbeitung dieser Ziele und der daraus resultierenden Probleme gibt es mehrere Möglichkeiten: Entweder man läßt die Schüler auf Grund der Informationen, welche sie aus der vorbereitenden Hausaufgabe gewonnen haben, und anhand der Zeittafel zu dieser Stunde die wesentlichen Punkte nennen (dieser Weg ist besonders bei überdurchschnittlich motivierten Klassen mit einem relativ hohen Kenntnisstand zu empfehlen), oder man gewinnt die Richtlinien der deutschen Außenpolitik in einem Unterrichtsgespräch, bei welchem man unter Heranziehung von Karten die wichtigsten territorialen Bestimmungen und Folgen des Versailler Vertrages wiederholt und daraus einen Zielekatalog erstellt (geeignete Karten in Atlanten und Lehrbüchern: Politische Weltkunde II, S. 81, Völker, Staaten und Kulturen [Westermann], S. 82, Atlas zur Weltgeschichte [Klett], S. 32, Putzger [Velhagen & Clasing], S. 115f., CVK-Atlas zur Geschichte, S. 40; vgl. auch Fragen an die Geschichte 4, S. 16f. und Bilder aus der Weltgeschichte Heft 14, Frankfurt o.J., S. 43). Als dritter Weg bietet sich die Vorlage einiger Quellenauszüge an, aus welchen die Lerngruppe die Intentionen der Außenpolitik des Deutschen Reiches entnehmen kann. Dieser Vorschlag ist allerdings zeitaufwendig, führt aber zu voraussichtlich brauchbaren und für die ganze Stunde tragfähigen Ergebnissen (geeignete Texte: Denkschrift des Grafen Brockdorff-Rantzau vom 14. August 1922 über die deutsche Ost- bzw. Westorientierung, nach: Geschichte in Quellen V, S. 178–180; Antwortdenkschrift des Chefs der Heeresleitung, General von Seeckt, vom 11. September 1922, nach: Elben, S. 67f.; „Kronprinzenbrief" des deutschen Reichsaußenministers Gustav Stresemann vom 7. September 1925, nach: Politische Weltkunde II, S. 10f., sowie Rede des deutschen Reichsaußenministers Gustav Stresemann am 17. April 1923 im Reichstag, nach: Geschichte in Quellen V, S. 186.

Aufgaben zur Auswertung der Quellenauszüge:

- Erarbeiten Sie aus diesen Quellentexten wesentliche Ziele der deutschen Außenpolitik von 1919 bis 1932.
  Ordnen Sie diese Ziele nach ihrer Bedeutung.
- Welche Gemeinsamkeiten und welche Unterschiede lassen sich feststellen?
- Von welchen Voraussetzungen ist die Realisierung der genannten außenpolitischen Ziele abhängig?
- Welche Koalitionen werden für möglich gehalten? Welche Auswirkungen haben diese jeweils für die Realisierung der außenpolitischen Ziele des Deutschen Reiches?

In jedem Falle werden Ergänzungen durch den Lehrer nicht zu umgehen sein. Die Problematisierung der deutschen Außenpolitik wird man so lange zurückstellen, bis man die Interessenkonstellation der anderen Mächte konfrontiert hat (s. Unterrichtsschritt 2); dann erst erscheint eine Gewichtung der einzelnen Zielbereiche oder die Frage nach der Reihenfolge, in welcher diese möglicherweise realisierbar waren, ergiebig.

Unterrichtsschritt 2:
Die Interessenlage und die Interessengegensätze der Mächte 1919–1932

Da andere Unterrichtsformen aus Gründen der Zeitökonomie ausscheiden, werden im Lehrervortrag die wichtigsten Informationen vermittelt und in einer Skizze festgehalten (Nebentafel), deren Grundstruktur man bei der Übersicht über die Ergebnisse der Locarno-Konferenz wieder heranziehen wird.

Stichwortartige Zusammenfassung:

Vereinigte Staaten von Amerika: Verhinderung militärischer Konflikte (vgl. Kellog-Pakt 1928) – Stabilisierung der europäischen Verhältnisse – Rückzug aus der europäischen Politik (politischer Isolationismus) – vehementes Interesse an wirtschaftlicher Zusammenarbeit (Handel, Kapitalinvestitionen, Kredite), bedingt durch Umstellung auf Friedenswirtschaft (Dawes-Plan) – Eindämmung japanischer Expansionsbestrebungen (Engagement im Pazifik).

Großbritannien: Entspannungsbereitschaft – Wiederherstellung des Gleichgewichts auf dem Kontinent (Verhinderung der französischen Hegemonialstellung) – Erweiterung des Handels – Bereitschaft zu geringfügigen Revisionen des Versailler Friedensvertrages (Grenzen in Ostmitteleuropa) – Verhinderung einer prosowjetischen Orientierung der deutschen Außenpolitik – teilweise Orientierung nach den Dominions.

Frankreich: Rigorose Durchsetzung der Bestimmungen des Versailler Friedensvertrags (Ablehnung der britischen Revisionspolitik) – Verhinderung des militärischen Wiedererstarkens des Deutschen Reiches – Sicherung des territorialen Status quo („Einkreisung" Deutschlands, „Kleine Entente") – Vorrang der Sicherheitspolitik.

Belgien: Sicherheitsbedürfnis – Durchsetzung der Vertragsbestimmungen (Westgrenze Deutschlands, Reparationen).

Polen: Bedürfnis nach Garantie der territorialen Integrität gegenüber dem Deutschen Reich und der Sowjetunion – Anlehnung an Frankreich – Polonisierungspolitik gegenüber den nichtpolnischen Nationalitäten.

Tschechoslowakei: Vorrangstellung der Tschechen im Vielvölkerstaat – Interesse an wirtschaftlicher Zusammenarbeit mit Deutschland bei gleichzeitiger Garantie des territorialen Status quo.

Sowjetunion: Ausbruch aus der politischen und wirtschaftlichen Isolierung – Durchsetzung der Ansprüche auf 1921 verlorene Gebiete (russisch-polnischer Krieg) –

Ausbreitung des Kommunismus (Komintern) – Verhinderung einer einseitigen Westorientierung des Deutschen Reiches.

Italien: Sicherung der italienischen Nordgrenze (Brenner) – Aufrechterhaltung von Gebietsansprüchen (Adriaküste) – Funktion der Vermittlung in europäischen Streitigkeiten – Erfolgsabhängigkeit des 1922 neu installierten faschistischen Systems unter Mussolini.

In einem Unterrichtsgespräch werden die möglichen Spannungspotentiale und die möglichen Koalitionen und deren etwaige Auswirkungen auf Deutschland diskutiert; die tatsächlich eingegangenen vertraglichen Bindungen können der Zeittafel entnommen werden; sie werden durch entsprechende Eintragungen in die Tafelskizze festgehalten (Nebentafel). Bereits in diesem Zusammenhang wird man auf die Zwischenstellung Deutschlands eingehen und die Frage nach einer einseitigen Ost- bzw. Westbindung erörtern. Als Impuls für diesen Teil des Unterrichtsgespräches können zwei Zitate vorgelesen werden: Lord D'Abernon, britischer Botschafter in Berlin 1925: „Ich halte noch immer an meiner Ansicht fest, daß eine Zusammenarbeit zwischen der deutschen Rechten und der russischen Linken ein Ding der Unmöglichkeit sei" (zitiert nach: Elben, Wolfgang: Die Weimarer Republik, Frankfurt 1967, S. 76). Hermann Graml: „Die von Seeckt und Maltzan repräsentierten Kreise (zu denen im Reichstag die Deutschnationalen und die Deutsche Volkspartei, außerdem zahlreiche Mitglieder der demokratischen und der Zentrumsfraktion ... gehörten) haben eine Verständigung mit den Westmächten offensichtlich nicht als ‚aktive' Politik angesehen; als aktiv galt ihnen deutsche Außenpolitik nur dann, wenn sie zur Korrektur der Kriegsergebnisse führte oder wenigstens die Möglichkeit zu einer solchen Korrektur offenhielt" (Europa zwischen den Kriegen, München 1969, S. 137f.).

Unterrichtsschritt 3:
Die deutsche „Friedensoffensive" 1925

Mit einigen Sätzen faßt der Lehrer die außenpolitische Lage am Beginn des Jahres 1925 zusammen (vgl. Zeittafel):

- Das „Genfer Protokoll", eine Vereinbarung über Abrüstung und Sicherheitspolitik in Europa, deren Kernpunkt eine enge Allianz zwischen Frankreich und Großbritannien vorsah, scheiterte am Widerstand der britischen Dominions, die nicht in etwaige Auseinandersetzungen zwischen Frankreich und dem Deutschen Reich hineingezogen werden wollten. „England (war) abgeneigt, sich als Schutzmacht für die Grenzen des Versailler Pakts einsetzen zu lassen, vor allem für die in Osteuropa, deren Revisionsbedürftigkeit es inzwischen erkannt hatte" (Dederke, K. 1981, S. 163).
- Die „Kölner Zone", die bereits am Anfang des Jahres 1925 von den Truppen der Siegermächte hätte geräumt werden müssen, blieb wegen angeblicher deutscher Verletzungen des Friedensvertrages von Versailles bis auf weiteres besetzt.
- Der zwischen Deutschland und der Sowjetunion im Alleingang abgeschlossene Rapallo-Vertrag (1922) hatte zu einer Verschärfung des politischen Verhältnisses gegenüber den Siegermächten geführt – ohne daß die von den Befürwortern des Rapallo-Paktes erhoffte Stärkung der deutschen Position eingetreten wäre.
- Die deutsche Regierung unterbreitete einen Vertragsvorschlag, durch welchen die Westgrenze Deutschlands endgültig festgeschrieben werden sollte.
- Die USA hatten „deutlich genug ein Junktim zwischen den Sicherheitsverträgen und weiteren, von der deutschen Wirtschaft dringend benötigten Anleihen zu erkennen gegeben" (Heiber, H. 1982, S. 175).
- Nach langem Hin und Her wurde – dem

deutschen Vorschlag folgend – vom 5. bis 16. Oktober 1925 in Locarno (Schweiz) eine internationale Konferenz durchgeführt.

Unterrichtsschritt 4:
Motive der deutschen Reichsregierung

In diesem Unterrichtsschritt sollen die Motive für das deutsche Vorgehen erarbeitet werden. Dazu legt man einen Auszug aus der wissenschaftlichen Literatur und die „Richtlinien der deutschen Delegation für die Locarno-Konferenz“ vor (Arbeitsblatt 12).
Kurze Zusammenfassung dieser „Richtlinien“: Verzicht auf „deutsches Land und Volk“ soll ausgeschlossen werden – Grenzfragen im Osten dürfen unter keinen Umständen unter bindende Schiedsgerichtsverfahren fallen – die französische Garantie für die deutsche Ostgrenze ist abzulehnen – der Artikel 16 des Völkerbundes soll abgeschwächt werden – die Räumung besetzter deutscher Gebiete ist anzustreben.

Alternative
Um Unterrichtszeit zu sparen, kann man den Auszug aus der wissenschaftlichen Literatur bereits als Hausaufgabe vorbereiten lassen. Schließlich ist es in Klassen mit einer geringeren Kompetenz zur selbständigen Textauswertung auch möglich, auf diesen Auszug aus der wissenschaftlichen Literatur ganz zu verzichten; in diesem Falle sollten die dort aufgeführten Gesichtspunkte in den Lehrervortrag zur Situation des Jahres 1925 aufgenommen werden (Unterrichtsschritt 3). Die Arbeitsphase beschränkt sich dann auf die Richtlinien für die deutsche Locarno-Delegation.

Nach der Lektüre der Texte, welche durch die Aufgaben auf dem Arbeitsblatt bereits vorstrukturiert ist, stellt man im Gespräch mit den Schülern die Grundzüge der deutschen Locarno-Politik zusammen (Tafel) und analysiert diese unter dem Aspekt der langfristigen außenpolitischen Intentionen der Weimarer Republik.

Folgende Gesichtspunkte sind besonders hervorzuheben:
- Befriedigung des französischen Sicherheitsbedürfnisses, um den französischen „Versuchen zur politischen Instrumentalisierung der Reparationsfrage“ (Graml) den Wind aus den Segeln zu nehmen und um gleichzeitig Bewegungsfreiheit für eine Revision der in Versailles (1919) und durch den Spruch des Obersten Rates der Alliierten (Oktober 1921) fixierten Deutschen Ostgrenze einzuleiten.
- Vorzeitige Räumung bzw. Zurückgabe deutscher Gebiete.
- Verhinderung einer einseitigen – durch den Rapallovertrag eingeleiteten – Ostorientierung des Deutschen Reiches, die von einflußreichen deutschen Politikern (z.B. von Maltzan, Wirth) und Offizieren (z.B. von Seeckt) betrieben wurde: „Schicksalsgemeinschaft zwischen dem Deutschen Reich und der Sowjetunion“.
- Vermeidung einer Entfremdung zwischen dem Deutschen Reich und der Sowjetunion, welche die Annäherung der Weimarer Politik an den Westen strikt ablehnte, und dadurch Erhaltung des östlichen Partners bei der Durchsetzung möglicher Veränderungen der deutsch-polnischen Grenze (Stresemann: „Keine Option zwischen Ost und West“).
- Beseitigung der Grundlagen für eine – möglicherweise antideutsche – Allianz zwischen Frankreich und Großbritannien, die seit 1920 im Gespräch war, durch die erklärte Konzessions- und Friedensbereitschaft des Deutschen Reiches.
- Ablehnung aller Verpflichtungen, welche das Deutsche Reich in ein Instrument antisowjetischer Politik verwandeln könnte – wozu insbesondere die Abschwächung des Art. 16 der Völkerbundsatzung gehörte.
- Innenpolitisch sollte Locarno eine Entlastung gegenüber den nationalsozialistischen Vorwürfen („Erfüllungspolitiker“) einleiten; auf diese Weise hoffte man, der

weiteren Radikalisierung der Wähler entgegenzuwirken.

Unterrichtsschritt 5:
Das Vertragswerk von Locarno

Wer die Atmosphäre der Konferenz von Locarno in den Unterricht einbringen möchte, kann als Einführung zu diesem Themenkreis in Form eines Exkurses eine ansprechende – mit narrativen Elementen durchsetzte – Beschreibung des Konferenzverlaufs vorlesen (s. Bilder aus der Weltgeschichte, Heft 14, Frankfurt o.J., S. 78–83).

Anhand der Gegenüberstellung der Ziele, die im letzten Unterrichtsschritt erarbeitet wurden, mit den tatsächlichen Ergebnissen der Locarno-Konferenz soll nun überprüft werden, ob und in welchem Umfang die deutsche Locarno-Politik erfolgreich gewesen ist. Dabei wäre es durchaus sinnvoll, umfangreiche Passagen der Vertragstexte zu analysieren; man wird sich jedoch trotzdem auf knappe Auszüge beschränken müssen, weil in der Regel die Zeit für eine aufwendige Quelleninterpretation nicht zur Verfügung steht (Arbeitsblatt 12).

Der Lehrer gibt zunächst die acht in Locarno ausgehandelten Abkommen bzw. Vereinbarungen bekannt:
Sicherheits- oder Westpakt (Belgien, Deutschland, Frankreich, Großbritannien, Italien)
Schiedsabkommen zwischen Deutschland und Belgien
Schiedsabkommen zwischen Deutschland und Frankreich
Schiedsvertrag zwischen Deutschland und Polen
Schiedsvertrag zwischen Deutschland und der Tschechoslowakei
Garantievertrag zwischen Frankreich und Polen
Garantievertrag zwischen Frankreich und der Tschechoslowakei
Auslegung des Artikels 16 der Völkerbundsatzung (Anlage F).

Aus den Quellenstellen werden die zur Charakterisierung erforderlichen Bestimmungen entnommen und im Tafelbild festgehalten. Ergänzungen durch den Lehrer sind unumgänglich.
Die Frage nach der Durchsetzung der deutschen Zielvorstellungen schließt sich an: Als Impuls für dieses Unterrichtsgespräch können auch hier zwei Zitate dienen, welche den Schlußansprachen auf der Konferenz von Locarno entnommen sind:
Aristide Briand, französischer Außenminister: „Mit Locarno muß eine neue Epoche anfangen, sonst ist es eine leere Geste gewesen."
Gustav Stresemann, deutscher Außenminister: „Nur auf dem Wege friedlichen Nebeneinanderlebens der Völker (kann) jene Entwicklung gesichert werden, die für keinen Erdteil so wichtig ist (wie für Europa)" (nach: Rönnefahrt, H. K. G. und H. Euler; Konferenzen und Verträge [Vertragsploetz], Band 4, Würzburg 1959, S. 96).
Erwartete Ergebnisse des Unterrichtsgesprächs:
Deutschland wird als gleichberechtigter Partner anerkannt. – Deutschland wird Mitglied des Völkerbundes. – Die Westgrenze wird von Deutschland bestätigt. – Gewaltsame Veränderungen der Ostgrenze werden ausgeschlossen. – Die Revision der Ostgrenze durch entsprechende Schiedsabkommen wird offengehalten. Nur Frankreich (nicht Großbritannien) garantieren die Einhaltung der Vereinbarungen zwischen Polen und Deutschland bzw. zwischen der Tschechoslowakei und Deutschland: Kein „Ost-Locarno"; die deutsche Revisionspolitik kann einen großen Erfolg verzeichnen, weil eine differente Verbindlichkeit der Absprachen über die deutsche Reichsgrenze und die

Grenze zwischen Deutschland und Polen erfolgt ist. – Durch die einschränkende Auslegung des Artikels 16 der Völkerbundsatzung wurde Deutschland die Entscheidung, ob es sich gegebenenfalls an Sanktionen gegen die Sowjetunion beteiligen wollte oder nicht, praktisch freigestellt. – Beschwichtigend konnte der Sowjetunion entgegengehalten werden, daß Deutschland faktisch darauf verzichtet habe, sich einer gegen diese gerichteten Koalition anzuschließen. – Die Möglichkeit für den Abschluß des deutsch-sowjetischen Vertrags von 1926 war damit eröffnet (s. Zeittafel). – Etwaige Zusagen über die vorgezogene Volksabstimmung an der Saar oder über eine Reduzierung der Reparationsverpflichtungen Deutschlands wurden nicht in das Vertragswerk aufgenommen. – Die weiteren Auswirkungen des Locarno-Paktes hingen also von der Bereitschaft insbesondere Frankreichs ab, Deutschland weiter entgegenzukommen, und von der Bereitschaft des Deutschen Reiches, die Verpflichtungen zum Verzicht auf jegliche Gewaltanwendung (auch zusammen mit der Sowjetunion) gegenüber Polen einzuhalten.

Exkurs

Wesen und Bedeutung des Locarno-Paktes werden durch eine Konfrontation mit der nationalsozialistischen Außenpolitik besonders evident. Es wird empfohlen, die wichtigsten Daten (1933–1938) vorzugeben (Tafel oder Hektographie) und daraus die ganz anderen Methoden und Ziele Hitlers abzuleiten.
Die Schüler stellen fest, daß die wesentlichen Unterschiede zwischen dem Ansatz Stresemanns und der Politik Hitlers vor allem darin liegen, daß Hitler von vornherein eine militärische Auseinandersetzung einplante, während Stresemann von Zugeständnissen an die Siegermächte eine teilweise Revision von Versailles erhoffte. Der multilaterale Ansatz der Weimarer Außenpolitik seit Locarno wurde von Hitler zugunsten zweiseitiger Verträge aufgegeben, die teilweise ein Kriegsbündnis vorbereiteten, teils die Garantieverträge späterer Gegner, die eine militärische Auseinandersetzung verhinderten, unterlaufen sollten (z. B. Polen). Die Eingliederung Deutschlands in das europäische Mächtesystem, die in Locarno ihren Anfang nahm, ersetzte Hitler durch die Zerstörung der friedenssichernden Abkommen, durch die Auskreisung Deutschlands (Austritt aus dem Völkerbund, Bruch internationaler Verträge) und durch den Ausbau des militärischen Potentials.

Unterrichtsschritt 6: Aufnahme des Locarno-Paktes in Deutschland

Als Einstieg in diesen Unterrichtsschritt wird man das Abstimmungsergebnis nach der Ratifizierungsdebatte im Deutschen Reichstag bekanntgeben (27. November 1925): dafür stimmten 291, dagegen 174 Abgeordnete. Es geht nun darum festzustellen, welche Gruppierungen das Vertragswerk abgelehnt und welche Argumente sie ihrer Ablehnung zugrundgelegt haben. Die unterrichtliche Auseinandersetzung mit den Verlautbarungen von Gegnern der Locarno-Politik kann erneut zu einer kritischen Überprüfung und zur Rechtfertigung dieser Politik führen; darüber hinaus wird hier deutlich, mit welchen innenpolitischen Schwierigkeiten die Ansätze zu einer Verständigung mit den ehemaligen Kriegsgegnern zu kämpfen hatten.
Die Ergebnisse der Textarbeit werden an der Tafel festgehalten.

Alternative

Wenn man die Zeit für eine gründliche Quellenanalyse nicht bereitstellen kann, wird man die deutsche Reaktion auf Locarno an einigen Zitaten demonstrieren; diese lassen sich unschwer aus den vorgeschlagenen Texten herauslösen (s. Vorschlag für ein Arbeitsblatt; vgl. auch: Fragen an die Geschichte 4, S. 29; Junker, Detlef [Hg.]: Deutsche Parlamentsdebatten, Band II: 1919–1933, Frankfurt 1971, S. 135–181; Ursachen und Folgen, Band VI, S. 396–399). Gegebenenfalls können die Quellenauszüge auch – im arbeitsteiligen Verfahren – von fünf Schülergruppen bearbeitet werden.

Erweiterungen

1. Ergänzend kann das in mehreren Lehrbüchern wiedergegebene Wahlplakat der DNVP (1928)

herangezogen werden. Auf diesem Plakat bedroht ein schwarzer französischer Soldat, der aus einem dunklen Hintergrund heraustritt, mit aufgepflanztem Bajonett und gefletschten Zähnen eine friedliche und durchsonnte Rheinlandschaft. Das in großen Lettern geschriebene und mit einem Fragezeichen versehene Wort „Locarno" soll eine Verbindung zwischen der Entspannungspolitik Stresemanns und dem angeblichen Ausverkauf Deutschlands an die ehemaligen Feinde suggerieren.

2. Für Klassen mit einem ausgeprägten Interesse an politischen Fragestellungen und Aktualisierungen wird eine Diskussion des nachstehenden Zitats von Peter Krüger empfohlen:

„Wenn heute so viel von Kontinuitäten der deutschen Geschichte die Rede ist ...: von der Locarno-Politik zur Außenpolitik der Bundesrepublik, das ist auch eine" (Die Außenpolitik der Republik von Weimar, Darmstadt 1985, S. 555).

Hausaufgabe:

Wiederholung der Stellung des Reichspräsidenten in der Weimarer Verfassung. Knappe schriftliche Zusammenfassung: Geschichte der Weimarer Republik 1929–1932 nach der Zeittafel und nach dem Lehrbuch.

Vorschlag für eine Zeittafel
Die Außenpolitik der Weimarer Republik (1919–1932)

1919

28. Juni:	Unterzeichnung des Friedensvertrages von Versailles

1920:

5.–16. Juni:	Konferenz der europäischen Siegermächte über die deutschen Reparationszahlungen (zum ersten Mal nehmen deutsche Vertreter teil)
14. 8.:	Abkommen zwischen der Tschechoslowakei und Polens über die Aufrechterhaltung des territorialen Status quo; 1921: Beitritt Jugoslawiens („Kleine Entente"; von Frankreich gefördert)

1921:

24.–29. Januar	Festlegung der deutschen Reparationsschulden auf der Konferenz in Paris (269 Milliarden Goldmark)
19. Februar:	Bündnis zwischen Frankreich und Polen (Garantie der polnischen Westgrenze)
8. März:	Sanktionen (Strafmaßnahmen) wegen der Nichteinhaltung der Reparationsverpflichtungen durch Deutschland: Besetzung mehrerer deutscher Städte im Ruhrgebiet durch die ehemaligen Feindstaaten
20. März:	Abstimmung in Oberschlesien: Abtrennung und Übertragung wertvoller Teile des Industriegebietes an Polen (gegen den Willen der Bevölkerung)
27. April:	Festsetzung der Reparationszahlungen auf 132 Milliarden Goldmark
5. Mai:	Londoner Ultimatum wegen angeblicher Nichteinhaltung der deutschen Verpflichtungen aus dem Versailler Vertrag (von Deutschland akzeptiert)
24.–25. August:	Friedensvertrag zwischen den USA und dem Deutschen Reich sowie zwischen den USA und Österreich

1922:

10. 4.–19. 5.:	Ergebnislose Konferenz von Genua zur Regelung der internationalen Schulden- und Reparationsprobleme
17. April:	Abschluß des deutsch-sowjetischen Vertrags von Rapallo: Gleichberechtigung und Aufnahme diplomatischer Beziehungen, Verzicht auf gegenseitige Kriegs- und Reparationsschulden (wirtschaftliche und rüstungstechnische Zusammenarbeit), Meistbegünstigungsklausel für die beiderseitigen Handels- und Wirtschaftsbeziehungen
9.–11. Dez.:	Londoner Konferenz für Reparationsprobleme; britische Ablehnung der unnachgiebigen Politik Frankreichs gegenüber dem Deutschen Reich

1923:

10. Januar: Annexion des bis 1919 deutschen und im Versailler Vertrag verselbständigten Memelgebietes durch Litauen

11. Januar: Besetzung des Ruhrgebietes durch französische und belgische Truppen („Politik der produktiven Pfänder"); Beginn des Ruhrkampfes („Passiver Widerstand")

21.–24. Oktober: Ausrufung der separatistischen „Rheinischen Republik" und des „Autonomen Pfalzstaates" mit französischer Unterstützung (beide Abspaltungen vom Reich scheitern am Widerstand der Bevölkerung und am britischen Protest)

1924:

25. Januar: Bündnis zwischen Frankreich und der Tschechoslowakei

16. August: Dawes-Plan zur Regelung der Reparationsprobleme, Festlegung der Reparationsquellen, der Jahresraten und möglicher Sanktionen

1925:

1. Januar: Wegen angeblicher Nichteinhaltung des Versailler Vertrages bleibt die „Kölner Zone", die nach dem Friedensvertrag am Jahresbeginn hätte geräumt werden müssen, auf unbestimmte Zeit weiterhin besetzt

9. Februar: Note der deutschen Reichsregierung an die Westmächte mit dem Vorschlag, die Westgrenze zwischen Frankreich und Deutschland endgültig anzuerkennen (sog. deutsche „Friedensoffensive")

16. Juni: Forderung Frankreichs nach Aufnahme Polens in ein System von Verträgen zur Unverletzlichkeit der Grenzen

5.–16. Oktober: Konferenz von Locarno. Teilnehmer: Frankreich, Großbritannien, Belgien, Deutsches Reich, Polen, Tschechoslowakei, Italien. Ergebnisse: Sicherheits- und Westpakt (Garantie der Unverletzlichkeit der Grenzen zwischen Deutschland und Frankreich bzw. Belgien); Verzicht Deutschlands auf gewaltsame Veränderungen der polnisch-deutschen und der tschechoslowakisch-deutschen Grenze; Eintritt Deutschlands in den Völkerbund (8. Sept. 1926)

1. Dezember: Beginn der Räumung der „Kölner Zone" (entsprechend dem Versailler Vertrag)

1926:

24. April: Berliner Vertrag zwischen Deutschland und der Sowjetunion (Freundschafts- und Neutralitätspakt)

1928:

27. August: Kellog-Pakt: Ächtung des Krieges als Mittel der internationalen Politik (bis 1929: 54 Mitglieder, darunter das Deutsche Reich)

1929:

7. Juni: Young-Plan: Neuregelung der deutschen Reparationszahlungen

25. Oktober: „Schwarzer Freitag" an der New Yorker Börse: Zusammenbruch der Aktienkurse. Beginn der Weltwirtschaftskrise

1930:

30. Juni: Endgültige Räumung des (auf Grund des Versailler Vertrages) besetzten Rheinlandes

1931:

20. Juni: Einjähriger Aufschub aller internationalen Zahlungsverpflichtungen (sog. „Hoover-Moratorium")

1932:

16. 6.–9. 7.: Konferenz von Lausanne: Ablösung der deutschen Reparationsschulden durch eine einmalige Schlußzahlung von 3 Milliarden Reichsmark.

Vorschlag für ein Arbeitsblatt

(12. Stunde; Unterrichtsschritt 4)

Die Aufnahme des Locarno-Pakts in Deutschland: Kritik von rechts und links

1. Erklärung der Deutschnationalen Reichstagsfraktion vom 22. Oktober 1925
Die deutschnationale Reichstagsfraktion vermag in dem Ergebnis der Verhandlungen von Locarno nicht die Erfüllung der Forderungen zu sehen, die den Lebensnotwendigkeiten des deutschen Volkes gerecht werden. Die Fraktion vermißt außerdem die Erfüllung der Voraussetzungen für einen Vertragsabschluß sowie die Gegenleistungen der anderen beteiligten Mächte, die den Deutschland angesonnenen Opfern entsprächen. Angesichts dieses Ergebnisses erklärt die Fraktion schon jetzt, daß sie keinem Vertrage zustimmen wird, der den deutschen Lebensnotwendigkeiten nicht gerecht wird und insbesondere einen Verzicht auf deutsches Land und Volk nicht ausschließt.
(Ursachen und Folgen, Band VI, S. 389)

2. Quaatz (DNVP) über Locarno am 14. November 1925
... Wie politisch, so müssen wir uns auch wirtschaftlich nach dem Osten orientieren. Wir müssen die Verbindungen suchen zu Rußland und dem Balkan und über Rußland nach Asien. Wenn wir auf dem Weltmarkt überhaupt noch etwas bedeuten sollen, müssen wir neue Wege nach dem Osten einschlagen. Das ist es gerade, was Locarno uns verbaut. Wir verzichten ausdrücklich auf Oberschlesien, Westpreußen und Danzig. Damit geben wir Ostpreußen und die Brücke nach Rußland preis. Man kann es in einem Wort sagen, Locarno ist der Verzicht auf die wirtschaftliche Zukunft wie auf die nationalen Hoffnungen Deutschlands.
(ebenda, S. 398)

3. Erklärung der KPD im Preußischen Landtag am 30. Oktober 1925
... Was ist Locarno? Wenn man die einzelnen Verträge und ihre Paragraphen durchgeht, so sehen wir, daß Deutschland hinreichend Garantie gibt, aber dafür lediglich die Garantie erhält, daß es Kriegsbütteldienste leisten darf und andererseits Deutschland als Kriegsschauplatz ausliefern muß. Locarno bedeutet in Wirklichkeit – das wird auch in diesem Hause niemand zu bestreiten versuchen – die Auslieferung der Rheinlande, es bedeutet direkt ein Verschenken preußisch-deutschen Gebietes, es bedeutet die Garantie des Einmarsch- und Durchmarschrechtes durch Deutschland, es bedeutet die Kriegsdienstverpflichtung der deutschen Bevölkerung für die Entente gegen Rußland, es bedeutet vor allem die Anerkennung der Aufrechterhaltung des Besatzungsregimes, und es bedeutet erneut das Bekenntnis zu dem Versailler Vertrag. Es bedeutet darüber hinaus verschärfte Ausbedeutung, verschärfte Entrechtung, Unterdrückung, Elend, Übel, Not...
(ebenda, S. 396)

4. Aus der Rede Ernst Thälmanns (KPD) im Deutschen Reichstag am 24. November 1925
... Deutschland soll eintreten in den Völkerbund. Die deutsche Bourgeoisie und auch die sozialdemokratischen Führer wissen genau, daß der Völkerbund nicht nur bedeutet ein Instrument der Sieger von Versailles..., sondern die deutsche Bourgeoisie und die deutschen Sozialdemokraten sind sich auch der Bedeutung der Kriegsparagraphen 16 und 17 vollauf bewußt. Die deutsche Regierung und die deutsche Bourgeoisie sind bereit, es den Siegermächten von Versailles zu überlassen, wann und gegen wen Deutschland Krieg zu führen hat. Die deutsche Bourgeoisie schickt sich an, bedingungslos den Kriegsparagraphen zu akzeptieren. Wenn der Völkerbund unter der Führung von England Krieg in Rußland führen will, dann ist die deutsche Bourgeoisie durch die Annahme dieser Paragraphen freiwillig bereit, den Krieg in Rußland zu unterstützen...
Ich komme jetzt ... zur historisch wichtigen Konsequenz des Locarno-Vertrages. Deutschland, das bisher in einem Verhältnis der Freundschaft zur Sowjetunion stand, geht in die Reihe der Feinde Sowjetrußlands über...
(ebenda S. 427 f.)

5. Aus der Rede Gregor Strassers (NSDAP) im Deutschen Reichstag am 24. November 1925
... Wir Nationalsozialisten, wir Frontsoldaten und wir Frontoffiziere ... verzichten nie und nimmer auf Elsaß-Lothringen. Wir verzichten nie auf Eupen-Malmedy, auf die Saar und auf unsere Kolonien. Wir verzichten auf Nordschleswig so wenig wie auf Memel und Danzig, wie auf Westpreußen und Oberschlesien. Wir jungen Deutschen kennen unsere Auf-

gabe, und wir speisen die Brüder in Österreich und in Sudeten-Deutschland nicht mit leeren Worten ab.

Unser Staat, der ein in sich geschlossener geworden ist, wird einst die Verträge von Versailles, London und Locarno wie Papierfetzen zerreißen können, weil er sich stützt auf das, was Sie bewußt im deutschen Volke zerschlagen, wofür kein Opfer gebracht werden darf, nämlich auf die Bildung eines in sich geschlossenen Volkes...

(Junker, Detlef [Hg.]: Deutsche Parlamentsdebatten II: 1919–1933, Frankfurt 1971, S. 180f.)

Aufgaben

a. Welche Übereinstimmungen und welche Unterschiede enthält diese Kritik aus dem rechten und aus dem linken Lager?
b. Versuchen Sie, die jeweiligen Motive für diese Ablehnung des Vertragswerkes zu nennen!
c. Überprüfen Sie die Aussagen der Kritiker anhand der Begründungen der Locarno-Politik durch Gustav Stresemann und anhand des Vertragswerkes selbst!
d. Warum wurde Locarno in der Hand der Rechts- und Linksparteien zu einem Instrument gegen die Weimarer Demokratie?

14. Stunde
Fallanalyse: Die Reichspräsidentenwahlen 1932

Didaktische Vorbemerkungen

Die Hintergründe und Folgen der Wiederwahl des Weltkriegfeldmarschalls Paul von Hindenburg im Jahre 1932 eignen sich deshalb für einen Unterrichtsschwerpunkt, weil hier der politische Veränderungsprozeß, der schließlich zum Ende der Weimarer Demokratie führte, schlaglichtartig erhellt werden kann. Im Unterschied zu den vorangegangenen Fallanalysen rückt die Frage nach der persönlichen Verantwortung stärker in den Vordergrund; deshalb ist es auch erforderlich, daß man sich im Unterricht mit der Persönlichkeit Hindenburgs und dessen politischem Standort intensiv auseinandersetzt und so den bisher eher vernachlässigten Aspekt des personalen Elements in der Geschichte herausstellt.

Die Analyse beschränkt sich im wesentlichen auf den Vergleich der Situation bei der ersten Wahl Hindenburgs (1925) mit den völlig veränderten Bedingungen seiner Wiederwahl. Deshalb ist eine Berücksichtigung der Bedingungsfaktoren unerläßlich, sie muß allerdings vorläufig bleiben, weil die „Auflösung der Republik“ erst in den folgenden Stunden thematisiert wird. Unter Einsatz der Zeittafel und durch die vorbereitende Hausaufgabe ist es jedoch möglich, bereits an dieser Stelle eine Beurteilung der Hintergründe und Folgen der Hindenburgwahlen vorzunehmen, die in den nächsten Stunden weiter ausgebaut werden kann.

Bei der Beurteilung Hindenburgs folgt dieser Vorschlag der treffenden Charakterisierung des Reichspräsidenten durch Theodor Eschenburg: „Er spürte die innere Dissonanz zur republikanischen Verfassung, aber er wich dem inneren Konflikt zwischen traditionellen Vorstellungen und Verfassungstreue aus, weil er sich ihm nicht gewachsen fühlte. Seinen Eid nahm er sehr ernst, aber er verstand die Verfassung nur in formalem Sinne... In seiner patriarchalischen, autoritären Vorstellungswelt fehlte ihm das Verständnis für die politische Dynamik demokratischer Ordnung, für das politische Kräftegefüge und -spiel, obwohl er schon ein Gespür für Machtverhältnisse hatte. Wäre er mehr Demokrat, mehr Politiker gewesen, so hätte er einen Staatsstreich, um die verfassungsmäßige Ordnung zu retten, gewagt und hätte nicht aus formaler Verfassungskorrektheit die demokratische Republik ihren Gegnern ausgeliefert“ (Die improvisierte Demokratie, München 1963, S. 260f.).

Sowohl die Verfassungsinstitution der Direktwahl als auch deren Auswirkungen müssen in dieser Unterrichtsstunde diskutiert werden. Die Wirkungen der Weimarer Erfahrungen auf die Funktionen und die Wahl des Bundespräsidenten nach dem Grundgesetz der Bundesrepublik Deutschland sind evident. Andererseits stellt sich hier die Frage, ob die Bevölkerung der Weimarer Republik in ihrer Mehrheit überhaupt imstande war, mit diesem heiklen Instrument der Direktwahl umzugehen – und dies nicht erst 1932: „Die Republik hat eine Schlacht verloren, der bisher monarchistische Feldmarschall von Hindenburg wird Präsident der deutschen Republik ... wir empfinden Scham über die politische Unreife so vieler Millionen, die nun wieder den Augen der achselzuckenden Welt sich zeigt. Die gestrige Wahl war eine Intelligenzprüfung, und ... ungefähr die Hälfte des deutschen Volkes (ist) in dieser Prüfung durchgefallen" (Theodor Wolff im Berliner Tagblatt am 27. April 1925; zitiert nach Ursachen und Folgen. Band VI, S. 283). Daß Deutschland sich einen Präsidenten wählte, der sich nicht für die Republik, sondern nur für konservative, nationale Grundüberzeugungen engagierte und einen Staat ohne „Parteienzank" der Demokratie vorzog, macht deutlich, daß auch große Teile der Wahlbürger dieser Demokratie fernstanden.

Lernziele

Die Schüler erkennen,
- daß die Kandidatur Hindenburgs aus der Sicht der Mittelparteien und der SPD die Machtergreifung Hitlers verhindern sollte;
- daß Hindenburg trotz legaler Pflichterfüllung gegenüber der Weimarer Verfassung ein Anhänger einer konservativen Monarchie war und blieb;
- daß die Reichspräsidentenwahl 1932 „ein Symptom dafür (war), daß die Weimarer Republik keine soliden Grundlagen mehr hatte; denn die ... staatstragenden Parteien mußten es dieses Mal als ‚Erfolg' ansehen, daß in das politische Amt mit der größten Machtfülle ein hinfälliger Greis gewählt worden war, von dem man überdies wußte, daß sein Herz weder der Republik noch der Demokratie gehörte" (Born, Karl Erich; in: Schieder, Th. [Hg.], 1979, S. 546);
- daß Hindenburg sich unmittelbar nach seiner Wahl deutlich von den Parteien, die ihn unterstützt hatten, distanzierte.

Die Schüler erarbeiten
- aus Wahlergebnissen (1925 und 1932) Hinweise für die Verschiebung des Parteienspektrums im Deutschen Reich;
- aus Textauszügen die Gründe Brünings, der Mittelparteien und der SPD für die Nominierung Hindenburgs;
- aus Textauszügen die Vorgänge um die Präsidentenwahl 1932.

Die Schüler beurteilen
- Vor- und Nachteile der Direktwahl des Präsidenten unter Berücksichtigung der Weimarer Verfassung und des Grundgesetzes;
- die Rechtfertigung der SPD bei der Unterstützung der Kandidatur Hindenburgs;
- die politische Mündigkeit der deutschen Wahlbevölkerung, die sich zwei Mal für den greisen Feldmarschall entschieden hat;
- die Einstellung Hindenburgs zur Weimarer Republik.

Verlaufsskizze

Unterrichtsschritt 1:
Die Bedeutung der Reichspräsidentenwahlen

Den Schülern wird einleitend folgendes Zitat aus einem Grundgesetz-Kommentar vorgelegt (Nebentafel): „Der Bundespräsident wurde bewußt mit weniger Macht als der Reichspräsident ausgestattet. Bewußt wurde auch seine direkte Wahl durch das Volk nicht beibehalten“ (Hasselberger, Dieter: Das Grundgesetz. Kommentar für die politische Bildung, Neuwied und Berlin 1975, S. 165). Man fordert sie auf, diese Maßnahme zu begründen und zu beurteilen. Dabei werden folgende Probleme diskutiert:

- War die Direktwahl des Reichspräsidenten in der Weimarer Reichsverfassung die Ursache für die Verschiebung des Entscheidungsprozesses weg vom Parlament und hin zur Präsidialdiktatur?
- Soll der Präsident eines Staates völlig der parteipolitischen Auseinandersetzung entzogen werden?
- Kann die Direktwahl dazu führen, daß politische Außenseiter (Agitatoren) das wichtigste Staatsamt erhalten?
- Wäre das Ende der Weimarer Demokratie mit einer anderen Persönlichkeit an der Spitze zu vermeiden gewesen?

An dieser Stelle wird man die Funktionen des Reichspräsidenten (WRV Artikel 41–51) kurz wiederholen (Rückgriff auf die Hausaufgabe): 7jährige Amtsdauer – Ernennung und Entlassung des Reichskanzlers (ohne Mitentscheidung des Parlaments) – Auflösung des Reichstages – Oberbefehl über die Wehrmacht – Erklärung des Gesetzgebungsnotstandes – Notverordnungsrecht nach Artikel 48 – Befugnis, Gesetze des Reichstages einem Volksentscheid zu unterwerfen (vgl. 5. Stunde).

Unterrichtsschritt 2:
Die Ergebnisse der Reichspräsidentenwahlen 1925 und 1932

Aus den Wahlergebnissen der beiden Wahlen – jedes Mal waren zwei Wahlgänge erforderlich – erarbeiten die Schüler einzeln oder in Gruppen die veränderte Situation bei der Wahlentscheidung 1932 (Arbeitsblatt 13).

Bei dieser Analyse sollten wenigstens folgende Gesichtspunkte zum Wählerverhalten herausgestellt werden:

- Bei beiden Wahlen war ein zweiter Wahlgang nötig, weil kein Kandidat beim ersten Versuch die 50-Prozent-Grenze überschreiten konnte.
- Zwischen dem ersten und dem zweiten Wahlgang fand jeweils eine Neuorientierung der Parteien und eine Verringerung der Zahl der Bewerber statt (besonders deutlich: 1925).
- Zwischen 1925 und 1932 hat sich das Wählerverhalten grundlegend verändert.
- Während die SPD und die Mittelparteien 1925 noch eigene – parteiangehörige – Kandidaten aufstellten und dabei nennenswerte Ergebnisse erzielten, hatte sich 1932 das Spektrum weit nach rechts verschoben; deshalb unterstützten sie nun die Wahl Hindenburgs.
- 1925 war Hindenburg von den Rechtsparteien gewählt worden; 1932 verdankte er seine Wahl den Mittelparteien und der SPD.
- Die KPD, die 1925 und 1932 mit demselben Kandidaten antrat, erzielte zwar 1932 ein wesentlich besseres Ergebnis, hatte aber keine Aussicht, den Reichspräsidenten zu stellen.
- Die NSDAP blieb 1925 – ganz im Gegensatz zu 1932 – auf dem Niveau einer Splitterpartei.
- Ein großer Teil der 1925 im ersten Wahlgang für die DNVP abgegebenen Stimmen, die damals das beste Ergebnis (über 10 Millionen) erzielte, dürfte 1932 Hitler zugefallen sein.
- Die Wahlbeteiligung lag 1932 deutlich höher als 1925 (1. Wahlgang: 86,2% [1932] – 68,9% [1925]).
- Im zweiten Wahlgang hatte Hitler 1932 mehr Stimmen (nämlich über 2 Millionen) von der DNVP, die ihren Wählern die Entscheidung zwischen Hitler und Hindenburg freistellte, gewonnen, als Hindenburg (nur etwa 700 000 Stimmen).

– Der Lehrer weist darauf hin, „daß Hindenburg 1932 vor allem in Gebieten überdurchschnittlich gewählt wurde, in denen 1925 sein Zentrum-Mitbewerber besonders erfolgreich gewesen war, während in den Hochburgen Hindenburgs von 1925... Adolf Hitler von einer starken Mehrheit gewählt wurde“ (Falter, J. u.a. 1986, S. 19f.).

Erweiterung

Um zu zeigen, daß die Ergebnisse der Reichspräsidentenwahlen nicht grundsätzlich von den übrigen Wahlen in den letzten Jahren der Weimarer Republik abwichen, empfiehlt es sich, zum Vergleich die Reichstagswahlen von 1930 und 1932 (Juli und November) heranzuziehen (vgl. Milatz, A. [1968], S. 151; Elben, S. 148; Falter, Jügen W.: Wahlen und Wählerverhalten; in: Bracher, K. D. 1987, S. 484–504).

Auf Grund dieses Befundes wird nun der weitere Verlauf der Stunde strukturiert; die Schüler formulieren Fragen, die man an der Nebentafel festhält; z.B.: Warum war es zu dieser Entwicklung des Wählerverhaltens gekommen? – War Hindenburg der einzige Kandidat, der Hitlers Sieg bei den Präsidentenwahlen verhindern konnte? – Warum mußten die Mittelparteien und die SPD auf die Nominierung eigener Kandidaten verzichten? – Welche politischen Ziele verfolgte der wiedergewählte Reichspräsident von Hindenburg?

Unterrichtsschritt 3:
Paul von Hindenburg (politische Biographie)

In einem Lehrervortrag, der gegebenenfalls durch ein kurzes Schülerreferat ersetzbar ist, vermittelt man die biographischen Daten des Reichspräsidenten und dessen politische Überzeugungen.

Der 1847 geborene Paul von Hindenburg entstammte einer preußischen Adelsfamilie. Er wurde nach dem Besuch des Gymnasiums und der Kadettenanstalt Offizier in der preußischen Armee und nach der Generalstabslaufbahn 1911 pensioniert. 1914 trat er erneut in den aktiven Dienst, nachdem die deutschen Truppen in Ostpreußen schwere Niederlagen erlitten hatten. Als Oberbefehlshaber besiegte Hindenburg die Russen bei Tannenberg und an den Masurischen Seen entscheidend. Als „Sieger von Tannenberg“ und „Befreier Ostpreußens“ wurde er zum volkstümlichsten Heerführer des Ersten Weltkrieges und übte schließlich seit 1916 als Chef der Obersten Heeresleitung (zusammen mit Ludendorff) maßgebenden Einfluß auf die Kriegführung und auf die deutsche Politik aus.

Nach dem Rückzug und der Demobilisierung des deutschen Heeres (Versailler Vertrag) legte Hindenburg seine Ämter nieder. Die Unterzeichnung des Versailler Vertrages hatte er abgelehnt mit der Bemerkung: „Ich muß als Soldat den ehrenvollen Untergang einem schmählichen Frieden vorziehen.“ Großes Aufsehen erregte er, der auch nach dem Krieg als Privatmann bei vielen Deutschen noch in hohem Ansehen stand, durch die von ihm 1919 öffentlich vertretene „Dolchstoßlegende“, der zufolge „die heimliche und planmäßige Zersetzung von Flotte und Heer“, nicht aber die militärische Führung und „der gute Kern des Heeres“ die Schuld an der deutschen Niederlage trage. Der 1925 zum Reichspräsidenten Gewählte bekannte sich bis zu seinem Lebensende zur Monarchie und war eigentlich ein Gegner des Parteienstaates. „Er wurde von den Führern und Wählern der ‚Weimarer Koalition‘ als gefährlich angesehen, weil Hindenburg als die volkstümlichste Verkörperung des Kaiserreichs zur Befürchtung Anlaß gab, daß er die starke Stellung des Reichspräsidenten im restaurativen Sinne einsetzen würde. Obgleich dies in der Tat wohl dem Willen der Mehrheit seiner Wähler entsprach, hat Hindenburg sein Amt loyal gegenüber der Verfassung angetreten. Bei seiner militärischen Erziehung, Erfahrung und Lebensanschauung schloß der Eid auf die Reichsverfassung für ihn jede innere Unredlichkeit gegenüber dem Staate aus, dem zu dienen auch unter den neuen Verhältnissen er als seine Pflicht ansah. Allerdings war es nur natürlich, daß er diesen Staat, der sich im demokratisch-republikanischen Geiste erfüllen sollte, nicht wirklich begriff, daß er die unzweifelhaft vorhandenen Gefahren seiner Verfassung einseitig sah und daß er seine überparteiliche Staatsanschauung, die im monarchischen Obrigkeitsstaat geprägt worden war, als seinen sicheren, für ihn nicht in Frage gestellten inneren Besitz mitbrachte. ... Für den Parteienstaat konnte er kein Verständnis aufbringen, ja mußte er Verachtung empfinden“ (Conze, Werner; in: Jasper, Gotthard [Hg.]: Von Weimar zu Hitler 1930–1933, Köln–Berlin 1968, S. 47). Hindenburg war Ehrenvorsitzender des republikanischen „Stahlhelms“. „Bei allem guten Willen war er hilflos, er brauchte Berater, die ihn orientierten. Hinzu kam sein hohes Alter und der damit verbundene körperliche Verfall, seine zunehmende geistige Trägheit ... – und damit die zunehmende Abhängigkeit von seiner Umgebung. Und diese Umgebung war keineswegs von der Art, die einem Präsidenten der Republik angestanden hätte, im Gegenteil: da waren alte Kameraden aus der preußischen Armee, die nunmehr dem antirepublikanischen und monarchistischen Soldatenbund ‚Stahlhelm‘ und sonstigen ‚Vaterländischen Verbänden‘ angehörten; da war die Crème des ostelbischen grundbesitzenden Adels ... In diesen Kreisen hatte man gehofft, mit Hilfe des neuen Reichspräsidenten das verhaßte ‚System‘ schnell und wirkungsvoll kippen zu können“ (Schulze, H. 1982, S. 298).

Schon vor seiner Wiederwahl 1932 hatte sich sein Gewicht in der deutschen Politik beträchtlich gesteigert, weil nach dem Auseinanderbrechen der letzten Koalition, die über eine Reichstagsmehrheit verfügte, alle folgenden Kabinette nur mit dem Notverordnungsartikel 48 der Verfassung, welcher dem Reichspräsidenten in Notzeiten eine überragende Stellung einräumte, regieren konnten.

Erweiterung

Dieser Lehrervortrag kann durch einen Dia-Satz unterstützt werden, aus welchem die „monumentale“ Stellung Hindenburgs und wesentliche Elemente seiner Funktion in den letzten Jahren der Weimarer Republik ableitbar sind. Der Einsatz folgender Lichtbilder wird dafür vorgeschlagen:

1. Hindenburg auf einem Plakat aus den letzten Kriegsjahren, das zur Zeichnung von Kriegsanleihen auffordert; auffallend sind der militärische, starre Ausdruck und die mit Hindenburg verbundene Parole: „Der Sieg ist sicher. Zeichnet Kriegsanleihen.“ Die Schüler werden darauf hingewiesen, daß bereits hier nicht mehr der Kaiser, sondern der Feldmarschall als Exponent des Deutschen Reiches herausgestellt wird.
2. Hindenburg 1925 auf einer Huldigungsfahrt durch Berlin; das Bild zeigt eine feiertägliche Stimmung und den Jubel zahlreicher Menschen. Aus der Fotografie kann abgeleitet werden, daß Hindenburg über eine große Anhängerschaft bei den Massen verfügte.
3. Wahlaufruf 1932: „Hindenburg muß unser Führer bleiben ...“ (Textplakat); das Plakat nimmt den Ruf nach dem „Starken Mann“ auf und versucht, die Wähler von Hitler abzuziehen.
4. Wahlaufruf 1932: „Hindenburg nicht Hitler! das ist die Parole des 10. April ...“ (Textplakat)
5. Wahlplakat 1932: Ein übergroßer Arbeiter fegt mit einem Besen, kleine, Hakenkreuzfahnen schwenkende Nationalsozialisten, beiseite. Darüber liest man: „Schluß jetzt mit Hitlers Volksverhetzung! Wählt Hindenburg.“ Dieses Plakat nimmt Elemente der NS-Propaganda auf; wichtig ist, daß hier und auf den anderen Plakaten nur der Name Hindenburg, nicht aber die ihn unterstützenden Parteien erscheinen.
6. Wahlplakat (März 1933): Hindenburg erscheint zusammen mit Hitler auf dem Bild. Der Text lautet jetzt: „Der Marschall und der Gefreite kämpfen mit uns für Frieden und Gleichberechtigung“.
7. Tag von Potsdam. Die Fotografie gibt einen guten Eindruck von der angestrebten Gemein-

samkeit: Hitler spricht in der Garnisonskirche zu dem vor ihm sitzenden Reichspräsidenten.

Alle hier beschriebenen Dias findet man in den Reihen „Parolen, Plakate, Propaganda“ und „Die jüngste Geschichte Deutschlands“ (W. Jünger-Verlag, Offenbach).

Unterrichtsschritt 4:
Die Hintergründe der Kandidatur Hindenburgs

Da die komplizierte Vorgeschichte der Kandidatur Hindenburgs und die Zusammensetzung seines Wahlkomitees aus Zeitgründen nicht aus Quellen erarbeitet werden kann, sind wir bei diesem wichtigen Abschnitt der Fallanalyse auf zusammenfassende Darstellungen in der wissenschaftlichen Literatur angewiesen.
Den Schülern werden Stellungnahmen verschiedener Autoren vorgelegt, welche sie in einem arbeitsteiligen Verfahren (evtl. Gruppenarbeit) zusammenfassen und kritisch beurteilen (Arbeitsblatt 13).
Folgende Fragen zur Auswertung haben sich bewährt:

1. Erarbeiten Sie die Stellung Hindenburgs zu seiner Kandidatur im Jahr 1932 und die Motive für seine Vorbehalte gegen diese Kandidatur.
2. Welche Gründe hatten – nach der Auffassung der Verfasser dieser Texte – Brüning, die Parteien der Mitte und die SPD für eine Unterstützung der Kandidatur Hindenburgs?
3. Welche Rolle spielt die Kandidatur Hitlers bei der Entscheidung der Parteien für Hindenburg? – Welche Rolle spielt die Kandidatur Thälmanns?
4. Welche andere Lösung wäre denkbar gewesen?

Zur effizienten Auswertung wird ein Raster entworfen, das etwa folgende Elemente enthalten sollte:

- die Haltung Hindenburgs zu seiner Kandidatur der „verkehrten Fronten“ (vgl. dazu die Stellungnahme Hindenburgs nach der Nominierung: „Ich habe die angebotene Kandidatur angenommen in dem Gefühl, eine vaterländische Pflicht damit erfüllen zu müssen. Hätte ich abgelehnt, so bestände bei der Zersplitterung der bürgerlichen Parteien, die Gefahr, daß der Kandidat der Rechtsradikalen oder derjenige einer im zweiten Wahlgang geeinten kommunistisch-sozialistischen Koalition zum Sieg gelangen würde. Ein solches Ergebnis der Präsidentenwahl müßte ich für ein großes Unglück für unser Vaterland ansehen“ (Elben, S. 117)
- die Motive Brünings und der Parteien, welche die Wahl Hindenburgs unterstützten
- Hitlers Wahlziele und die Führung des Wahlkampfes durch die NSDAP
- das Potential der Hitler unterstützenden politischen und wirtschaftlichen Gruppen und Wählerschichten
- die Rolle der KPD im Präsidentschaftswahlkampf 1932.

Im Auswertungsgespräch legt man den Nachdruck auf den Wandel der politischen Situation der Weimarer Republik seit 1925 und stellt dazu als wesentlichste Indizien heraus, daß die demokratischen Parteien nicht mehr in der Lage waren, mit einem eigenen Kandidaten einen Wahlsieg Hitlers und die damit verbundenen Bedrohungen der Demokratie aufzuhalten und daß der Kandidat Hindenburg nicht bereit war, als Vertreter der Parteien anzutreten, sondern ein überparteiliches Wahlbündnis forderte. Weltwirtschaftskrise und Radikalisierung großer Wählerschichten hatten bereits 1932 das politische Gefüge der Weimarer Republik zerstört und handlungsunfähig gemacht.

Erweiterung: Die SPD und Hindenburgs Kandidatur

Um den bereits vermittelten Erosionsprozeß in

der politischen Landschaft Deutschlands weiter zu verdeutlichen, bietet sich eine Gegenüberstellung von SPD-Proklamationen zu den Reichspräsidentenwahlen 1925 und 1932 an (s. Vorschlag für ein Arbeitsblatt). Der tiefe politische Einschnitt, der zwischen den beiden sozialdemokratischen Stellungnahmen liegt, wird unmittelbar evident; es genügt deshalb, wenn man die Lerngruppe auffordert, die unterschiedliche Position der SPD aus den Texten herauszuarbeiten. Die Ergebnisse können unschwer in das zweispaltige Tafelbild eingefügt werden. Daran schließt sich die Frage an, ob die SPD unter den gegebenen Umständen 1932 eine andere Position hätte beziehen müssen.

Unterrichtsschritt 5:
Die Folgen der Präsidentenwahlen 1932

„Hindenburg (war) bestürzt darüber, nahezu alle ‚nationalen' Kräfte gegen sich versammelt zu sehen, besonders den Stahlhelm, dessen Ehrenmitglied er war. Er fühlte sich in keiner Weise an den Auftrag seiner Wahl, Brüning an der Macht zu halten, gebunden (Parker, R. A. C. 1967, S. 228f.). Die Tatsache, daß die Wahl Hindenburgs nicht zu der erwarteten politischen Stabilisierung führte, sondern im Gegenteil die Auflösung der Weimarer Demokratie rasch fortschritt, kann man durch eine Datenreihe veranschaulichen, die entweder als Hektographie vorgelegt oder an die Tafel geschrieben wird. Dabei ist es sinnvoll, die von Brüning, den Mittelparteien und der SPD auf Hindenburg gesetzten Hoffnungen mit seinen Maßnahmen bzw. der Tolerierung der Maßnahmen anderer zu kontrastieren und so den Zusammenhang zwischen der Präsidentschaftswahl und dem Ende der Weimarer Republik herauszustellen (s. auch Zeittafel für die ganze Unterrichtseinheit).

Es reicht aus, wenn man sich auf folgende wesentliche Ereignisse beschränkt:

- Die preußischen Landtagswahlen vom 24. April 1932 führten zu einem riesigen Wahlerfolg der NSDAP, die nun die weitaus stärkste Fraktion auch im preußischen Landtag stellt, ohne daß eine rechte Mehrheit zustandegekommen wäre.
- Am 30. März 1932 wurde Brüning, der sich wie kein anderer für die Wiederwahl Hindenburgs eingesetzt hatte, von diesem entlassen. Sein Nachfolger wurde Franz von Papen, der ein Präsidialkabinett aus Vertretern der DNVP, der Großagrarier und der Schwerindustrie bildete. (Vgl. zur Entlassung Brünings die auch zum Vorlesen geeignete Darstellung in: Bilder aus der Weltgeschichte Heft 14, Frankfurt o.J., S. 119ff.).
- Mit einer Notverordnung wurde am 20. Juli 1932 die sozialdemokratische Regierung Preußens abgesetzt. Papen wurde Reichskommissar des größten Landes. Die stärkste noch bestehende republikanische Stellung war damit beseitigt. „Nicht nur die Verlagerung der Präsidialregierung nach rechts und die Bildung einer ‚Konzentrationsregierung', sondern auch die Ablösung der wichtigsten regionalen Stütze des Brüning-Systems, der preußischen Regierung war ... in die politische Planung des Reichspräsidenten einbezogen" (Bracher, K. D. 1978, S. 453).
- Versuche während des Sommers 1932, Hitler zu „zähmen", indem man die NSDAP in ein Kabinett unter Papen aufzunehmen versprach, was Hindenburg begrüßt hätte, scheiterten an Hitlers Forderung nach der ganzen Macht.
- Ebensowenig gelang es General Schleicher, dem Nachfolger Papens, die NSDAP zu spalten und – gestützt auf die Gewerkschaften – eine Präsidialdiktatur zu errichten. Hindenburg lehnte die Zusammenarbeit mit der Arbeiterbewegung rigoros ab.
- Am 30. Januar 1933 ernennt Hindenburg – beeinflußt durch die sog. Kamarilla im Präsidentenpalais, durch die Großagrarier und einen Teil der Großindustrie – Hitler zum Reichskanzler und Chef eines Kabinetts, in dem weitaus mehr Konservative als Nationalsozialisten saßen. (Vgl. 16. Stunde)

Vorschlag für ein Arbeitsblatt

(13. Stunde; Unterrichtsschritt 4: Erweiterung)

Äußerungen der SPD zur Präsidentenschaft Hindenburgs 1925

Hindenburg wird am 26. April durchfallen. Warum? Weil kein vernünftiger Mensch für ihn stimmen kann! Einen Greis, der sich nach seinem eigenen Geständnis nie mit Politik beschäftigt hat, dem deutschen Volk zu leitenden Staatsmann vorzuschlagen, ist ein Unfug, zu dem kein vernünftiger Mensch Beihilfe leisten kann. Hindenburg ist das Symbol der Monarchie und des Krieges! Deutschland ist aber eine Republik und braucht den Frieden ...
Dieser ahnungslose Greis läßt sich jetzt von einem deutschnationalen Klüngel mißbrauchen, der durch seinen populären Namen Rettung von der verdienten Niederlage sucht. Dieser Anschlag auf den gesunden Menschenverstand wird dem deutschnationalen Klüngel mißlingen. Deutschland ist kein Tollhaus, die deutschen Wählerinnen und Wähler werden die Zumutung ... einen eingefleischten Monarchisten zum Präsidenten der Republik zu wählen als eine Beleidigung zurückweisen.
Wilhelm Marx war vor der Aufstellung Hindenburgs der Kandidat aller Republikaner, nach der Aufstellung Hindenburgs ist er der Kandidat aller politisch reifen Staatsbürger, aller vernünftigen Menschen ...
(Ursachen und Folgen. Band VI, S. 272f.)

1932

Das deutsche Volk steht am 13. März vor der Frage, ob Hindenburg bleiben oder ob er durch Hitler ersetzt werden soll. Die Rechte hat vor sieben Jahren Hindenburg auf den Schild gehoben. Sie hoffte, er würde sein Amt parteiisch zu ihren Gunsten führen, seinen Eid verletzen und die Verfassung brechen. Es war selbstverständlich, daß wir Sozialdemokraten einen Bewerber, auf den unsere schlimmsten Feinde solche Hoffnungen setzten, entschieden bekämpften. Hindenburg aber hat seine einstigen Anhänger enttäuscht. Weil er unparteiisch war und weil er es bleiben wollte, für einen Staatsstreich nicht zu haben ist, darum wollen sie ihn jetzt beseitigen. Hitler statt Hindenburg, das bedeutet Chaos und Panik in Deutschland und ganz Europa ... Hitler statt Hindenburg, das bedeutet: Sieg des reaktionären Teils der Bourgeoisie über die fortgeschrittenen Teile des Bürgertums und über die Arbeiterklasse. Vernichtung aller staatsbürgerlichen Freiheiten ... Gegen Hitler! Das ist die Losung des 13. März. Es gibt kein Ausweichen! Hitler oder Hindenburg? Es gibt kein Drittes! ...
(nach Tormin, W.: Die Weimarer Republik, Hannover 1978, S. 213)

15. Stunde
Die Wirtschaftskrise in Deutschland und das Krisenmanagement der Regierung Brüning

Didaktische Vorbemerkungen

Bei der unterrichtlichen Aufarbeitung der Ursachen für das Scheitern der Weimarer Republik kann die Wirtschaftskrise in den Jahren 1929 bis 1932 eine Sonderstellung für sich beanspruchen. Einerseits wurden in dieser Zeit – bedingt durch die Wirtschaftskrise – wichtige Strukturmängel des Weimarer Staates deutlich, und andererseits sind die in dieser Phase durchgesetzten Maßnahmen zur Einschränkung sozialer und demokratischer Errungenschaften und Einrichtungen und auch der dramatische Zuwachs der NS-Bewegung nur vor dem Hintergrund der außergewöhnlichen Notlage weiter Bevölkerungskreise begreifbar.
Die 15. und die 16. Stunde der Unterrichtseinheit haben zugleich die Funktion, das bisher Gelernte für die abschließenden Überlegungen zum Scheitern der Weimarer Republik nutzbar zu machen. Es wird deshalb empfohlen, überall dort, wo es sich anbietet, in einer Art immanenter Wiederholung auf die Inhalte der früheren Stunden zurückzugreifen. Indem man die Schüler darauf hinweist, daß die westlichen Demokratien – insbesondere die USA und Großbritannien – die Wirtschaftskrise ohne nennenswerte Verluste an demokratischer Substanz überstanden haben, kann man sie für die besonderen Verhältnisse in Deutschland sensibilisieren.
Im Mittelpunkt der 15. Stunde stehen das

Ausmaß der Krise in Deutschland und die Politik Brünings; schwerpunktmäßig werden die wirtschaftlichen und wirtschaftspolitischen Zustände, Entwicklungen und Maßnahmen vorgestellt oder erarbeitet. Die parallel verlaufenden komplizierten innenpolitischen Ereignisse sind Thema der 16. Stunde. Dieser Trennung liegt folgende didaktische Überlegung zugrunde: Wirtschaftliche Phänomene sind erfahrungsgemäß auch für Schüler der gymnasialen Oberstufe eine schwierige Materie und sollten deshalb nicht durch die Einführung zusätzlicher Problemstellungen überlagert werden.

Obgleich neueste Forschungsergebnisse die Frage nach der Verantwortlichkeit für die Verstärkung der Krise eher zu Lasten Brünings beantworten, überläßt es die Konzeption dieser Stunde der Lerngruppe, zu einer eigenständigen Beurteilung zu kommen (kontrastive Anordnung fachwissenschaftlicher Stellungnahmen; s. Arbeitsblatt 14): „Die Regierungszeit des Reichskanzlers Brüning von April bis Mai 1932 gehörte zu den umstrittensten Abschnitten der neuesten deutschen Geschichte. Für die einen war er der letzte Kanzler, der sich Hitler und seinem Anhang mit aller Kraft entgegenstemmte, während die anderen in ihm den Wegbereiter des Nationalsozialismus sahen" (Büttner, Ursula, VjHfZG 1989, S. 209).

Die Unterrichtsinhalte werden in zwei große Arbeitsschritte zerlegt: Man erörtert zunächst die wirtschaftlichen und gesellschaftlichen Phänomene der Krise in Deutschland (Unterrichtsschritte 1 bis 3) und setzt sich dann mit dem deutschen Krisenmanagement auseinander (Unterrichtsschritte 4 und 5). Um eine Überfrachtung der Stunde zu vermeiden, wird für die Darstellung der Wirtschaftskrise in USA ein Exkurs angeboten; eine gründliche Beschäftigung mit den Voraussetzungen, dem Verlauf und den Auswirkungen der amerikanischen Wirtschaftskrise erfordert erfahrungsgemäß eine zusätzliche Unterrichtsstunde.

Lernziele

Die Schüler erkennen

- die enge Verflechtung der Weltwirtschaft in der Zwischenkriegszeit („Ursachen und Auswirken der Weltwirtschaftskrise zeigen noch viel deutlicher als die Phase der sogenannten ‚relativen Stabilisierung', in welchem Ausmaß die Weltwirtschaft nach dem Weltkrieg auf Gedeih und Verderb an die amerikanische Wirtschaft gebunden war... Tatsächlich zeigt die Krise in den USA sofort Wirkungen in Europa, in Japan und den rohstoffexportierenden Ländern, schlug dann auf die USA zurück und setzte damit jene weltweite Depression in Gang, von der kein Land verschont blieb") (Ziebura, Gilbert [1984], S. 146f.);
- den hohen Grad der Verschuldung des Deutschen Reiches durch im Ausland aufgenommene Kredite (rund 21 Milliarden RM zwischen Ende 1923 und Sommer 1930) und die Folgen dieser Verschuldung während der Wirtschaftskrise;
- die Methoden und Unzulänglichkeiten der deutschen Wirtschaftspolitik in der Krise;
- die Instrumentalisierung wirtschaftspolitischer Maßnahmen für innenpolitische Zielsetzungen („Nicht unüberwindliche soziale Spannungen, immanente Sachzwänge oder politischer Notstand [führten in erster Linie] zu Präsidialregime und Notstandsverordnungsdiktatur, sondern vielmehr die erklärte Absicht Brünings, auf diesem Wege die schrittweise Restauration des alten obrigkeitlichen Systems zu vollziehen" [Nebbe, Reinhard; nach : SOWI 1984/4, S. 12].);
- den Unterschied zwischen anti- und prozyklischer Konjunkturpolitik.

Die Schüler erarbeiten

- Indikatoren für eine konjunkturelle und strukturelle Wirtschaftskrise;
- anhand von Statistiken und einer Graphik

das Ausmaß der Krise für Wirtschaft und Gesellschaft;
- aus Graphiken die wirtschaftliche Entwicklung Deutschlands seit 1924 und die Ursachen für das Übergreifen der amerikanischen Krise nach Deutschland.

Die Schüler beurteilen
- anhand fachwissenschaftlicher Textauszüge Wesen und Wirkungen der wirtschaftspolitischen Maßnahmen der Regierung Brüning;
- die spezifischen wirtschaftlichen, politischen und gesellschaftlichen Bedingungen der Weimarer Republik und deren krisenverschärfende Funktion („Heute [drängt sich] eher die Frage auf, wie es gekommen ist, daß diese schwache, vom Beginn ihrer Existenz an mit einem Legitimationsdefizit behaftete Demokratie überhaupt so lange Bestand gehabt hat" [Köhler, Henning 1981, S. 91]).

Verlaufsskizze

Unterrichtsschritt 1:
Indikatoren für eine Wirtschaftskrise

Nach der Bekanntgabe des Stundenthemas (Tafel) fordert der Lehrer die Schüler auf, in Partnerarbeit mögliche Indikatoren für eine Wirtschaftskrise zusammenzustellen. Die dabei gefundenen Begriffe werden an der

Zur Information des Lehrers

Kurt Hübner: Zwangslagen oder Handlungsspielräume der Wirtschaftspolitik 1929–1932

Der (organisierten) Arbeiterbewegung ist es vor allem dank ihrer politischen Machtstellung gelungen, die Einkommensverteilung zwischen industriellem Kapital und Lohn- und Gehaltsempfängern zu ihren Gunsten zu verbessern: Zwischen 1926 und 1932 stieg die Lohnquote um drei Prozentpunkte an, während der Anteil des industriellen Kapitals (industrielle Profitquote) im gleichen Zeitraum um 8 Prozentpunkte zurückging. Zwischen 1926 und 1928, der Phase der sogenannten ‚Rationalisierungskonjunktur' kam es ... zu einer beschleunigten Steigerung der Kapitalintensität (Kapitaleinsatz pro Arbeiter), aber auch zu einer deutlichen Verbesserung der Arbeitsproduktivität ... Die Produktionskapazitäten wuchsen schneller als die einkommensabhängigen Nachfrageströme ... In einem systemimmanenten Sinne läßt sich der Brüningsche Versuch, mit allen denkbaren Mitteln die Rentabilität zu erhöhen, als plausibel und rational interpretieren. Verbesserte Rentabilität bedeutete schließlich eine Erhöhung der ‚Investitionsneigung', eine Ausweitung der Investitionen ...
Die – ökonomisch wie politisch – offene Flanke für eine Politik der Rentabilitätssteigerung waren die (direkten und indirekten) Lohnkosten: Die in Form von Notverordnungen festgesetzten Lohnkürzungen entlasteten das Rentabilitätskalkül auf direktem Wege; der Abbau des Arbeitslosengeldes und der Sozialleistungen weichten das Lohnminimum auf und trugen auf diese Weise zu einer Flexibilisierung des Lohnmechanismus auf dem Arbeitsmarkt bei. Zugleich konnte so das stattliche Budget entlastet und die eingesparten Mittel für Steuererleichterungen zugunsten der Unternehmer verwendet werden.
Der gesellschaftliche Preis dieser Strategie bestand freilich in einer Beschleunigung des Anstiegs der Arbeitslosigkeit sowie in einer wirtschaftlichen Auszehrung des Mittelstandes ... Die Deflationspolitik, wie sie Brüning praktizierte, setzte nur an den Lohnkosten an und vernachlässigte die politische Kontrolle von Kapitalstock- wie Nachfrageentwicklung.
Die Expansionspolitik, wie sie in den Alternativkonzepten gefordert wurde, will demgegenüber lediglich die Nachfragebedingungen verbessern und unterschätzt dabei völlig die krisengenerierenden Wirkungen der Kapitalstrukturentwicklung.
(SOWI 1984/4, S. 40–42)

Tafel festgehalten (ggf. Ergänzungen durch den Lehrer; diese Indikatoren sollen bei der Analyse der Wirtschaftsdaten (Unterrichtsschritt 2) Verwendung finden:
- stagnierendes oder rückläufiges Wirtschaftswachstum,
- rückläufige Industrieproduktion (vor allem Investitionsgüter),
- hohe Arbeitslosigkeit,
- fallende Aktienkurse,
- rückläufige Gewinne,
- Zunahme der Konkurse,
- stagnierende oder sinkende Löhne und Gehälter,
- sinkende Preise.

Unterrichtsschritt 2:
Das Ausmaß der Krise in Deutschland

Als Arbeitsgrundlage für diesen Unterrichtsschritt dienen Statistiken zur wirtschaftlichen Lage im Deutschen Reich während der Weltwirtschaftskrise. Geeignete Materialien findet man in den gängigen Lehrbüchern (vgl. ferner: Michalka, W./ Niedhart, G. 1980, S. 403–416). Die Schüler notieren – wiederum in Partnerarbeit – signifikante Entwicklungen, welche auf eine massive Wirtschaftskrise in Deutschland hinweisen.
Folgende Ergebnisse werden erwartet:
- Das Bruttosozialprodukt erreicht 1932 nur noch 65% des Ergebnisses von 1928;
- die Industrieproduktion geht zwischen 1928 und 1932 um etwa ⅓ zurück (Investitionsgüterproduktion um fast die Hälfte);
- die Arbeitslosigkeit steigt von etwa 1 Million (1928) auf über 6 Millionen (1932) – von 6,3% auf 25,9%;
- die Reallöhne sinken im untersuchten Zeitraum um mehr als 10%.

Erweiterungen: Die Auswirkungen der Krise

1. Durch folgende im Lehrervortrag vermittelte Daten erhalten die Schüler einen Einblick in die Auswirkungen der Krise auf die Menschen in der Weimarer Republik:
   - In Berlin mußten 104 Kinos mangels Besuchern schließen.
   - Bei der Hamburger Werft Blohm und Voss ging die Belegschaft von 15000 auf etwa 800 zurück.
   - Viele Gemeinden mußten die Wohlfahrtshilfe wegen Geldmangels einstellen; arbeitslose Wohlfahrtsempfänger wurden zu Bettlern.
   - Von 1929 bis 1932 stieg die Zahl der Wohlfahrtsempfänger (Erwerbslose, die auf Hilfe der Gemeinden angewiesen waren) von 0,3 Millionen auf 2,8 Millionen, während die Zahl der Empfänger von Leistungen aus der eigentlichen Arbeitslosenversicherung von 1,7 Millionen auf 0,8 Millionen zurückging.
   - Unter den Arbeitslosen im Deutschen Reich befand sich etwa eine Million Jugendlicher ohne jeden Anspruch auf Unterstützung.
   - Der Bierkonsum, der vor dem Ersten Weltkrieg 102 Liter pro Kopf der Bevölkerung betragen hatte, war 1931 auf 74 Liter zurückgegangen.
   - Inschrift auf einem Pfefferkuchenherz an Weihnachten 1932:
     „Dieser Kuchen ist nicht groß,
     Denn auch ich bin arbeitslos."
2. Als Vorlesetext hat sich der Leserbrief eines Jungakademikers bewährt: Vgl. Bilder aus der Weltgeschichte Heft 14, Frankfurt o.J., S. 109f.).
3. Schließlich kann in interessierten Kursen die Interpretation eines Gedichtes von Erich Kästner die wünschenswerte Betroffenheit über die Situation der Menschen in der ausgehenden Weimarer Republik herstellen (evtl. Präsentation auf Tonband oder -kassette):

Unterrichtsschritt 3:
Ursachen der Krise

Da die hochgradige Verflechtung des Deutschen Reiches in den internationalen Finanzkreislauf die deutsche Wirtschaft im Gefolge der amerikanischen Wirtschaftskrise am tiefsten in den Strudel gezogen hatte, wird dieser Aspekt nun ganz in den Vordergrund gerückt. Anhand einer Folie, deren Aussagen im Unterrichtsgespräch interpretiert werden, kommt man zu folgenden Feststellungen:

Erich Kästner: Das Riesenspielzeug

Eins habt ihr leider nicht bedacht:
daß Kinderhaben auch verpflichtet.
Ihr wart auf uns nicht eingerichtet,
ihr habt uns nur zur Welt gebracht.
...
Ihr habt uns in die Welt gesetzt.
Wer hatte auch dazu ermächtigt?
Wir sind nicht existenzberechtigt
und fragen euch: Und was wird jetzt?

Schon sind wir eine Million!
Wir waren fleißig und gelehrig.
Und ihr? Ihr schickt uns, minderjährig,
fürs ganze Leben in Pension.
...
Sind wir denn da, um nichts zu tun?
Wir, die geborenen Arbeitslosen,
verlangen Arbeit statt Almosen
und fragen euch: Und was wird nun?
...
Die Zeit ist blind und blickt uns an.
Die Sterne ziehn uns an den Haaren.
Das ganze Leben ist verfahren,
noch ehe es für uns begann.

Vernehmt den Spruch des Weltgerichts:
Ihr gabt uns seinerzeit das Leben,
jetzt sollt ihr ihm den Inhalt geben!
Daß ihr uns liebt, das nützt uns nichts.

(in: Erich Kästner, Gesammelte Schriften für Erwachsene,
Atrium Verlag, Zürich 1969)

- Konjunkturaufschwung der deutschen Wirtschaft durch ausländische Kredite,
- Investitionen weitgehend auf Fremdkapital aufgebaut,
- riskante Politik der deutschen Banken durch langfristige Vergabe von kurzfristigen Krediten,
- hohe Verschuldung Deutschlands gegenüber dem Ausland, starke Abhängigkeit Deutschlands von der wirtschaftlichen Entwicklung in den Kreditgeberländern,
- Verflechtung der internationalen Wirtschaft (Reparationszahlungen – Kriegsschuldentilgung – Kredite) mit dem Dreh- und Angelpunkt USA.

(s. Vorschlag für eine Folie)

Der Lehrer weist auf weitere Ursachen hin, welche für das Ausmaß der Wirtschaftskrise in Deutschland verantwotlich waren:

- „Die deutsche Binnenkonjunktur befand sich bereits in einer Rezession, als die Krise in Amerika offenkundig wurde“ (Winkler, H. A. 1985, S. 733).
- Die überhöhte Investitionstätigkeit der Unternehmen (Rationalisierungskonjunktur) führte zwischen 1926 und 1928 in Deutschland zu einem Wachstum der Produktionskapazität, hinter welcher die Nachfrageentwicklung nach Gebrauchsgütern deutlich zurückblieb.
- „Ein Breitenwohlstand blieb aus..., der Lebensstandard stagnierte..., die Höhe

der Reallöhne blieb ... auf verhältnismäßig niedrigem Niveau ... (Verzicht auf eine allgemeine Hebung ... der Binnenkonjunktur)" (Schulz, G. 1976, S. 85).
- „Die Abhängigkeit von ausländischen Krediten war unmittelbar eine Folge der Inflation und mittelbar eine Folge des Krieges. Da die Geldentwertung die deutschen Ersparnisse aufgezehrt hatte, waren größere private und öffentliche Investitionen ohne ausländisches Kapital zunächst überhaupt nicht möglich gewesen" (Winkler, H. A. 1985, S. 728).
- Das Deutsche Reich hatte sogar Reparationsverpflichtungen zum Teil mit im Ausland – vor allem in den USA – aufgenommenen Krediten finanziert.

Exkurs: Die Wirtschaftskrise in USA

Für diesen Exkurs sollten die Schüler in der häuslichen Vorbereitung eine Übersicht über die Ursachen der amerikanischen Wirtschaftskrise – getrennt nach „endogenen" und „exogenen" Faktoren – erstellen. Die Besprechung dieser Hausaufgabe rückt folgende Gesichtspunkte in den Mittelpunkt:

Endogene Ursachen:
- Rückgang der Nachfrage nach landwirtschaftlichen Produkten; landwirtschaftliche Überproduktion infolge überzogener Investitionen (Mechanisierung der Farmen); hohe Verschuldung der landwirtschaftlichen Unternehmen;
- ungewöhnlich hohe Investitionen in der Schwerindustrie (Maschinen- und Kfz-Unternehmen) (Überkapazitäten);
- dadurch: Aufblähung der Produktion bei sinkender Nachfrage;
- Unterkonsumption wegen ungleicher Einkommen- und Vermögensverteilung: geringe Kaufkraft breiter Bevölkerungsschichten;
- Entnahme von Geldmitteln aus dem Güterkreislauf durch die hemmungslose Aktienspekulation: Liquiditätsschwäche;
- nicht gerechtfertigter Optimismus der US-Banken und der US-Regierung: Aufforderung zu spekulativen Wertpapierkäufen; grenzenloses Vertrauen auf eine ständig zunehmende Prosperität.

Äußere Ursachen:
- Schwächung der europäischen Nachfrage nach US-Gütern im Gefolge der Reparationspolitik;
- unnachgiebige Forderung nach Rückzahlung der Kriegskredite, welche die USA während des Krieges gewährt hatten (Intensivierung des Entzugs von Kaufkraft);
- Erhöhung des Diskontsatzes durch die Bank von England (Verteuerung von Krediten und Schwächung der Nachfrage);
- Alleingänge der europäischen Handelspartner bei der Bekämpfung der sich abzeichnenden Konjunkturkrise (Protektionismus und Autarkiebestrebungen);
- fehlendes internationales Krisenmanagement.

Im Gefolge der Spekulationswelle kam es bei den ersten Anzeichen einer Konjunkturabschwächung zu Panikverkäufen durch die Aktionäre und zu sehr hohen Kurseinbußen (am sog. „Schwarzen Freitag", dem 29. Oktober 1929, verloren die Aktionäre rund 30 Milliarden Dollar auf dem New Yorker Börsenmarkt).

Die bereits im Unterrichtsschritt 3 eingesetzte Folie stellt den Zusammenhang zwischen der Liquiditätskrise in USA und der Krise in Deutschland her.

Frage: Welche Konsequenzen ziehen die US-Gläubigerbanken angesichts der extremen Geldmittelverknappung?

Unterrichtsschritt 4:
Das Krisenmanagement der Regierung Brüning

Als Einstieg in die wirtschaftspolitischen Maßnahmen der Reichsregierung während der Krise wird den Schülern eine Grafik über die Ausgaben und die Einnahmen des deutschen Reiches von 1925–1933 vorgelegt (Arbeitsblatt 14).

Erwartete Beobachtungen:
- die Haushalte des Reiches waren während der Krisenjahre ausgeglichen, keine antizyklische Finanzpolitik des Staates,
- keine Verschuldung des Staates, um die Konjunktur zu beleben.

Im Lehrervortrag werden die einzelnen Maßnahmen der Wirtschaftspolitik während der Krise genannt:
- Erhöhung der Lohn-, Einkommen-, Umsatz-, Kfz- und Biersteuer,
- Erhöhung zahlreicher Zölle,

- Einführung neuer Steuern für Warenhäuser und Konsumvereine,
- Gehaltskürzungen für Beschäftigte im öffentlichen Dienst,
- Drosselung der staatlichen Personalausgaben durch Entlassungen,
- Reduzierung von Aufträgen der öffentlichen Hand,
- Lohnkürzungen durch Notverordnungen.

In einem Unterrichtsgespräch bewerten die Schüler die Brüningschen Maßnahmen zur Bekämpfung der Krise.

Fragen und Impulse:
- Welche Ziele verfolgte Brüning mit dieser Politik?
- Warum kann man diese Politik als „prozyklisch" bezeichnen?
- War die Furcht vor einer neuen Inflation gerechtfertigt?
- Vergleichen Sie heutige Konjunkturpolitische Eingriffsmöglichkeiten.

Das Scheitern der Absicht, durch Exportsteigerungen der Krise Herr zu werden, wird bei der sich anschließenden Beschäftigung mit der Entwicklung des Welthandels und des deutschen Exports deutlich (Arbeitsblatt 14).

Unterrichtsschritt 5:
Abschließende Beurteilung der wirtschaftspolitischen Maßnahmen der Regierung Brüning

Die Schüler vergleichen zwei fachwissenschaftliche Texte (Arbeitsblatt 14). Das Unterrichtsgespräch führt zu folgenden Ergebnissen:

- Die Politik der Regierung Brünings wird kontrovers bewertet.
- Einerseits wird Brüning Versagen und bewußter Verzicht auf eine aktive Konjunktursteuerung vorgeworfen, auf der anderen Seite wird die Richtigkeit seiner Deflationspolitik herausgestellt.
- Die deflationistische Politik hat die Krise verschärft und die politische Radikalisierung in Deutschland gefördert.
- Die Verknüpfung des Krisenmanagements mit weitgehenden politischen Zielsetzungen (Instrumentalisierung der Krise zur Lösung des Reparationsproblems bzw. zur Schwächung des parlamentarischen Systems) verhinderte eine zielstrebige Bekämpfung des konjunkturellen Einbruchs.
- Indem Brüning alle Aufforderungen zu einer Politik des Deficit spending in den Wind geschlagen hat, verstärkte er den Eindruck mangelnder Problemlösungsfähigkeit der Weimarer Republik und bereitete so den Nationalsozialisten, die scheinbar einen Ausweg aus der Krise wiesen, den Weg.
- „Die Deflationspolitik, wie sie Brüning praktizierte, setzte nur an den Lohnkosten an und vernachlässigte die politische Kontrolle von Kapital- und Nachfrageentwicklung" (Hübner, Knut; in: SOWI 1984/4, S. 42).

Hausaufgabe:
Überblick über die politische Entwicklung in Deutschland 1930–1932 anhand der Zeittafel des Lehrbuches.

Vorschlag für eine Folie (15. Stunde, Unterrichtsschritt 3)

Der internationale Finanzkreislauf 1924–1929 und dessen Kollaps

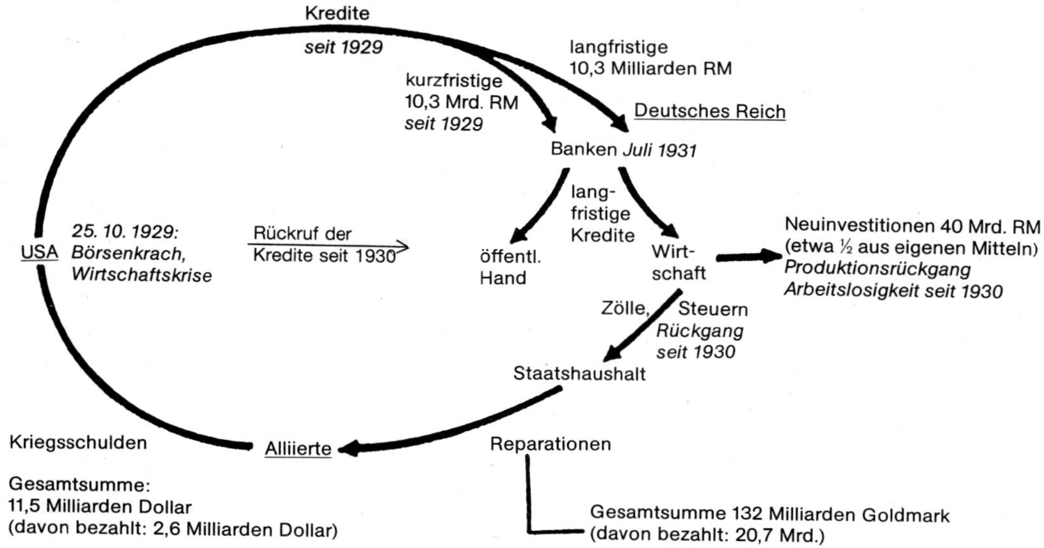

(vereinfacht nach Dederke, 1981, S. 273)

Hinweise zum Einsatz der Folie:

Für den Unterrichtsschritt 2 wird die Folie mit den gerade gesetzten Eintragungen benötigt; für den Unterrichtsschritt 3 sind die kursiv gesetzten Angaben einzutragen und dabei folgende Streichungen vorzunehmen: „Kredite", „kurzfristige 10,3 Mrd. RM", „Banken", „Neuinvestitionen", „Zölle, Steuern".

Zur Information für den Lehrer

Gilbert Ziebura: Die Abhängigkeit des Deutschen Reiches vom US-Kapital

Die Behauptung ist nicht übertrieben, daß der Dawes-Plan letztlich bedeutete, Europa in eine Geisel der amerikanischen Hochfinanz zu verwandeln ... Der Dawes-Plan litt an einem grundlegenden Konstruktionsfehler ...: Er löste das weltwirtschaftlich und weltpolitisch entscheidende Problem einer finanziellen Liquidierung des Krieges nicht ... (Der Plan gab) keine Antwort auf die Schlüsselfrage, wie die Produktivkraft der deutschen Wirtschaft angesichts der weltwirtschaftlichen Rahmenbedingungen zugunsten der Gläubiger genutzt werden könnte, ohne daß zugleich deren binnen- und außenwirtschaftliche Interessen bedroht würden ...
Die deutsch-amerikanische Interessenparallelität hat kräftig dazu beigetragen, das Reich aus einem Objekt der internationalen Beziehungen wieder zu einem Subjekt werden zu lassen. Das war fraglos ein gewaltiger „Fortschritt" auf dem Weg zur heiß ersehnten Rückgewinnung des Großmachtstatus. Aber die Frage stellt sich, ob dafür nicht ein zu hoher Preis in Gestalt wachsender finanzieller Abhängigkeit von den USA gezahlt wurde ... Das nun nach Deutschland einfließende, zum überwiegenden Teil amerikanische Kapital spielte eine im Grund verhängnisvolle Rolle ... Das nun stattfindende Recycling der internationalen Liquidität ermöglichte einen Zahlungsbilanzausgleich, ohne daß Deutschland gezwungen wurde, seine eigene Zahlungsbilanz durch Exportüberschüsse auszugleichen.
(Weltwirtschaft und Weltpolitik 1922/24–1932, Frankfurt 1984, S. 87–91)

16. Stunde (Doppelstunde) Das Präsidialsystem und die Auflösung der Weimarer Demokratie

Didaktische Vorbemerkungen

Zu Recht hat Alfred Rosenberg in der ersten Gesamtdarstellung der Geschichte der Weimarer Republik (1935 im Exil, in Karlsbad erschienen) seine Ausführungen mit dem Jahr 1930 enden lassen. Der Rücktritt der letzten parlamentarischen Regierung am 27. März 1930 „bedeutete das Ende der deutschen Demokratie von Weimar" (Helmut Heiber, Die Republik von Weimar, 1982 [15], S. 219).

Ausgehend von dieser Beurteilung und vom die gesamte Unterrichtseinheit leitenden Aspekt, die Geschichte der Weimarer Republik von ihrem Ende her zu sehen, sowie angesichts der Tatsache, daß die „Frage nach den Ursachen und Gründen des Scheiterns (in den Jahren 1930 bis 1932) nur von einem unvollkommenen Wissensstand ausgehen" kann (Schulze, H. 1982, S. 417), sehen wir die Zeit vom 1. 4. 1930 bis zum 30. 1. 1933 als Einheit und erfassen sie unter struktureller Sicht. Das bedeutet: in den Mittelpunkt der Abschlußstunde(n) werden Begriff und Praxis des Präsidialsystems gestellt. Dieser Zugriff auf die letzten Jahre der Weimarer Republik vernachlässigt bewußt die komplizierte Ereignisgeschichte dieser Jahre. Die sich dadurch ergebende Reduktion vor allem von Detailfragen im Vorgehen der führenden Politiker, der Kamarilla um Hindenburg und der Rolle der politischen Parteien wurde zugunsten der Verdeutlichung der Grundtendenzen der damaligen Politik in Kauf genommen. Schließlich sind die eigentlichen Vorgänge, die zur Ernennung Hitlers zum Reichskanzler führten, weggelassen worden. Diese Probleme sind sinnvoller in eine Unterrichtseinheit „Drittes Reich" zu stellen (siehe: Wolf-Rüdiger Größl/Harald Herrmann, Stundenblätter „Das Dritte Reich", Stuttgart ^{3}1988).

Die Entscheidung, die Zeit von 1930 bis 1932 als Einheit zu sehen, bedarf eigentlich nur für Ziele und Praxis der Regierung Brüning einer Begründung. Trotz aller Differenzen in Einzelfragen über die Stellung des ersten Präsidialkanzlers zum parlamentarischen System hat sich in der wissenschaftlichen Forschung die Erkenntnis durchgesetzt, daß Heinrich Brüning den Weg zum autoritären Regierungssystem geebnet und die Stellung des Reichstags bewußt geschwächt hat. „Wenn [seit der Septemberwahl 1930] dem Anwachsen der radikalen Flügelparteien die Schuld für die Handlungsunfähigkeit des Parlaments gegeben wurde, hieß das, Ursache und Wirkung zu verwechseln. Tatsächlich wurde ein durchaus handlungsfähiges Parlament, das mit klaren demokratischen Mehrheiten bis 1932 hätte bestehen bleiben können, willentlich [durch die Notverordnung zur Reichstagsauflösung im Juli 1930] ausgeschaltet, um die Präsidialherrschaft durchzusetzen. [...] Die taktische Raffinesse Brünings, sein Spiel mit verdeckten Karten, aber auch die zahllosen politischen Schwankungen der Jahre 1930 bis 1932 haben schon für die Zeitgenossen die grundlegenden Konturen der von ihm eingeleiteten politischen Wende verschwimmen lassen.“ (Peukert, D. 1987, S. 253.)
Der Schwerpunkt dieser Stunde liegt also auf dem Herausarbeiten der Grundlagen, wie die antiparlamentarische autoritäre Herrschaftsform durch die Präsidialregierungen herbeigeführt wurde. „Dabei muß hervorgehoben werden, daß die Desintegration des politischen Systems seit 1930 keineswegs ein schicksalhafter Vorgang war. Vielmehr wurde dieser Prozeß 1929/30 – also noch vor dem Scheitern der großen Koalition und dem Durchbruch der NSDAP zur Massenbewegung – sehr bewußt und zielstrebig in Gang gesetzt und seit 1930 systematisch vorangetrieben mit der erklärten Absicht, durch Entmachtung des Parlaments und Ausschaltung der Sozialdemokratie aus der politischen Mitverantwortung und Mitgestaltung die parlamentarische Demokratie der Weimarer Republik in einen von den politischen Rechtskräften beherrschten autoritären Staat zu transformieren. [...] Mit dem Übergang zum Präsidialsystem wurde nämlich eine Abwendung von der parlamentarischen Regierungsform vollzogen [...], noch ehe die Auswirkungen der Weltwirtschaftskrise die sozialen Ängste ins Unermeßliche steigerten und die Loyalität breiter Bevölkerungsschichten gegenüber der bestehenden Staatsordnung immer mehr schwinden ließen.“ (Kolb, E. 1988, S. 123 und 141.)

Das unterrichtliche Vorgehen gliedert den Stoff in drei Abschnitte: in das Ende des parlamentarischen Regierungssystems und in den Begriff und die Funktionsweise des Präsidialsystems, in die Frage nach der Regierungspraxis der Präsidialkabinette und in die übergeordnete Untersuchung nach den Gründen für das Scheitern der Demokratie. Im ersten Teil (Unterrichtsschritte 1 bis 4) soll auf die Erkenntnis hingearbeitet werden, daß Form und Funktionsweise des Präsidialsystems Weimarscher Prägung bereits eine Ablösung des demokratischen Regierungssystems bedeutete. Der zweite Teil (Unterrichtsschritt 5) klärt exemplarisch die Regierungspraxis durch Notverordnungen und das Ausschalten des Reichstags. (Ein Alternativangebot ordnet die Ereignisse von 1930 bis 1933 anhand einer Zeittafel unter die leitenden Prinzipien der damaligen Politik: den Versuch der Errichtung eines aparlamentarischen autoritären Regimes und die [seit September 1930 notwendig gewordene] Auseinandersetzung mit Hitler.) Schließlich erscheint es – im dritten Teil – unerläßlich, am Ende der Beschäftigung mit der Weimarer Republik die abschließende Frage nach den Gründen für das Scheitern dieser ersten Demokratie auf deutschem Boden zu stellen (vgl. 1. Stunde).

Lernziele

Die Schüler erkennen
- das Scheitern von Koalitionen bei politisch unvereinbaren Positionen;
- das Weimarer System der Präsidialregierung als antiparlamentarisch und antidemokratisch;
- die Multikausalität für das Scheitern der Weimarer Demokratie.

Die Schüler erarbeiten
- anhand von Texten Begriff und Funktionsweise von Präsidialregierungen und deren Regierungspraxis;
- anhand eines Textes aus der wissenschaftlichen Literatur die Gründe für das Scheitern der Weimarer Demokratie.

Die Schüler beurteilen
- die Frage der „Präsidialdiktatur";
- die Gründe für das Scheitern der Weimarer Demokratie.

Verlaufsskizze

Unterrichtsschritt 1:
Der Zusammenbruch der Großen Koalition am 27. März 1930

Im Lehrervortrag wird das Ende der seit 1928 bestehenden Großen Koalition von SPD, Zentrum, DDP, BVP und DVP unter dem Reichskanzler Hermann Müller (SPD) (s. a. 6. Stunde) vorgestellt. (Eine ausführliche, mehr narrativ gehaltene Schilderung der Vorgänge findet sich in „Bilder aus der Weltgeschichte" [Diesterweg], Heft 14, S. 106ff.) Dabei sind vor allem folgende Aspekte zu betonen:
- die Große Koalition war auf ihren Flügeln (SPD und DVP) von vorneherein brüchig, besonders was die Parteien selber und die Reichstagsfraktionen anbetraf;
- die eigentliche Ursache des Auseinanderbrechens, der Streit um die ½%ige Erhöhung der Beiträge für die Arbeitslosenversicherung, offenbarte nur die Unnatürlichkeit der Verbindung von SPD und DVP in einer Koalition. „Was über die gewiß drängende sozialpolitische Tagesfrage hinaus dahintersteckte, war offensichtlich: Die Volkspartei wollte nicht mehr länger mit der SPD liiert sein, die Industrie wollte es nicht, die Reichswehr wollte es auch nicht, und der Reichspräsident wollte es spätestens seit März 1929 nicht mehr (sofern er und die übrigen es überhaupt jemals gewollt hatten). Sie alle empfanden es als nahezu widernatürlich, mit Sozialisten verbündet zu sein, während die Freunde von der DNVP in unfruchtbarer Opposition standen. Auf der anderen Seite waren in der SPD ebenfalls starke Kräfte, vor allem praktisch das gesamte gewerkschaftliche Lager, koalitionsmüde" (Heiber, H. 1982, S. 217);
- die Motive für das Auseinandergehen auf dem Hintergrund der sich verschärfenden wirtschaftlichen Lage waren verschieden: große Teile der SPD befürchteten bei weiteren sozialpolitischen Kompromissen den Verlust von Wählermassen an die KPD, die DVP als „Industriepartei" war besorgt um die Rettung der Unternehmerprofite angesichts der sinkenden Exportzahlen und sah überhaupt in den gesamten sozialstaatlichen Komponenten eine Gefahr für das „freie Spiel der wirtschaftlichen Kräfte".

Nach dem Auseinanderbrechen der Großen Koalition war eigentlich jeder Versuch, wiederum eine parlamentarische Mehrheitsregierung zu bilden, aussichtslos:
- koalitionsfähige Mehrheiten waren im Augenblick nicht in Sicht; die Reichstagsparteien schreckten davor zurück, sofort wieder politische Regierungsverantwortung zu übernehmen; für lange Verhandlungen blieb ihnen allerdings keine Zeit, denn:
- seit 1929 bereits wurde hinter den Kulis-

sen in der Umgebung des Reichspräsidenten an einer Regierungsbildung ohne Parlament gearbeitet: Wie weit diese Pläne gediehen waren, zeigt sich daran, daß bereits am übernächsten Tag nach dem Rücktritt der Regierung Hermann Müller der neue Kanzler ernannte wurde. „Aufgrund der Quellenzeugnisse läßt sich heute mit Bestimmtheit die Feststellung treffen, daß der folgenschwere Übergang von der parlamentarischen Regierungsweise zum Präsidialregime von langer Hand geplant und sorgfältig vorbereitet worden ist. Die Protagonisten dieses Kurses, an ihrer Spitze General von Schleicher, handelten dabei nicht unter dem Zwang übermächtiger Umstände oder in einer politisch ausweglosen Lage, sie handelten mit kühler Überlegung aus dem Willen heraus, jetzt eine einschneidende Veränderung des Verfassungssystems und der gesellschaftlichen Machtverhältnisse zugunsten der alten Eliten und Armee, Bürokratie und Wirtschaft zu bewirken.“ (Kolb, E. Die Weimarer Republik, 1988, S. 124).

Unterrichtsschritt 2:
Der Begriff des „Präsidialsystems“

In diesem Unterrichtsschritt wird der Begriff des „Präsidialsystems“ grundsätzlich geklärt. Anhand eines Lexikonartikels erarbeiten die Schüler folgende Aspekte:
- der (Staats-)Präsident übt die Staatsgewalt aus;
- Legitimation und Autorität des Präsidenten beruhen auf der direkten Wahl durch das Volk;
- die Regierung ist vom Präsidenten abhängig;
- die Regierung ist vom Vertrauen des Parlaments unabhängig.

(Arbeitsblatt 15).
Tafelanschrieb siehe Stundenblatt: Nebentafel oder Folie!

Unterrichtsschritt 3:
Das „Präsidialsystem“ in der Weimarer Demokratie

Im Unterrichtsgespräch werden die Möglichkeiten für ein Präsidialsystem im Weimarer Staat untersucht (siehe auch Unterrichtsstunde 5). Arbeitsgrundlage sind die Artikel 25, 48 und 53 der Weimarer Verfassung.
Erwartete Ergebnisse:
- Artikel 25: Recht zur Auflösung des Reichstags durch den Reichspräsidenten. Das praktisch unbegrenzte Recht des Reichspräsidenten, den Reichstag aufzulösen, gibt dem Reichspräsidenten eine gegenüber dem Parlament starke politische Stellung; er wird dadurch mehr als nur ein Gegengewicht gegen das Parlament, weil Reichstagsauflösungen auch dazu dienen können, eine Regierung gegen den Willen des Reichstags zu etablieren und aufrechtzuerhalten. Die Bestimmung „nur einmal aus dem gleichen Anlaß“ konnte durch juristisch geschickte Formulierungen umgangen werden.
- Artikel 48: Notverordnungsrecht des Reichspräsidenten.
  Über die Feststellung eines Ausnahmezustands und über die Notwendigkeit einer Reichsexekution gegen ein Land entscheidet der Reichspräsident allein. Das Notverordnungsrecht des Reichspräsidenten war für einen tatsächlichen Staatsnotstand (wie Putsch, Aufruhr) gedacht, der nicht durch die üblichen Ordnungskräfte behoben werden konnte. Aus Artikel 48,2 wurde das präsidiale Notverordnungsrecht abgeleitet, das in der Praxis eine über den ursprünglichen Zweck hinausgehende Anwendung erfuhr, beispielsweise zur Behebung wirtschaftlicher Notstände in den Anfangsjahren der Republik. Das Notverordnungsrecht bot die Möglichkeit, anstelle der normalen parlamentarischen Legislative die präsidiale Verordnung zu

setzen. Das in Absatz 5 vorgesehene Ausführungsgesetz kam nie zustande.

- Artikel 53: Berufung und Entlassung der Reichsregierung durch den Reichspräsidenten.
  Der allgemein gehaltene Wortlaut des Artikels läßt dem Reichspräsidenten großen Spielraum. Es blieb ungeklärt, ob der Reichspräsident einen Reichskanzler ernennen durfte, der keine Aussicht auf das Vertrauen des Reichstags hatte, und ob er einen Kanzler entlassen durfte, gegen den kein Mißtrauensvotum des Parlaments vorlag. (Der erste Falle war bei der Ernennung Papens relevant, der zweite bei der Entlassung Brünings.) So war es möglich, Ernennung und Entlassung von Reichskanzlern auch gegen den Willen des Reichstags vorzunehmen.

Zusammenfassend kann festgestellt werden: Die Möglichkeit einer Präsidialregierung für Ausnahmefälle war in der Weimarer Republik gegeben. (Siehe Tafelbild.)

Unterrichtsschritt 4:
Die Funktionsweise des Präsidialsystems in der Weimarer Republik

Durch eine Gegenüberstellung der Funktionsweisen des parlamentarischen Systems mit dem des Präsidialsystems sollen die qualitativen Veränderungen und grundsätzlichen Unterschiede erarbeitet werden (siehe Arbeitsblatt 15).

Die Schüler ergänzen aufgrund der in den Unterrichtsschritten 2 und 3 erworbenen Kenntnisse die Skizze auf dem Arbeitsblatt. Erwartete Ergebnisse: siehe Tafelbild auf dem Stundenblatt.

Im Unterrichtsgespräch werden folgende Veränderungen festgestellt:

- die Kontrollfunktion des Parlaments über die Exekutive ist aufgehoben;
- die eigentliche legislative Aufgabe des Parlaments besteht nicht mehr, sie kann durch Notverordnungen ersetzt werden;
- die Interessenverbände wenden sich unter Umgehung des eigentlichen Gesetzgebers direkt an den Reichspräsidenten.

Alternative

Den Schülern wird als Vorgabe ein Zitat Helmut Heibers vorgelegt: „(Der) 27. März 1930... bedeutete das Ende der deutschen Demokratie von Weimar."

Als Grundlage für eine Auseinandersetzung mit diesem Urteil dienen Zusammenstellungen der Reichstagswahlergebnisse von Mai 1928 bis November 1932 unter den Gesichtspunkten möglicher parlamentarischer Kombinationen und ideologischer Gruppierungen (s. Vorschlag für ein Arbeitsblatt). Die Schüler untersuchen in Partnerarbeit die nach der Wahl im September 1930 noch möglich erscheinenden Koalitionen und die Möglichkeiten einer geregelten parlamentarischen Arbeit im Reichstag; dabei ist als weitere Arbeitsgrundlage die Zeittafel „Die Auflösung der Weimarer Demokratie" heranzuziehen.

Als Ergebnisse der Untersuchung werden erwartet:

- seit 1930 standen große koalitionsunfähige ideologische Blöcke im Reichstag einander gegenüber, die jede legislative Arbeit erschwerten; es sind eigentlich nur „negative" Mehrheiten denkbar;
- tragfähige demokratische Koalitionen waren seit dem Auseinanderbrechen der Großen Koalition im März 1930 nicht mehr möglich.

Im Unterrichtsgespräch werden die nach der Weimarer Verfassung möglichen Lösungen in einer derartigen Situation untersucht (s. dazu auch die 5. Stunde). Dabei sind die Kompetenzen des Reichspräsidenten, vor allem Artikel 25 (Auflösung des Reichstags), Artikel 48 (Notverordnungsrecht) und Artikel 53 (Ernennung und Entlassung des Reichskanzlers) herauszustellen.

Aufgrund dieser Verfassungsbestimmungen waren also eine Regierungsbestellung ohne Parlamentsmitwirkung und ein Regieren ohne Parlamentszustimmung möglich.

Die Kennzeichen eines derartigen „Präsidialkabinetts" waren:

- Abhängigkeit vom Vertrauen des Reichspräsidenten,
- Abstützung auf die Machtbefugnisse des Reichspräsidenten,
- weitgehende Unabhängigkeit vom Vertrauen des Reichstags.

Unterrichtsschritt 5:
Die Regierungspraxis der Präsidialregierungen

In einem kurzen Lehrervortrag wird die Information gegeben, daß seit April 1930 in Deutschland Präsidialkanzler die Regierungen bildeten: Heinrich Brüning (1. 4. 1930–30. 5. 1932), Franz von Papen (1. 6. 1932–17. 11. 1932) und Kurt Schleicher (2. 12. 1932–28. 1. 1933). (Siehe Tafelbild.) Anhand von Brünings Regierungserklärung vom 1. 4. 1930 und von zwei Notverordnungen (siehe Arbeitsblatt 15) erarbeiten die Schüler die Methode der Regierungspraxis der Präsidialkanzler. Dabei werden für die auf dem Arbeitsblatt genannten Aufgaben folgende Ergebnisse erwartet:

- Brüning kündigt in seiner Regierungserklärung an, daß seine Regierung vom Parlament unabhängig regieren kann, weil sie sich auf die Befugnisse des Reichspräsidenten stützt;
  daß er auch gegen das Parlament zu regieren gewillt ist, indem er sich auf den Artikel 48 der Weimarer Verfassung stützen will.
- Die Notverordnung vom 18. 7. 1930 geht insoweit über den eigentlichen Sinn des Artikels 25 hinaus, indem zum ersten Mal in der Geschichte der Weimarer Republik eine vom Reichstag nach Artikel 48,2 abgelehnte Notverordnung sogleich in eine neue Notverordnung umgewandelt wurde.
  „Spätestens diese Entscheidung vom Juli 1930 machte mit drastischer Deutlichkeit sichtbar, daß (...) tatsächlich der Weg in eine neue Verfassungswirklichkeit beschritten worden war: Weil der Reichstag von einem verfassungsmäßig garantierten Recht (...) Gebrauch gemacht hatte, wurde er vom Reichspräsidenten aufgelöst, zur Strafe sozusagen.“ (Kolb, E. 1988, S. 229.)
- Die Notverordnung vom 12. 9. 1932 geht insofern noch über die an sich schon fragwürdige Notverordnung vom Juli 1930 hinaus, als jetzt bereits die „Gefahr“ ausreicht, den Reichstag aufzulösen, weil dieser ein ihm verfassungsmäßig zustehendes Recht wahrzunehmen die Absicht haben könnte.
  „Die einzige Kontrolle des präsidialen Notverordnungsrechts war damit ausgeschaltet. Die Gesetzgebung war endgültig vom Parlament auf die Regierung übergegangen, ein quasi-konstitutionelles an die Stelle des parlamentarischen Systems getreten.“ (Hillgruber, Andreas in: Tormin, W. 1973, S. 229.)
- Die Zusammenstellung über die Zahl der Gesetze, der Verordnungen und der Sitzungstage des Reichstags in der Zeit von 1930 bis 1932 zeigt, daß das Gewicht auf seiten der Exekutive zunahm, das der Legislative rapide abnahm. Die in der Brüningschen Regierungserklärung angekündigte Regierungspraxis, ohne oder gegen das Parlament zu regieren, wurde von 1930 bis 1932 in verstärktem Maße in die Tat umgesetzt.
- Angesichts der Praxis, Verfassungsbestimmungen entgegen ihrem eigentlichen Sinn zur Stabilisierung der Herrschaft der sich vom Parlament unabhängig machenden Exekutive einzusetzen, kann mit Recht von einer Art „Präsidialdiktatur“ gesprochen werden.
  (S. Tafelbild.)

Erweiterung

Die Frage, wieso die Fraktionen des Reichstags diese Praxis hinnahmen, sich also quasi selber von der Mitgestaltung der Politik ausschalteten, läßt sich anhand der Zusammensetzungen des Reichstags seit September 1930 beantworten (siehe Vorschlag für ein Arbeitsblatt). Für gemeinsame Aktionen des Reichstags gegen die Regierungspraxis durch Notverordnungen gab es seit der Wahl im September 1930 nur noch „negative“ Mehrheiten, zu deren Bildung sich vor allem die SPD-Fraktion nicht entschließen wollte. So tolerierten die Sozialdemokraten im Reichstag seit Herbst 1930 die

Präsidialregierung Brüning, um „Schlimmeres zu verhüten“ und um die Republik vor dem möglichen Rechtskartell zu retten.

Alternative

Für die Entscheidung, das Phänomen der Präsidialregierungen nicht strukturell, sondern ereignisgeschichtlich zu erfassen, bietet sich die Arbeit mit einer Zeittafel an (siehe Vorschlag für ein Arbeitsblatt).

Die innenpolitische Entwicklung in den Jahren 1930–1933 soll im Unterrichtsgespräch anhand der Zeittafel „Die Auflösung der Weimarer Demokratie“ erarbeitet werden. Dazu werden den Schülern folgende innenpolitische Tendenzen vorgegeben:

- die Errichtung eines autoritären Systems anstelle der parlamentarischen Parteiendemokratie war ein Ziel der Präsidialregierungen seit 1930;
- die Auseinandersetzung mit Hitler wurde seit der Wahl im September 1930 zu einem notwendigen innenpolitischen Faktum.

Die Interpretation der Zeittafel sollte unter diesen beiden Gesichtspunkten erfolgen:

1. Die autoritären, antiparlamentarischen Bestrebungen zeigen sich vor allem an folgenden Ereignissen:

- nach dem Scheitern der Großen Koalition wird im Kreise um Hindenburg die Errichtung eines Präsidialkabinetts vorgenommen, das zwei Bedingungen erfüllen sollte: aparlamentarisch und antisozialistisch zu regieren;
- die zahlreichen Notverordnungen, z.T. gegen den erklärten Willen des Reichstags durchgesetzt, zeigen eine antidemokratische Regierungspraxis;
- ein wichtiges politisches Ziel Brünings war die Wegbereitung für ein monarchisches System;
- die Reichspräsidentenwahl machte mit der Kandidatur und mit der Wiederwahl Hindenburgs den allgemeinen Rechtsruck in der politischen Landschaft Deutschlands deutlich;
- die Entlassung Brünings im Mai 1932 war auf Betreiben der rechtsautoritären Kamarilla um Hindenburg erfolgt. Ausspruch Hindenburgs: „Es muß künftig mehr nach rechts regiert werden“;
- die Ernennung der antiparlamentarisch eingestellten Politiker Papen und Schleicher zu Reichskanzlern;
- die Absetzung der preußischen Regierung im Juni 1932, „Papens Staatsstreich“, zeigt deutlich diktatorische Züge.

Information zu „Papens Staatsstreich“: Nach der Landtagswahl am 24. April 1932 hatte die preußische Regierung Braun/Severing keine parlamentarische Mehrheit mehr. Die sie unterstützenden Fraktionen der SPD und des Zentrums stellten zusammen nur 161 Abgeordnete von insgesamt 423 des Landtags. NSDAP (162 Abgeordnete) und KPD (57 Abgeordnete) hatten dagegen eine Sperrmajorität, konnten sich aber naturgemäß nicht auf einen gemeinsamen Ministerpräsidentenkandidaten einigen. So blieb die Regierung Braun weiterhin geschäftsführend im Amt. Diese Situation wollte Papen für einen Sturz der letzten Bastion der Sozialdemokraten nutzen. Die dafür geeignet erscheinende Situation schien mit dem sogen. „Blutsonntag von Altona“, am 17. Juli, gekommen; dort hatten sich Nationalsozialisten, Kommunisten und Polizei eine regelrechte Straßenschlacht geliefert, in deren Verlauf 15 Menschen getötet und mindestens 70 zum Teil schwer verletzt wurden. Papen erwirkte bei Hindenburg eine Notverordnung zu einer Reichsexekution gegen das Land Preußen und setzte die preußische Regierung ab. Da sich die Reichswehrführung hinter diese Aktion stellte, schien der preußischen SPD-Regierung jeder Widerstand sinnlos, zumal bei der hohen Arbeitslosenzahl das Mittel eines Generalstreiks nicht in Frage kam.

2. Die Notwendigkeit der Auseinandersetzung mit Hitler läßt sich an folgenden Fakten festmachen:

- die Wahlen von 1930 bis 1932 zeigen das rapide Ansteigen der NSDAP; zahlreiche durch die Weltwirtschaftskrise in ihrer Existenz bedrohte Arbeiter, viele Angestellte und Kleinbürger, die eine Deklassierung und sozialen Abstieg fürchteten, waren in den Radikalismus geflüchtet. „Der Appell an die Nichtwähler hatte zu einer Mehrbeteiligung von 5 Millionen Deutschen geführt, die vorwiegend nationalsozialistisch stimmten. ... in einem ‚Spartakusaufstand der politischen Dummheit‘ war ein politisch interesseloser Bevölkerungsteil mobilisiert worden, nur um der stärksten Agitation anheimzufallen“ (K. D. Bracher 1978, S. 368f.);
- die Bildung der Harzburger Front im Oktober 1931 war ein deutliches Anzeichen für ein ernsthaftes Bündnis zwischen Konservativen und Faschisten zum Zwecke der Vernichtung der Demokratie;
- die Reichspräsidentenwahlen 1932 zeigten deutlich die politische Potenz Hitlers;
- die Aufhebung des SA-Verbots und der Versuch Papens, Hitler in die Regierungsverantwortung zu nehmen (August 1932), machen die Taktik der „Vorleistungen und der Einrahmung“ deutlich;
- Schleichers Erkenntnis, daß die NSDAP trotz der hohen Wahlerfolge die Schallmauer von 50% nicht durchbrechen wird, führte zu dem

Versuch, die NSDAP in Gemäßigte und sog. Linke (um Gregor Strasser) auf der einen Seite und in extrem Rechte um Hitler auf der anderen Seite zu spalten;
- die Bemühungen Papens, Hitler „salonfähig“ zu machen (Treffen im Hause des Bankiers Schröder), hatte im Januar 1933 auch bei Hindenburg den gewünschten Erfolg;
- die Zusammensetzung des Hitler-Kabinetts schien dem „Zähmungskonzept“ recht zu geben: „Wir haben ihn uns engagiert“ (Papen am 30. Januar 1933).

Unterrichtsschritt 6:
Zusammenfassende Beurteilung des Scheiterns der Weimarer Demokratie

In einem abschließenden Unterrichtsgespräch sollen die Gründe für das Scheitern der Weimarer Demokratie noch einmal deutlich gemacht und zusammengestellt werden. Dabei ist darauf zu achten, daß die Ereignisse der Jahre 1930 bis 1933 nicht zu sehr in den Vordergrund gerückt werden. Vielmehr ist auf die Multikausalität des Scheiterns hinzuarbeiten. Empfehlenswert ist das Heranziehen der Inhalte und der Tafelbilder der ersten und der zehnten Stunde. Alle die dort erarbeiteten Belastungen und Bedrohungen der Weimarer Demokratie kamen in den Krisenjahren 1930 bis 1933 entscheidend zum Tragen.

Die Beschäftigung mit einem Text aus der wissenschaftlichen Literatur über das Ende der Weimarer Republik sollte das selbstgewonnene Urteil erhärten (s. Arbeitsblatt 15). Ergebnisse: siehe Tafelbild.

Vorschlag für ein Arbeitsblatt (16. Stunde, Unterrichtsschritt 4, Alternative)

Zusammensetzung der Reichstage 1930 bis 1933:
1. Parlamentarische Kombinationen (in % der Reichstagssitze)

	Sept. 1930	Juli 1932	Nov. 1932
Weimarer Koalition (SPD, DDP, Zentrum)	40,0	34,9	33,0
Große Koalition (SPD, Zentrum, DDP, BVP, DVP)	50,4	39,6	38,2
Harzburger Front (NSDAP, DNVP)	25,8	43,9	42,3
Negative Kooperation der totalitären Parteien (NSDAP, KPD)	31,9	52,5	50,7

2. Ideologische Gruppierungen (in % der Reichstagssitze)

	Sept. 1930	Juli 1932	Nov. 1932
Demokratie (SPD, Zentrum, BVP, DDP)	47,3	38,8	36,6
Faschismus (NSDAP)	18,5	37,8	33,6
Kommunismus (KPD)	13,3	14,6	17,1
Konservativ-autoritär (-monarchistisch) (DNVP, DVP, Splitterparteien)	20,8	8,5	12,7

(nach: K. D. Bracher, Die Auflösung der Weimarer Republik, 1955, S. 645)

Aufgaben:
a. Untersuchen Sie die nach der Wahl im September 1930 noch möglich erscheinenden Koalitionen, die eine Mehrheit im Reichstag gewinnen könnten.
b. Welche Schwierigkeiten für eine geregelte legislative Arbeit im Reichstag ergeben sich aus den Kräfteverhältnissen im Parlament?

Vorschlag für ein Arbeitsblatt
(16. Stunde, Unterrichtsschritt 5, Erweiterung)

Die Zusammensetzung der Reichstage 1930 bis 1932 (Zahl der Reichstagssitze):

	14. 3. 1930	31. 7. 1932	6. 11. 1932
NSDAP	107	230	196
DNVP	41	37	52
DVP	30	7	11
BVP	19	22	20
Zentrum	68	75	70
DDP	20	4	2
SPD	143	133	121
KPD	77	89	100
Sonstige	72	11	12
insgesamt	577	608	584

Aufgaben:

a. Berechnen Sie die Zahl der Reichstagssitze der möglichen „demokratischen" Verbindungen, des „Rechtskartells" (NSDAP, DNVP, BVP), einer radikal antidemokratischen Kooperation (NSDAP, KPD).

b. Beurteilen Sie die Möglichkeiten, den Präsidialregierungen einen demokratisch-parlamentarischen Widerstand entgegenzusetzen.

Vorschlag für ein Arbeitsblatt
(16. Stunde, Unterrichtsschritt 5, Alternative)

Zeittafel: Die Präsidialregierungen und die Auflösung der Weimarer Demokratie

Das Ende der letzten parlamentarischen Regierung

27. 3. 1930	Rücktritt des Kabinetts Hermann Müller (SPD): Auseinanderbrechen der letzten parlamentarischen Mehrheitsregierung (Große Koalition zwischen SPD, Zentrum, BVP, DDP, DVP) wegen Streits um die Sozialversicherung

Das Präsidialkabinett Brüning (1. 4. 1930 bis 30. 5. 1932) Deflationspolitik durch Notverordnungen

29. 3. 1930	Ernennung Heinrich Brünings (Zentrum) zum Kanzler einer Minderheitenregierung: „Hindenburg-Kabinett“; Präsidialregierung aus Angehörigen bürgerlicher Parteien und parteiloser Fachminister. Ziel: Überwindung der Wirtschaftskrise durch deflationistische Wirtschaftspolitik, auch gegen das Parlament. Ständisch-autoritäre Staatsvorstellungen als Vorstufe zur Wiederherstellung der Monarchie. *Brüning (in einer Unterredung mit Hitler am 6. 10. 1930):* *„Ich hoffe, in der zweiten Phase zusammen mit der Rechten an die Verfassungsreform herangehen zu können, die nach meinen persönlichen Wünschen in einer monarchischen Restauration enden muß.“*
Sommer 30	etwa 3 Millionen Arbeitslose
26. 6. 1930	Notverordnung zur „Sicherung von Wirtschaft und Finanzen“ gemäß Artikel 48
16. 7. 1930	Aufhebung der Notverordnung durch den Reichstag führt zu dessen Auflösung durch den Reichspräsidenten (18. 7.) *Brüning: „Eines ist notwendig, nicht die Parteien dürfen führend sein, sondern das Kabinett.“*
14. 9. 1930	Reichstagswahlen SPD 143 Sitze (1928: 153) Zentrum 68 Sitze (1928: 62) DNVP 41 Sitze (1928: 73) NSDAP 107 Sitze (1928: 12) KPD 77 Sitze (1928: 54)
seit Okt. 30	Tolerierung der Regierung Brüning durch die Fraktion der SPD gegen Mißtrauensanträge der NSDAP oder der KPD
1. 12. 1930	Mehrere Notverordnungen zur Durchführung der Sparpolitik
6. 10. 1931	2. Notverordnung zur „Sicherung von Wirtschaft und Finanzen“

11. 10. 1931	Treffen der „nationalen Opposition“ in Bad Harzburg: „Harzburger Front“ (Zusammengehen von DNVP, Stahlhelm und mehreren Industriellen mit der NSDAP)
Winter 31/32	Höhepunkt der Arbeitslosigkeit: über 6 Millionen
10. 4. 1932	Reichspräsidentenwahl (2. Wahlgang): Hindenburg 19,360 Mio. Stimmen (53,0%) Hitler 13,418 Mio. Stimmen (36,8%) Thälmann 3,706 Mio. Stimmen (10,2%)
13. 4. 1932	Verbot der SA und der SS durch Notverordnung
30. 5. 1932	Entlassung Brünings durch Hindenburg Grund: Vorwurf des „Agrarbolschewismus“ wegen Sanierungspläne in der Landwirtschaft und wegen des Verbots der SA und der SS *Hindenburg: „Diese Regierung muß weg, weil sie unpopulär ist. (...) Von jetzt an muß mehr nach rechts regiert werden.“*

Das Präsidialkabinett Papen (1. 6. 1932 bis 17. 11. 1932)
Politik der „Einrahmung Hitlers“

1. 6. 1932	Ernennung Franz von Papens zum Kanzler einer Minderheitenregierung: „Kabinett der Barone“; Präsidialregierung vorwiegend aus Angehörigen des konservativen Adels. Vorstellungen eines autoritär-monarchischen „Neuen Staates“: Entmachtung des Parlaments durch Volksentscheide, Schaffung eines Ober- und Unterhauses, Unabhängigkeit des Reichskanzlers vom Parlament, Verknüpfung des Amtes des Reichskanzlers mit dem des preußischen Ministerpräsidenten. Ziel: „Politik der Vorleistungen und der Einrahmung“ Hitlers, Ausschalten der SPD. Papens Arbeitsbeschaffungsprogramm: – Subventionen an Unternehmer, Herabsetzung der Sozialleistungen, Aufhebung des Tarifrechts
4. 6. 1932	Mißtrauensvotum des Reichstags gegenüber der Regierung Papen führt zur Auflösung des Reichstags
16. 6. 1932	Aufhebung des SA- und SS-Verbots
20. 7. 1932	„Papens Staatsstreich“: Reichsexekution gegen die preußische Regierung, gewaltsame Absetzung der preußischen Regierung Braun/Severing (SPD) wegen angeblicher „Gefährdung der Sicherheit und Ordnung“.
31. 7. 1932	Reichstagswahlen SPD 133 Sitze Zentrum 75 Sitze DNVP 37 Sitze NSDAP 230 Sitze KPD 89 Sitze
Aug. 1932	Papen und General von Schleicher versuchen, Hitler in die Regierungsverantwortung zu nehmen

Schleicher: „Wir nehmen den Kerl in die Mitte und hängen ihm zwei Gewichte an. Auf der einen Seite ich und die Reichswehr, auf der anderen Seite der alte Herr und seine Autorität. Da werden wir Adolf schon kirre kriegen."

13. 8. 1932	Absage Hindenburgs an Hitler
4. 9. 1932	Notverordnung zur „Belebung der Wirtschaft"
12. 9. 1932	Mißtrauensvotum gegen Papen (512 Stimmen gegenüber 42) Auflösung des Reichstags
6. 11. 1932	Reichstagswahlen SPD 121 Sitze Zentrum 73 Sitze DNVP 52 Sitze NSDAP 196 Sitze KPD 100 Sitze
17. 11. 1932	Rücktritt Papens Hindenburg entzieht Papen sein Vertrauen; Grund: Hindenburg schreckt vor Gefahr eines Bürgerkriegs zurück

Eingabe von Industriellen, Bankiers und Großagrariern an Hindenburg: „Die Übertragung der verantwortlichen Leitung eines mit den besten sachlichen und persönlichen Kräften ausgestatteten Präsidialkabinetts an den Führer der größten nationalen Gruppe wird die Schwächen und Fehler, die jeder Massenbewegung notgedrungen anhaften, ausmerzen und Millionen Menschen, die heute abseits stehen, zu bejahender Kraft mitreißen."

Hindenburg am 24. 11.: „Der Herr Reichspräsident hat (es) abgelehnt, dem Führer einer Partei, die immer erneut ihre Ausschließlichkeit betont hat, seine präsidialen Vollmachten zu geben, (da) er befürchten mußte, daß ein von Herrn Hitler geführtes Präsidialkabinett sich zwangsläufig zu einer Parteidiktatur mit all ihren Folgen für eine außerordentliche Verschärfung der Gegensätze im deutschen Volk entwickeln würde."

Das Präsidialkabinett Schleicher (2. 12. 1932 bis 28. 1. 1933)
Versuch einer „Querfront“

2. 12. 1932	General Kurt von Schleicher zum Kanzler eines Präsidialkabinetts ernannt: „Kabinett der nationalen Konzentration“; Ziel: Versuch zur Gewinnung einer neuen Mehrheit von den Gewerkschaften bis zum linken Flügel der NSDAP; „Politik der Spaltung“ der NSDAP in einen Strasser-Flügel und in einen Hitler-Flügel.
	Schleicher: „Es sitzt sich schlecht auf der Spitze der Bajonette. Das heißt, man kann auf die Dauer nicht ohne breite Volksstimmung hinter sich regieren.“
	Aufhebung der Lohnabbauverordnung der Regierung Papen.
8. 12. 1932	Gregor Strasser legt alle Parteiämter in der NSDAP nieder
4. 1. 1933	Treffen Papen – Hitler in Köln (Haus des Bankiers Schröder): Verhandlungen über eine gemeinsame Regierung
	Eidesstattliche Erklärung des Bankiers Schröder: „Von Papen und Hitler erzielten ein prinzipielles Abkommen.“
28. 1. 1933	Rücktritt Schleichers, nachdem ihm Hindenburg die Vollmacht zur Auflösung des Reichstags verweigert hatte.
	Schleicher über die kurze Unterredung beim Reichspräsidenten: „Hindenburg habe erwidert, daß es dem jetzigen Kabinett nicht gelungen sei, eine parlamentarische Mehrheit für sich zu gewinnen. Er hoffe nun ein Kabinett zu bekommen, das in der Lage sein wird, seine Gedanken durchzuführen.“
30. 1. 1933	Hindenburg ernennt Hitler zum Reichskanzler einer Koalitionsregierung zwischen NSDAP und DNVP mit Papen als Vizekanzler.
	Papen: „Wir haben ihn uns engagiert.“ *Hugenberg: „Wir rahmen also Hitler ein.“*